초급 무역시사 중국어

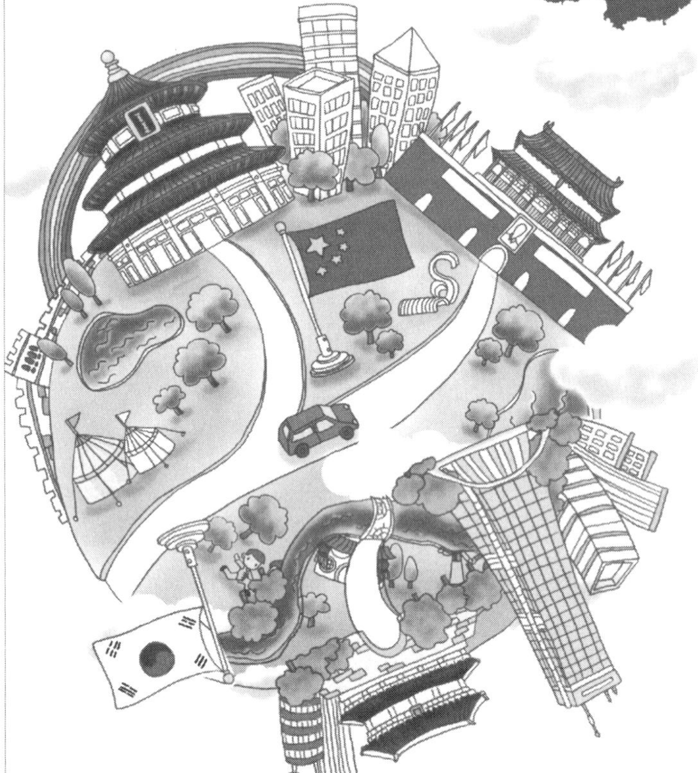

차성만 저

백산출판사

머리말

한국 · 중국 무역관계의 이해

중국은 약 13억 5천만 명의 세계 최대 인구 보유 국가이고, 세계 최대의 생산 공장과 소비 시장을 겸하며, 미국에 이어 세계 2위의 경제력(GDP 8조 달러)뿐만 아니라, 우주과학의 첨단기술력도 구비한 국가로서, 대한민국의 인접 국가이다. 1992년 한국 · 중국 국교 수립 이후 2012년 현재 중국은 우리나라와 약 2천 150억 달러에 달하는 교역량을 기록한 최대 교역국이고, 수출과 수입의 규모는 각각 1천 343억 달러와 807억 달러에 이른다. 2013년 현재 양국은 한중FTA(자유무역협정)의 방향이나 범위 등에 대해 상호 의견 차이가 많이 존재하지만, 한중FTA 관련 논의는 1단계에서 2단계로 진행하는 상태이다. 현재 양국 무역규모가 급증하고 양국 정치관계도 한층 우호적으로 변모하고 있어, 장래 한국과 중국은 상호 경제무역의 협력에서 발생하는 가치가 더 증대하게 될 것이다.

현재 우리나라 전체 무역의 20%는 중국과 이루어진다는 현실을 직시한다면, 이제 중국에 대한 우리나라의 경제무역의 상호관계는 절대적이다. 이런 한중 관계의 환경 형성을 고려하며 중국어를 학습한다면, 여러 분야 중에서도 가장 실용적인 내용이 경제 분야가 되고, 그 중에서도 최고 핵심은 무역 분야가 될 것이다. 그러므로 중국 경제의 이해를 바탕으로 중국 대외무역 관계를 파악하는 것은 중국어 학습자의 심화단계로서 필요한 것이다. 이미 중국 경제의 이해에 관한 시사중국어는 〈경제시사중국어〉를 펴내어 학습의 기초로 제시했고, 이제 그 진보단계로서 무역 관련 시사중국어의 이해를 위해 본서를 펴낸다.

중국어의 학습 자세

중국어가 어렵다고 사람들은 말한다. 물론 어렵다. 모국어가 아닌데 어찌 쉽겠는가! 하지만 쉽다. 학습 의지가 지속적이고, 학습 방법이 용이하면, 쉬울 수 있다.

먼저 학습 의지는 학습자의 몫이다. 학습자는 중국어 숙달의 목표를 굳게 마음먹어야 한다. 굳게 먹은 마음을 꾸준히 지속해야 한다. 다음으로 학습 방법은 교수자의 몫이다. 교수자는 중국어 숙달을 위한 지식과 정보를 친절히 제공해야 한다. 친절히 제공된 학습 방법이 어렵다는 중국어 숙달을 쉽게 만들어준다.

학습 의지의 견지와 학습 방법의 제공에 의해 중국어 숙달은 쉬워진다. 따라서 중국어 학습 자세는 본인의 의지에 따라 좌우되고, 중국어 학습 효과는 교재의 내용에 의해 결정된다. 교수자의 몫으로 본서의 목표는 시사중국어를 쉽게 설명할 것이다.

본서의 구성 특징

본서의 대상은 중국어 초급과정을 마친 후 중급과정에 들어선 학습자이다. 본서의 내용은 중국 무역 분야의 일상적인 용어를 중심으로 한 시사성 문장에 대한 번역 학습이다. 본서의 목표는 어렵다는 무역 중국어를 '문장을 짧게 나누어, 조금씩 설명해서, 쉽게 이해하는 것'이다.

1. **단어 정리** : 각 과마다 모든 단어를 정리하고, 본문에 해당하는 뜻을 새겨놓았다. 비록 앞 과에서 이미 출현한 단어라고 해도, 뒤 과에서는 새로이 그 뜻을 정리하여 제시했다. 그러므로 사전 없이도 단어의 의미를 파악하여 본문을 번역할 수 있도록 제공했다.
2. **단문 해설** : 기다란 문단이나 문장이 아니라, 짧은 단문을 번역의 기본으로 삼았다. 또한 단문의 번역은 단문 속의 어법적인 구와 절을 자세히 짧게 나누었고, 여기에 해설을 붙이고 단문 번역의 기초로 삼았다.
3. **문장 번역** : 짧은 단문의 번역을 장문으로 결합하여, 문장의 번역으로 재구성하였다. 앞서 제시한 단문 번역에 추가적으로 장문으로서 갖추어야 할 어법 내용을 덧붙인 의역을 실었다.
4. **읽기 훈련** : 중국어 학습에서 내용의 이해, 즉 번역 이외에 또 하나 중요한 점은 머릿속에서 이해한 것을 입 밖으로 말하는 것이다. 중국어 학습의 목표는 중국어를 눈으로 · 귀로 이해하고, 손으로 · 입으로 표현하는 것이다. 우리가 실용적 외국어 학습을 최종 목표로 삼는다면, 눈으로 · 귀로 이해하고 손으로 표현하는 것을 모두 종합하여 입으로 표현하는 것이 가장 중요한 것이다.

   따라서 시사중국어를 학습한다 하더라도, 입 밖으로 소리내어 표현하는 방법을 배우는 것이 중요하다. 본서는 머릿속의 이해뿐만 아니라, 입 밖의 표현도 중시하여 발음을 병기하여 읽기 훈련의 기회를 제공했다.
5. **연습 문제** : 매 과의 뒤에는 본과와 내용적으로 연관된 문장을 제시하여, 본과에서 터득한 번역 요령을 활용할 수 있도록 하고, 그 해답으로 번역을 실었다.

본서의 학습 방법

본서의 순서는, 1장 正文은 본문을 제시하고, 2장 生词与解释은 문장, 번역문, 단문, 발음, 단문의 번역, 단어 · 구 · 절의 해설로 구성되고, 3장 번역은 본문을 번역했고, 4장 练习은 연습과 번역문으로 편성되어 있다.

보통 글은 단어 · 구 · 절 · 문장 · 문단 · 글로 구성된다. 본서의 설명 순서는 먼저 단어 · 구 · 절의 뜻을 새기고, 다음으로 이들을 바탕으로 문장을 번역하고, 끝으로 문단의 내용으로 결합되어 있다. 본서는 간편한 번역과 해설을 위해 하나의 문단을 여러 문장으로 나누었다. 하나의 문장은 하나의 마침표를 단위로 나뉘고, 하나의 숫자 번호가 붙여졌다. 문장은 각각의 단문으로 세분되어 하나의 로마자 번호가 주어졌다.

번역과 해설의 기본 단위는 하나의 단문이다. 단문에는 먼저 발음을 병기하고, 다음으로 단어에 대한 의미 그리고 구와 절에 대한 설명을 구체적으로 하였다. 번역은 직역을 우선으로 하고, 의미의 순조로운 풀이를 위해 문장의 뜻을 새겨서 의역을 첨가했다.

본서의 이해력을 높이기 위한 학습 순서는 첫째 숫자 번호의 문장, 둘째 로마자 번호의 단문, 셋째 단어 · 구 · 절의 뜻, 넷째 단문의 번역, 다섯째 문장의 번역, 여섯째 발음 읽기, 일곱째 본문의 번역을 참고할 수 있고, 마지막에는 연습 문장을 스스로 번역해 보는 것이다.

끝으로, 본서의 집필 과정에서 느낀 빈 · 슬 · 람의 사랑 그리고 본서의 출판을 위해 백산출판사 모든 구성원이 특별히 베풀어주신 배려에 깊은 감사를 드린다.

2013년 6월

蚕室晓凡斋에서

범 례

1) 해설 문장의 구분 방법

① 문장 1) 2) 3) 등은 하나의 마침표를 위주로 구분함.

② 어귀 a) b) c) 등은 하나의 개사구 혹은 하나의 서술어를 위주로 구분함.

2) 문장의 뜻

문장의 번역은 직역을 위주로 하고, 뜻을 새길 경우에는 의역을 보충으로 함.

3) 기호

→는 ① 직역한 뒤에 의역을 뜻함.
　　② 단어나 어귀의 뜻을 더욱 새겨서 사용함.

( )는 ① 괄호 속의 단어나 어귀가 생략이나 첨가가 가능한 경우에 사용함.
　　② 한자어의 경우에는 그 한자를, 외래어의 경우에는 그 원어를 표시함.

[ ]는 ① 그 중 하나를 선택적으로 사용 가능할 경우를 나타냄.
　　② 어떤 단어나 어귀를 어법적이나 내용적으로 설명할 경우에 사용함.

※는 어떤 단어나 어구를 문법 때문에 번역에서 특별히 해설할 경우에 사용함.

≒는 유사어 · 비슷한 말을 나타냄.

~는 앞의 단어 · 어구 · 문장과 동일함을 표시함.

4) 품사

대 대명사	명 명사
수 수사	형 형용사
동 동사	부 부사
개 개사	조 조사
접 접속사	양 양사
접두 접두사	접미 접미사

차 례

제 1 과

中国入世10周年

중국 WTO가입 10주년

1-1 正文 中国加入世界贸易组织10周年高层论坛在京举行

中国加入世界贸易组织10周年高层论坛11日上午在人民大会堂举行。国家主席胡锦涛出席并发表重要讲话。胡锦涛强调，面对新形势新要求，中国将坚持以更广阔的视野观察世界·观察中国，根据推动科学发展的要求，实行更加积极主动的开放战略，拓展新的开放领域和空间，完善更加适应发展开放型经济要求的体制机制，提高开放型经济水平和质量，形成开放型经济新格局，更好地以开放促发展·促改革·促创新。

胡锦涛在讲话中指出，10年前的今天，中国正式成为世界贸易组织成员。这是中国改革开放进程中的一件大事，标志着中国对外开放进入了历史新阶段。加入世界贸易组织，是中国全面分析国内外形势·为加快推进改革开放和社会主义现代化作出的重大战略决策。加入世界贸易组织以来，中国坚持享受权利和履行义务相结合·实现自身发展和促进世界共同发展相结合，积极化挑战为机遇，在更大范围·更高水平上参与国际经济合作和竞争，大力发展开放型经济，推动中国和世界的关系发生了举世瞩目的变化。实践证明，中国加入世界贸易组织，扩大对外开放，惠及13亿中国人民，也惠及各国人民；中国的发展是和平的发展·开放的发展·合作的发展·共赢的发展，向世界展示了中国这个东方文明古国的勃勃生机和巨大潜力。

胡锦涛强调，当今世界，经济全球化深入发展，各国经济相互依存不断加深，同时世界经济形势复杂多变。经过30多年的发展，中国社会生产力·综合国力·人民生活水平大幅度跃升，同时中国仍然是世界上最大的发展中国家。中国将进一步扩大对外技术合作，推动经济发展方式转变和经济结构调整，加强生态文明建设，扩大服务业开放，稳步推进农业领域对外开放，更加注重为包括外资企业在内的各类所有制企业提供公平的市场准入待遇。中国将进一步促进对外贸易平衡发展，坚持进口和出口并重，把扩大进口和稳定出口结合起来，努力促进国际收支基本平衡。中国将进一步完善全方位对外开放格局，把扩大对外开放和区域协调发展结合起来，协同推动沿海·内陆·沿边开放，形成优势互补·分工协作·均衡协调的区域开放新格局。中国将进一步坚持“引进来”和“走出去”并重，继续扩大各领域对外开放水平，引导企业有序开展境外投资合作，重视开展有利于不发达国家改善民生和增强自主发展能力的合作。中国将进一步营造公平透明的市场环境，加快建设法治政府和服务型政府，加大知识产权执法力度和司法保护力度，不断完善市场体系。中国将进一步推动共同发展，承担力所能及的义务和责任，继续在国际经济体系中发挥建设性作用，同各国一道分享发展机遇·应对各种挑战，使中国发展惠及更多国家和人民。

* 출처: 人民网-2011年12月12日 http://politics.people.com.cn/GB/1024/16570209.html

1-2 生词与解释

1) 中国加入世界贸易组织10周年高层论坛在京举行

zhōngguó jiārù shìjiè màoyì zǔzhī shí zhōunián gāocéng lùntán zàijīng jǔxíng
중국의 세계무역기구 가입 10주년 고위층 포럼이 북경에서 거행되다

中国加入世界贸易组织10周年 : 중국이 세계무역기구에 가입한지 10주년이다.
→ 중국의 세계무역기구 가입 10주년.

加入(jiārù) : 1.동 가입하다. 참가하다. 참여하다.
2.동 넣다. 붙이다. 보태다.

世界贸易组织(shìjiè màoyì zǔzhī) : 명 세계무역기구. WTO(World Trade Organization).

世界(shìjiè) : 1.명 세계. 〔지구상의 모든 곳〕
2.명 세상. 〔자연계와 인류 사회의 일체 사물의 총화〕
3.명 인간 세상. 사회.

贸易(màoyì) : 명 무역. 교역. 매매. 거래. 통상.

组织(zǔzhī) : 1.명 조직. 계통. 시스템.
2.동 조직하다. 구성하다. 결성하다.

周年(zhōunián) : 명 주년.

高层(gāocéng) : 1.형 고위(층)의. → 고위층.
2.형 고층의.
3.명 높은 층(수). 고층.

论坛(lùntán) : 명 논단. 칼럼. → 포럼(Forum), 토론회.

在京(zàijīng) : 在北京(zài běijīng), 북경〔베이징〕에서.

在(zài) : 1.개 …에(서). …에 있어서.
2.동 존재하다. 생존하다.
3.동 (사람이나 사물이) …에 있다.
4.동 (어떤 직위에) 몸담고 있다. 머물러 있다. 남아 있다.
5.동 (어떤 단체에) 참여하다. 속하다.
5.동 …에 있다. …에 달려 있다.
6.부 마침 …하고 있다. 막 …하고 있는 중이다.

举行(jǔxíng) : 동 거행하다. → 거행되다.

2) 中国加入世界贸易组织10周年高层论坛11日上午在人民大会堂举行。

zhōngguó jiārù shìjiè màoyì zǔzhī shí zhōunián gāocéng lùntán shí yī rì shàngwǔ zài rénmíndàhuìtáng jǔxíng
중국의 세계무역기구 가입 10주년 고위층 포럼이 11일 오전 인민대회당에서 거행되었다.

人民大会堂(rénmín dàhuìtáng) : 인민대회당. 〔베이징 소재의 전국인민대표대회 회의장〕

3) 国家主席胡锦涛出席并发表重要讲话。

guójiā zhǔxí hú jǐn tāo chūxí bìng fābiǎo zhòngyào jiǎnghuà

국가주석 후진타오는 출석하여 중요 연설을 발표했다.

国家主席(guójiā zhǔxí) : 국가주석.
 国家(guójiā) : 명 국가. 나라.
 主席(zhǔxí) : 1.명 주석. 위원장.
  2.명 (회의를 주재하는) 의장.
胡锦涛(hú jǐn tāo) : Hu Jintao, 후진타오〔사람 이름〕.
出席(chūxí) : 동 출석하다. 참가하다. 참석하다.
并(bìng) : 1.접 그리고. 또. 아울러. 게다가.
 2.동 병렬하다. 나란히 하다. 가지런히 하다.
 3.부 함께. 같이. 동시에.
 4.부 결코. 전혀. 조금도. 그다지. 별로. 〔부정사의 앞에 쓰여 부정의 어투를 강조함〕
 5.부 전부. 모두.
 6.개 …조차도. …까지도. …마저도.
 7.동 합치다. 통합하다.
发表(fābiǎo) : 1.동 (의견을) 발표하다. 선포하다.
 2.동 글을 게재하다. 발표하다.
重要(zhòngyào) : 형 중요하다.
讲话(jiǎnghuà) : 1.명 연설. 강화. 담화.
 2.동 말하다. 발언하다.
 3.동 질책하다. 나무라다. 비난하다. 말하다.

4) 胡锦涛强调，面对新形势新要求，中国将坚持以更广阔的视野观察世界·观察中国，根据推动科学发展的要求，实行更加积极主动的开放战略，拓展新的开放领域和空间，完善更加适应发展开放型经济要求的体制机制，提高开放型经济水平和质量，形成开放型经济新格局，更好地以开放促发展·促改革·促创新。

후진타오는 다음과 같이 강조했다. 즉 새 형세와 새 요구에 직면하여, 중국은 장차 더 광활한 시야로써 세계를 관찰하고 중국을 관찰하는 것을 견지하며, 과학발전 추진의 요구에 의거하여, 더욱 적극적이고 주동적인 개방 전략을 실행하며, 새로운 개방 영역과 공간을 확장하고, 개방경제가 요구하는 제도적 장치의 발전에 완벽하게 더욱 적응하고, 개방경제의 수준과 질을 향상시키고, 개방경제의 새로운 구조를 형성하며, 개방으로써 발전을·개혁을·혁신을 더 잘 촉진시킬 것이다.

a) 胡锦涛强调,

hú jǐn tāo qiángdiào

후진타오는 …라고〔을〕 강조하다. → 후진타오는 다음과 같이 강조하다. 즉 ….

※ 목적어가 매우 긴 경우의 번역 방법 : 强调는 타동사로서, 그 뒤에 목적어를 매우 길게 갖고 있어, 번역의 편의를 위해 목적어(여기서는 목적절로 구성되어 있음)를 별도로 분리하여 번역한다.

强调(qiángdiào) : 동 강조하다.

b) 面对新形势新要求,

miànduì xīn xíngshì xīn yāoqiú

새 형세와 새 요구에 직면하여

面对(miànduì) : 동 직면하다. 마주 보다. 마주 대하다. 직접 대면하다.
新(xīn) : 1.형 새롭다.
2.형 사용하지 않은. 새 것의.
3.부 방금. 새로이. 갓.
4.동 새롭게 하다. 새로워지다. 일신하다.
5.명 새사람. 새 것. 새로운 것.
6.형 결혼한. 신혼의.
形势(xíngshì) : 명 형세. 정세. 형편. 상황.
要求(yāoqiú) : 1.명 요구. 요망.
2.동 요구하다. 요망하다.

c) 中国将坚持以更广阔的视野观察世界·观察中国,

zhōngguó jiāng jiānchí yǐ gèng guǎngkuò de shìyě guānchá shìjiè · guānchá zhōngguó

중국은 더 광활한 시야로써 세계를 관찰하고 중국을 관찰하는 것을 견지하다

※ c)문장 이하는 中国이 주어이고 将이 부사어이며, 서술어는 坚持·实行·拓展·完善·提高·形成·促 등 여럿으로 이루어져 있으므로, 将의 번역은 마지막 동사(促)에서 행한다.

将(jiāng) : 1.부 장차 …하게 될 것이다. 장차 …일 것이다.
2.부 장차. 곧. 막. (…하려고 하다).
3.부 방금. 막. (…했다).
4.동 돕다. 부축하다.
5.개 …을.
坚持(jiānchí) : 1.동 견지하다. 단호히 지키다. 유지하다. 고수하다. 고집하다.
2.동 견지하다. 굳건히 보지하다. 계속 지속하게 하다.
以更广阔的视野 : 더 광활한 시야로써.
以(yǐ) : 1.개 …(으)로(써). …을〔를〕 가지고. …을〔를〕 근거로.

2.개 …에게 …을 주다.
3.개 …에 의해. …에 따라. …에 근거하여.
4.개 …때문에. …까닭에. …로 인하여.
5.개 …때(에). …에.
6.접 …하여. …함으로써. …하기 위하여.
7.접 …(하)고(도).

更(gèng)：1.부 더욱. 더. 훨씬. 한층 더. 가일층. 더군다나. 보다 더.
2.부 다시. 또. 또한. 되풀이해서. 게다가.

广阔(guǎngkuò)：형 넓다. 광활하다.

视野(shìyě)：1.명 시야. 시계.
2.명 시야. 〔생각이나 식견의 영역〕

观察(guānchá)：동 (사물・현상을) 관찰하다. 살피다.

d) 根据推动科学发展的要求,
gēnjù tuīdòng kēxué fāzhǎn de yāoqiú
과학발전 추진의 요구에 의거하여

根据(gēnjù)：1.개 …에 의거하여. 〔동작 행위의 근거를 이끌어들임〕
2.명 근거.
3.동 근거하다. 의거하다. 따르다.

推动科学发展：과학발전을 추진하다. → 과학발전 추진.

推动(tuīdòng)：동 추진하다. 나아가게 하다. 촉진하다. 조장하다.

科学(kēxué)：1.명 과학.
2.형 과학적이다.

发展(fāzhǎn)：1.동 발전하다.
2.동 확대〔발전〕시키다. 확충하다.

e) 实行更加积极主动的开放战略,
shíxíng gèngjiā jījí zhǔdòng de kāifàng zhànlüè
더욱 적극적이고 주동적인 개방 전략을 실행하다

实行(shíxíng)：동 실행하다.

更加(gèngjiā)：부 더욱. 더. 훨씬. 한층 더. 가일층. 더군다나.

积极(jījí)：1.형 적극적이다. 열성적이다. 의욕적이다. 진취적이다.
2.형 긍정적이다. 건설적이다.

主动(zhǔdòng)：1.형 주동적인.
2.형 자발적인. 자각적인. 능동적인.

开放(kāifàng)：1.동 해제하다. 개방하다
2.동 (공항・항구・도로 등의) 출입・통행을 개방하다.
3.동 (공원・도서관 등의) 공공 장소를 개방하다.
4.형 (생각이) 개방적이다. (성격이) 명랑하다.

5.동 (꽃이) 피다.

战略(zhànlüè) : 1.명 전략. 〔전술의 상위 개념임〕

2.명 전략. 〔책략〕

3.형 전략적인.

f) 拓展新的开放领域和空间,

tuòzhǎn xīn de kāifàng lǐngyù hé kōngjiān

새로운 개방 영역과 공간을 확장하다

拓展(tuòzhǎn) : 동 확장하다. 개발하다. 넓히다.

领域(lǐngyù) : 명 분야. 영역.

空间(kōngjiān) : 명 공간.

g) 完善更加适应发展开放型经济要求的体制机制,

wánshàn gèngjiā shìyīng fāzhǎn kāifàngxíng jīngjì yāoqiú de tǐzhì jīzhì

개방경제가 요구하는 제도적 장치의 발전에 완벽하게 더욱 적응하다

完善更加适应 : …에 완벽하게 더욱 적응하다.

完善(wánshàn) : 1.동 완벽하게〔완전하게〕 하다〔만들다〕. 완비하다.

2.형 완선하다. 완벽하다. 완전하다. 흠잡을 데가 없다.

更加适应 : …에 더욱 적응하다.

适应(shìyīng) : 동 적응하다.

发展开放型经济要求的体制机制 : 개방경제가 요구하는 제도적 장치를 발전시키다.

→ 개방경제가 요구하는 제도적 장치의 발전.

开放型经济(kāifàngxíng jīngjì) : 개방경제.

型(xíng) : 1.명 유형. 규격. 모양. 형식. 양식. 모델. 타입.

2.명 본. 모형. 주형(铸型).

经济(jīngjì) : 1.명 경제. 국민 경제.

2.명 경제 활동.

体制机制(tǐzhì jīzhì) : 体制性机制(tǐzhìxìng jīzhì), 제도적 장치.

h) 提高开放型经济水平和质量,

tígāo kāifàngxíng jīngjì shuǐpíng hé zhìliàng

개방경제의 수준과 질을 향상시키다

提高(tígāo) : 동 향상시키다. 제고하다. 높이다. 끌어올리다.

水平(shuǐpíng) : 1.명 수준.

2.명 수평.

质量(zhìliàng) : 1.명 (생산품이나 일의) 질. 품질.
2.명 질량.

i) 形成开放型经济新格局，
xíngchéng kāifàngxíng jīngjì xīn géjú
개방경제의 새로운 구조를 형성하다

形成(xíngchéng) : 동 형성하다. 형성되다. 이루어지다.
格局(géjú) : 명 구조. 짜임새. 구성. 골격. 패턴. 양식. 방식. 배치.

j) 更好地以开放促发展・促改革・促创新。
gènghǎodi yǐ kāifàng cù fāzhǎn · cù gǎigé · cù chuàngxīn
개방으로써 발전을 · 개혁을 · 혁신을 더 잘 촉진시키다

更好地(gènghǎodi) : 더 잘. 더 좋게.
促(cù) : 1.동 촉진시키다. 촉진하다. 재촉하다. 다그치다.
2.형 (시간이) 촉박하다. 다급하다.
3.동 가까이하다.
创新(chuàngxīn) : 1.명 혁신. 창의성. 창조성. 창의.
2.동 옛 것을 버리고 새 것을 창조하다.

5) 胡锦涛在讲话中指出，10年前的今天，中国正式成为世界贸易组织成员。

후진타오는 연설 중에서 다음과 같이 밝혔다. 즉 10년 전의 오늘, 중국은 세계무역기구의 구성원이 정식으로 되었다.

a) 胡锦涛在讲话中指出，
hú jǐn tāo zài jiǎnghuà zhōng zhǐchū
후진타오는 연설 중에서 …라고 밝히다
→ 후진타오는 연설 중에서 다음과 같이 밝히다. 즉 …

在(zài)…中(zhōng) : …(중)에(서).
指出(zhǐchū) : 동 밝히다. 지적하다. 가리키다.

b) 10年前的今天，中国正式成为世界贸易组织成员。
shí nián qián de jīntiān, zhōngguó zhèngshì chéngwéi shìjiè màoyì zǔzhī chéngyuán
10년 전의 오늘, 중국은 세계무역기구의 구성원이 정식으로 되었다

10年前 : 10년 전(에).
前(qián) : 1.명 (순서・방위・시간의) 앞. 전면. → 상위.
2.명 (공간에서의) 바로 앞. 정면.
3.명 과거. 종전.

4.명 미래. 앞날.
5.동 앞으로 나아가다.
6.형 이전의. 종전의.

今天(jīntiān) : 1.명 오늘.
2.명 현재. 지금. 오늘날.

正式(zhèngshì) : 형 공식의. 정식의. 정규의. → 정식으로.

成为(chéngwéi) : 동 …이 되다. …(으)로 되다.

6) 这是中国改革开放进程中的一件大事，标志着中国对外开放进入了历史新阶段。

이것은 중국 개혁개방 진행과정 중에서의 큰일이고, 중국 대외개방이 역사의 새 단계로 진입했다는 것을 상징하고 있다.

a) 这是中国改革开放进程中的一件大事，
zhè shì zhōngguó gǎigé kāifàng jìnchéng zhōng de yí jiàn dàshì
이것은 중국 개혁개방 진행과정 중에서의 큰일이다

改革(gǎigé) : 1.명 개혁.
2.동 개혁하다.

进程中 : 진행과정 중에서.

进程(jìnchéng) : 명 진행과정. 경과. 코스. 발전과정. 진전.

中(zhōng) : 1.명 …의 중에. …과정에. …의 가운데에.
〔동사나 동사구 뒤에 쓰여 동작이 지속 상태임을 나타냄.
동사 앞에 '在'가 있거나 생략됨〕
2.명 한가운데. 중심. 중앙. 복판.
3.명 (위치의) 중간.
4.명 (성질 · 등급의) 중간. 중급.
5.명 안. 내부. 속.
6.동 적합하다. 알맞다. 적당하다.
7.명 중국. 중화인민공화국.

件(jiàn) : 1.양 건. 개.〔일부 하나하나로 셀 수 있는 물건을 세는 단위〕
2.명 (총체 중 하나씩 셀 수 있는) 일 · 사건 · 개체 등의 수량 단위.
3.명 문서. 서류. 문건.

大事(dàshì) : 1.명 큰일. 대사.
2.동 크게〔대대적으로〕 …하다〔일삼다〕. 〔주로 동사 앞에 쓰임〕

b) 标志着中国对外开放进入了历史新阶段。

biāozhì zhe zhōngguó duìwài kāifàng jìnrù le lìshǐ xīn jiēduàn

중국 대외개방이 역사의 새 단계로 진입했다는 것을 상징하고 있다

标志(biāozhì) : 1.동 상징하다. 명시하다.
2.명 상징. 표지.

着(zhe) : 1.조 …하고 있다. …하고 있는 중이다.
2.조 …하면서. …한 채로.
3.조 …해 있다. …한 채로 있다.
4.조 개사나 대명사 뒤에 쓰여 뒤의 동사를 수식함.

对外开放(duìwài kāifàng) : 동 대외적으로 개방하다. → 대외개방.

对外(duìwài) : 형 대외(의). 대외적인. → 대외적으로.

进入(jìnrù) : 동 (어떤 시기 · 어떤 상태 · 어떤 범위에) 들다. 진입하다.

历史新阶段 : 역사의 새 단계.

历史(lìshǐ) : 1.명 역사.
2.명 역사. 역사적 기록.
3.명 (어떤 사물이나 개인의) 과거.

新阶段(xīn jiēduàn) : 새 단계. 신단계.

阶段(jiēduàn) : 명 단계. 계단. 국면(局面).

7) 加入世界贸易组织，是中国全面分析国内外形势 · 为加快推进改革开放和社会主义现代化作出的重大战略决策。

세계무역기구의 가입은, 중국이 국내외 정세를 전면적으로 분석하고, 개혁개방과 사회주의현대화를 빠르게 추진하기 위해 행한 중대한 전략적 정책이다.

a) 加入世界贸易组织，

jiārù shìjiè màoyì zǔzhī

세계무역기구에 가입하다 → 세계무역기구의 가입

b) 是中国全面分析国内外形势 · 为加快推进改革开放和社会主义现代化作出的重大战略决策。

shì zhōngguó quánmiàn fēnxī guónèiwài xíngshì · wèi jiākuài tuījìn gǎigé kāifàng hé shèhuìzhǔyì xiàndàihuà zuòchū de zhòngdà zhànlüè juécè

중국이 국내외 정세를 전면적으로 분석하고, 개혁개방과 사회주의현대화를 빠르게 추진하기 위해 행한 중대한 전략적 정책이다

是(shì) : 1.동 …이(은) …이다.

2.[동] 형용사・동사성 술어 앞에서 강한 긍정을 나타냄.
〔的确(díquè, 확실히)・实在(shízài, 실로)에 상당하며, 반드시 강하게 발음함〕

中国全面分析国内外形势：중국이 국내외 정세를 전면적으로 분석하다.
全面(quánmiàn)：1.[형] 전면적이다. 전반적이다. →[부] 전면적으로.
2.[명] 전면. 전반. 전체.
分析(fēnxī)：[동] 분석하다.
国内外(guónèiwài)：국내외.
国内(guónèi)：[명] 국내.
国外(guówài)：[명] 외국. 국외.

为加快推进改革开放和社会主义现代化作出：개혁개방과 사회주의현대화를 빠르게 추진하기 위해 행하다.
为(wèi)：1.[개] …에게 (…을 해 주다). …을 위하여 (…을 하다).
〔행위의 대상을 나타냄〕
2.[개] …때문에. …덕택에. …하기 위하여.
〔행위의 원인이나 목적을 나타냄〕
3.[개] …에 대해서. …을 향하여.
〔행위의 방향을 나타냄〕
加快(jiākuài)：[동] 속도를 올리다. 빠르게 하다. 빨리 하다. 재촉하다. → 빠르게.
推进(tuījìn)：1.[동] (일・사업을) 추진하다. 추진시키다.
2.[동] (전선이나 군대를) 밀고 나아가다. 진격하다.
社会主义(shèhuìzhǔyì)：1.[명] 사회주의.
2.[명] 과학적 사회주의의 사상 체계.
现代化(xiàndàihuà)：[명] 현대화.
作出(zuòchū)：…을 (행)하다.

重大(zhòngdà)：[형] 중대하다. 무겁고 크다.
决策(juécè)：1.[명] 결정된 정책〔책략・전술・전략・방침〕.
2.[동] 정책〔책략・방침〕 등을 결정하다.

8) 加入世界贸易组织以来，中国坚持享受权利和履行义务相结合・实现自身发展和促进世界共同发展相结合，积极化挑战为机遇，在更大范围・更高水平上参与国际经济合作和竞争，大力发展开放型经济，推动中国和世界的关系发生了举世瞩目的变化。

세계무역기구에 가입한 이래로, 중국은 권리 향유와 의무 이행의 상호 결합 및 자기 발전 실현과 세계 공동 발전 촉진의 상호 결합을 견지하고, 적극적으로 도전을 기회로 변화시키고, 더 큰 범위・더 높은 수준에서 국제경제 협력과 경쟁에 참여하고, 개방경제를 강력하게 발전시키며, 중국과 세계의 관계에 전세계적인 변화가 발생하도록 추진했다.

a) 加入世界贸易组织以来,
jiārù shìjiè màoyì zǔzhī yǐlái
세계무역기구에 가입한 이래로

以来(yǐlái) : 명 이래. 동안.
※ 시제 표현 : 以来는 과거로부터 현재에 이르는 상태를 나타내기 때문에, 본문의 동사는 모두 과거형으로 번역한다.

b) 中国坚持享受权利和履行义务相结合·实现自身发展和促进世界共同发展相结合,
zhōngguó jiānchí xiǎngshòu quánlì hé lǚxíng yìwù xiāng jiéhé · shíxiàn zìshēn fāzhǎn hé cùjìn shìjiè gòngtóng fāzhǎn xiāng jiéhé
중국은 권리 향유와 의무 이행의 상호 결합 및 자기 발전 실현과 세계 공동 발전 촉진의 상호 결합을 견지하다

享受权利和履行义务 : 권리를 향유하고 의무를 이행하다. →권리 향유와 의무 이행.
享受(xiǎngshòu) : 동 누리다. 향유하다. 즐기다.
权利(quánlì) : 명 권리.
履行(lǚxíng) : 동 이행하다. 실행하다. 실천하다.
义务(yìwù) : 1.명 의무.
2.명 도의상의 의무〔책임〕. 도의적인 책임.
3.형 무보수의. 봉사의.
相结合 : 서로 결합하다〔결합되다〕. →상호 결합.
相(xiāng) : 부 서로. 함께. 상호.
结合(jiéhé) : 1.동 결합하다. 결부하다.
2.동 부부가 되다.
实现自身发展和促进世界共同发展 : 자기의 발전을 실현하고 세계 공동 발전을 촉진하다. →자기 발전 실현과 세계 공동 발전 촉진.
实现(shíxiàn) : 동 실현하다. 달성하다.
自身(zìshēn) : 대 자기. 자신. 본인. 스스로.
促进(cùjìn) : 동 촉진시키다. 촉진하다. 재촉하다. 독촉하다.
共同(gòngtóng) : 1.형 공동의. 공통의.
2.부 함께. 다 같이. 더불어.

c) 积极化挑战为机遇,
jījí huà tiǎozhàn wéi jīyù
적극적으로 도전을 기회로 변화시키다

积极(jījí) : 적극적으로.
化挑战为机遇 : 도전을 기회로 변화시키다.
化(huà)…为(wéi)… : …를 …로 변화시키다.

化(huà)：1.동 변화시키다.
2.동 변하다. 변화하다.
挑战(tiǎozhàn)：1.명 도전.
2.동 싸움을 걸다. 도전하다. 맞서다.
为(wéi)：1.동 …(으)로 삼다. …(으)로 생각하다〔여기다〕.
2.동 …(으)로 변〔변화〕하다. …이 되다.
3.동 하다. 만들다.
4.동 …이다.
5.개 …당하다. …에 의하여 …하게 되다. 〔所와 함께 쓰임〕
机遇(jīyù)：명 (좋은) 기회. 찬스. 시기. 호기.

d) 在更大范围・更高水平上参与国际经济合作和竞争,
zài gèng dà fànwéi・gèng gāo shuǐpíng shang cānyǔ guójì jīngjì hézuò hé jìngzhēng
더 큰 범위・더 높은 수준에서 국제경제 협력과 경쟁에 참여하다

在(zài)…上(shang)：…(위)에서.
大(dà)：1.형 (부피 등이) 크다. 넓다. (수량이) 많다. (힘 등이) 세다. 강하다.
2.형 중대한. 평범하지 않은.
3.부 매우. 대단히. 몹시. 크게. 아주. 완전히. 철저히.
4.명 크기.
5.부 그다지. 〔不 뒤에 쓰여 '그다지 …하지 않다.'라는 뜻을 나타냄〕
范围(fànwéi)：1.명 범위.
2.동 제한하다. 개괄하다.
高(gāo)：1.형 (높이가) 높다.
2.형 (등급이) 높다.
3.형 (수준・정도 등이 보통보다) 높다.
4.명 높이.
5.명 높은 곳.
参与(cānyǔ)：동 참여하다. 참가하다. 가담하다. 개입하다.
国际(guójì)：1.명 국제.
2.형 국제의. 국제적인.
经济合作(jīngjì hézuò)：경제 협력.
合作(hézuò)：동 협력하다. 합작하다. → 협력. 합작.
竞争(jìngzhēng)：1.명 경쟁.
2.동 경쟁하다.

e) 大力发展开放型经济，
dàlì fāzhǎn kāifàngxíng jīngjì
개방경제를 강력하게 발전시키다

大力(dàlì)：1.부 강력하게. 힘껏. 대대적으로
2.명 큰 힘. 강력.

f) 推动中国和世界的关系发生了举世瞩目的变化。
tuīdòng zhōngguó hé shìjiè de guānxi fāshēng le jǔshìzhǔmù de biànhuà
중국과 세계의 관계에 전세계적인 변화가 발생했음을 추진하다
→ 중국과 세계의 관계에 전세계적인 변화가 발생하도록 추진하다

中国和世界的关系发生了举世瞩目的变化：중국과 세계의 관계에 전세계적인 변화가 발생했다.
关系(guānxi)：1.명 관계. 연줄.
2.동 관계하다. 관련하다. …와 관계되다.
3.명 (서로 관련된 것 사이의) 영향. 중요성.
发生(fāshēng)：동 발생하다. 생기다.
举世瞩目的变化：전세계적인 변화.
举世瞩目(jǔshìzhǔmù)：전세계 사람들이 주목하다. → 전세계적인.
举世(jǔshì)：명 전세계. 모든 사회.
瞩目(zhǔmù)：동 눈여겨보다. 주목하다. 주시하다.
变化(biànhuà)：1.명 변화.
2.동 변화하다. 달라지다. 바꾸다.

9) 实践证明，中国加入世界贸易组织，扩大对外开放，惠及13亿中国人民，也惠及各国人民；

실천에 의해, 중국의 세계무역기구 가입이, 대외개방을 확대하고, 13억 중국 국민에게 혜택을 베풀며, 또한 각국 국민에게 혜택을 베풀었다고 증명되었다.

a) 实践证明，
shíjiàn zhèngmíng
실천이 증명하다 → 실천에 의해 …이 증명되다

实践(shíjiàn)：1.명 실천. 실행. 이행.
2.동 실천하다. 실행하다. 이행하다.
证明(zhèngmíng)：1.동 증명하다.
2.명 증서. 증명서.

b) 中国加入世界贸易组织，
zhōngguó jiārù shìjiè màoyì zǔzhī
중국이 세계무역기구에 가입하다 → 중국의 세계무역기구 가입

c) 扩大对外开放，
kuòdà duìwài kāifàng
대외개방을 확대하다

扩大(kuòdà) : 동 확대하다. 넓히다. 키우다. 증대하다. 신장하다.

d) 惠及13亿中国人民，
huìjí shí sān yì zhōngguó rénmín
13억 중국 국민에게 혜택을 베풀다

惠及(huìjí) : …에게 혜택을 베풀다. 은혜가〔혜택이〕 미치다.
惠(huì) : 1.동 다른 사람에게 혜택을 주다. 은혜를 베풀다.
2.형 자애롭다. 어질다. 인자하다.
3.형 부드럽다. 유순하다. 온화하다.
4.명 혜택. 이점. 이익. 은혜.
及(jí) : 1.동 …까지 미치(게 하)다. …을 배려하다.
2.접 및. …와.
3.동 도달하다. 이르다. 미치다.
4.동 대등하다. 필적하다. 견줄 수 있다. 〔주로 부정형으로 쓰임〕
5.동 …을 틈타. (시간 · 기회를) 이용하여.
6.동 말려들다. 연루되다. 누가 미치다.
亿(yì) : 수 억.
人民(rénmín) : 명 국민. 인민.

e) 也惠及各国人民；
yě huìjí gèguó rénmín
또한 각국 국민에게 혜택을 베풀다

各国(gèguó) : 명 각국. 각 나라.
※ '；(分号, fēnhào, 쌍반점, 세미콜론)'는 보통 병렬관계에 있는 두 단문을 분리하는 데 사용한다.
예로, A；B의 경우, A와 B는 병렬관계로, 'A 및 B' 뜻함.

10) 中国的发展是和平的发展・开放的发展・合作的发展・共赢的发展，向世界展示了中国这个东方文明古国的勃勃生机和巨大潜力。

중국의 발전은 평화적 발전이고 개방적 발전이고 협력적 발전이고 서로 이로운 발전이며, 세계를 향해 동양문명의 역사가 긴 중국의 생기발랄함과 거대한 잠재력을 나타내었다.

a) 中国的发展是和平的发展・开放的发展・合作的发展・共赢的发展，
zhōngguó de fāzhǎn shì hépíng de fāzhǎn・kāifàng de fāzhǎn・hézuò de fāzhǎn・gòngyíng de fāzhǎn
중국의 발전은 평화적 발전이고 개방적 발전이고 협력적 발전이고 서로 이로운 발전이다

和平(hépíng)：1.[명] 평화.
2.[형] (성질이) 순하다. 부드럽다. 온화하다. 따뜻하다.
3.[형] 평화적인. 평온하다. 차분하다. 가라앉다.
共赢(gòngyíng)：[동] 다같이 이익을 얻다. →서로 이롭다. 상호 이익.

b) 向世界展示了中国这个东方文明古国的勃勃生机和巨大潜力。
xiàng shìjiè zhǎnshì le zhōngguó zhège dōngfāng wénmíng gǔguó de bóbóshēngjī hé jùdà qiánlì
세계를 향해 동양문명의 역사가 긴 중국의 생기발랄함과 거대한 잠재력을 나타내었다

向(xiàng)：[개] …(으)로. …에게. …을 향하여.
展示(zhǎnshì)：[동] 드러내다. 나타내다. 전시하다.
中国这个东方文明古国：중국 이 동양문명의 역사가 긴 국가
→ 동양문명의 역사가 긴 중국.
东方文明(dōngfāng wénmíng)：동양문명. 오리엔트 문명.
东方(dōngfāng)：1.[명] 동방. 동쪽. 동녘. 동편.
2.[명] 아시아. 동양. 동방.
文明(wénmíng)：1.[명] 문명.
2.[형] 문명화된.
3.[형] 교양이 있다. 예의바르다. 언행이 점잖다.
古国(gǔguó)：1.[명] 역사가 오래 된 국가. 고국. →역사가 긴 국가.
2.[명] 고대의 국가. 고국.
勃勃生机(bóbóshēngjī)：生机勃勃(shēngjībóbó), 생기발랄하다. 생명력이 왕성하다.
勃勃(bóbó)：1.[형] 왕성하다. 발랄하다. 강렬하다.
2.[형] 욕망이 강렬한 모양.
生机(shēngjī)：1.[명] 활력. 생명력. 생기. 활기.
2.[명] 살아갈 길. 생존의 기회. 삶의 희망
巨大(jùdà)：[형] (규모・수량 등이) 아주 크다〔많다〕. 거대하다.
潜力(qiánlì)：[명] 잠재 능력. 잠재력. 저력.

11) 胡锦涛强调，当今世界，经济全球化深入发展，各国经济相互依存不断加深，同时世界经济形势复杂多变。

후진타오는 다음과 같이 강조했다. 즉 오늘날 세계는, 경제 세계화가 깊이 발전하고, 각국의 경제 상호의존이 끊임없이 깊어지며, 동시에 세계 경제의 정세가 복잡하고 변화가 많다.

a) 胡锦涛强调，
hú jǐn tāo qiángdiào
후진타오는 …라고 강조하다 → 후진타오는 다음과 같이 강조하다. 즉 …

b) 当今世界，经济全球化深入发展，
dāngjīn shìjiè, jīngjì quánqiúhuà shēnrù fāzhǎn
오늘날 세계는, 경제 세계화가 깊이 발전하다

当今(dāngjīn)：명 지금. 현재. 오늘날. 요즘.
全球化(quánqiúhuà)：전세계화.
全球(quánqiú)：명 전세계. 지구 전체. 온 세상. 국제.
深入(shēnrù)：1.형 깊다. 철저하다. 투철하다. → 깊이. 심도 있게.
2.동 깊이 들어가다. 깊이 파고들다. 깊이 침투하다.

c) 各国经济相互依存不断加深，
gèguó jīngjì xiānghù yīcún búduàn jiāshēn
각국의 경제 상호의존이 끊임없이 깊어지다

相互依存(xiānghù yīcún)：서로 의존하다. → 상호의존.
相互(xiānghù)：부 상호(간에). 서로(간에). 피차(간에).
依存(yīcún)：동 의존하다.
不断(búduàn)：1.부 계속해서. 부단히. 끊임없이.
2.동 끊임없다.
加深(jiāshēn)：동 깊어지다. 깊게 하다. 심화하다.

d) 同时世界经济形势复杂多变。
tóngshí shìjiè jīngjì xíngshì fùzá duōbiàn
동시에 세계 경제의 정세가 복잡하고 변화가 많다

同时(tóngshí)：1.부 동시에.
2.명 동시. 같은 시간. 동일한 시기. 같은 때.
3.동 시간을 같이하다. 시기〔시대〕를 같이하다. 동시이다.
复杂多边：복잡하고 변화가 많다.
复杂(fùzá)：형 복잡하다.
多变(duōbiàn)：동 변화가 많다. 다변하다. 변덕스럽다.

12) 经过30多年的发展，中国社会生产力・综合国力・人民生活水平大幅度跃升，同时中国仍然是世界上最大的发展中国家。

30여 년의 발전을 거쳐, 중국의 사회 생산력・종합 국력・국민 생활수준이 대폭적으로 상승하였고, 동시에 중국은 여전히 세계적으로 최대의 개발도상국이다.

a) 经过30多年的发展，
jīngguò sān shí duō nián de fāzhǎn
30여 년의 발전을 거치다

经过(jīngguò)：1.동 거치다. 경유하다. 통과하다. 지나다.
2.동 (시간이) 걸리다. 흐르다. 경과하다. 계속 이어지다.
3.동 (활동・사건을) 경험하다. 경과하다. 거치다. 겪다.
4.명 (일의) 과정. 경위. 자초지종.

多(duō)：1.수 (수량사 뒤에 쓰여) …여. …남짓.
2.형 (수량이) 많다.
3.동 많아지다. 증가하다. 늘어나다.
4.부 훨씬. 월등히.
5.부 얼마나. 〔의문문・감탄문에 쓰여 정도를 나타냄〕
6.부 얼마만큼. 얼마큼. 〔어느 정도를 가리킴〕

b) 中国社会生产力・综合国力・人民生活水平大幅度跃升，
zhōngguó shèhuì shēngchǎnlì・zōnghé guólì・rénmín shēnghuó shuǐpíng dàfúdù yuèshēng
중국의 사회 생산력・종합 국력・국민 생활수준이 대폭적으로 상승하다

社会(shèhuì)：명 사회.
生产力(shēngchǎnlì)：명 생산력.
综合(zōnghé)：1.동 종합하다. →종합.
2.동 통괄하다. 총괄하다.
国力(guólì)：명 국력.
生活(shēnghuó)：1.명 생활.
2.동 살다. 생존하다.
3.명 일거리. 일.
大幅度(dàfúdù)：형 (사물의 변화・발전 등이) 대폭적인. →대폭적으로.
大幅(dàfú)：1.형 대폭의. 대폭적인.
2.형 (옷감의) 폭이 넓다.
3.형 (그림・표어 등의) 면적이 넓다.
跃升(yuèshēng)：1.동 (석차나 지위・가격 등이) 뛰어오르다. 일약 상승하다.
2.동 떠오르다.

c) 同时中国仍然是世界上最大的发展中国家。

tóngshí zhōngguó réngrán shì shìjièshàng zuìdà de fāzhǎnzhōng guójiā

동시에 중국은 여전히 세계적으로 최대의 개발도상국이다

仍然(réngrán) : 부 여전히. 변함없이. 아직도. 원래대로.
世界上(shìjièshàng) : 세계적으로. 세계에서. 세상에.
最大(zuìdà) : 형 최대이다. 제일 크다.
发展中国家(fāzhǎnzhōng guójiā) : 명 개발도상국.

13) 中国将进一步扩大对外技术合作，推动经济发展方式转变和经济结构调整，加强生态文明建设，扩大服务业开放，稳步推进农业领域对外开放，更加注重为包括外资企业在内的各类所有制企业提供公平的市场准入待遇。

중국은 장차 더욱 대외 기술 협력을 더욱 확대하고, 경제 발전 방식의 전환과 경제 구조조정을 추진하고, 생태문명 건설을 강화하고, 서비스업의 개방을 확대하고, 농업 영역의 대외 개방을 점진적으로 추진하고, 외자 기업을 포함한 각종 소유제 기업을 위해 공정한 시장진입 대우를 제공하는 데에 더욱 중시할 것이다.

a) 中国将进一步扩大对外技术合作，

zhōngguó jiāng jìnyíbù kuòdà duìwài jìshù hézuò

중국은 (장차 더욱) 대외 기술 협력을 더욱 확대하다 (…할 것이다)

※ 将 · 进一步의 번역: 将 · 进一步는 부사로써, 동사 扩大 · 推动 · 加强 · 扩大 · 推进 · 注重 등에 연결되어 있어, 번역(…할 것이다)은 마지막 동사(注重)에서 한다.

进一步(jìnyíbù) : 부 (한 걸음 더) 나아가. 진일보하여. → 더욱.
技术(jìshù) : 1.명 기술.
2.명 기교. 재량. 능력.
3.명 기술 장비.

b) 推动经济发展方式转变和经济结构调整，

tuīdòng jīngjì fāzhǎn fāngshì zhuǎnbiàn hé jīngjì jiégòu tiáozhěng

경제 발전 방식의 전환과 경제 구조조정을 추진하다

经济发展方式 : 경제 발전 방식. 경제 발전 모델.
方式(fāngshì) : 명 방식. 방법. 패턴.
转变(zhuǎnbiàn) : 1.동 전환하다. 전변하다. 바꾸다. → 전환.
2.동 전향하다.
结构调整(jiégòu tiáozhěng) : 구조조정.
结构(jiégòu) : 1.명 구조. 구성. 조직. 짜임새.

2.명 구조물.
3.동 (글 · 줄거리 등을) 안배하다. 짜다. 꾸미다. 배치하다.
调整(tiáozhěng) : 동 조정하다. 조절하다. →조정.

c) 加强生态文明建设,
jiāqiáng shēngtài wénmíng jiànshè
생태문명 건설을 강화하다

加强(jiāqiáng) : 동 강화하다. 증강하다.
生态文明(shēngtài wénmíng) : 생태문명.
生态(shēngtài) : 명 생태.
建设(jiànshè) : 1.명 건설. 건설 업무.
2.동 (새로운 사업을) 창립하다. 건설하다. 세우다. 수립하다.

d) 扩大服务业开放,
kuòdà fúwùyè kāifàng
서비스업의 개방을 확대하다

服务业(fúwùyè) : 명 서비스업.
服务(fúwù) : 동 봉사하다. 서비스하다. 복무하다. 근무하다. 일하다.

e) 稳步推进农业领域对外开放,
wěnbù tuījìn nóngyè lǐngyù duìwài kāifàng
농업 영역의 대외개방을 점진적으로 추진하다

稳步(wěnbù) : 부 점진적으로. 착실하게. 견실하게. 안정되게.
农业(nóngyè) : 명 농업.

f) 更加注重为包括外资企业在内的各类所有制企业提供公平的市场准入待遇。
gèngjiā zhùzhòng wèi baōkuò wàizī qǐyè zàinèi de gèlèi suǒyǒuzhì qǐyè tígōng gōngpíng de shìchǎng zhǔnrù dàiyù
외자 기업을 포함한 각종 소유제 기업을 위해 공정한 시장진입 대우를 제공하는 데에 더욱 중시하다

更加注重 : …(하는 것)을 더욱 중시하다. …하는 데에 더욱 중시하다.
注重(zhùzhòng) : 동 중시하다. 중점을 두다.
为(wèi)…提供 : …을 위해 제공하다.
包括外资企业在内的各类所有制企业 : 외자 기업을 포함한 각종 소유제 기업.
包括外资企业在内 : 외자 기업을 (안에) 포함하다.
包括(baōkuò) : 동 포함하다. 포괄하다.
外资企业(wàizī qǐyè) : 외자 기업.

外资(wàizī)：명 외자. 외국 자본.
企业(qǐyè)：명 기업.
在内(zàinèi)：동 안에 포함하다. 내포하다.
各类(gèlèi)：형 각〔여러〕 종류의. 모든 부문〔영역·방면〕의.
所有制(suǒyǒuzhì)：명 소유제.
所有(suǒyǒu)：1.동 소유하다. 가지다.
2.명 가진 것. 소유물. 가진 물건.
3.형 모든. 전부의. 일체의. 전체의.
提供(tígōng)：동 (자료·물자·의견·조건 등을) 제공하다. 공급하다. 내놓다.
公平(gōngpíng)：1.형 공정한. 공평한.
2.명 공정(성). 공평(성).
市场准入(shìchǎng zhǔnrù)：시장진입.
市场(shìchǎng)：명 시장.
准入(zhǔnrù)：동 (시장 등에) 진입을 허가하다. 진출을 허가하다.
最低市场准入(zuìdī shìchǎng zhǔnrù)：최소 시장 접근.
待遇(dàiyù)：1.명 (급료·보수·권리·지위 등의) 대우. 대접.
2.동 대우하다.

14) 中国将进一步促进对外贸易平衡发展，坚持进口和出口并重，把扩大进口和稳定出口结合起来，努力促进国际收支基本平衡。

중국은 장차 더욱 대외무역의 균형 발전을 촉진시키고, 수입과 수출의 동시 중시를 견지하고, 수입의 확대와 수출의 안정을 결합시키고, 국제수지의 기본 균형을 열심히 촉진시킬 것이다.

a) 中国将进一步促进对外贸易平衡发展，
zhōngguó jiāng jìnyíbù cùjìn duìwài màoyì pínghéng fāzhǎn
중국은 (장차 더욱) 대외무역의 균형 발전을 촉진시키다 (…할 것이다)

平衡(pínghéng)：1.명 평형. 균형.
2.형 균형이 맞다. 균형잡히다. 평형하다.
3.동 균형〔평형〕되게 하다. 균형 있게 하다. 균형을 잡다.

b) 坚持进口和出口并重，
jiānchí jìnkǒu hé chūkǒu bìngzhòng
수입과 수출의 동시 중시를 견지하다

进口(jìnkǒu)：1.동 수입하다. →수입.
2.동 (배가) 입항하다.
3.명 입구.
出口(chūkǒu)：1.동 수출하다. →수출.

2.동 말을 꺼내다. 말을 하다.
3.명 출구.
4.동 (선박 등이) 출항하다.

并重(bìngzhòng) : 동 함께 중시하다. 똑같이 중대시하다. → 동시 중시.

重(zhòng) : 1.동 중요하게 여기다. 중시하다.
2.형 무겁다. 비중이 크다.
3.형 중요하다.
4.형 (정도가) 심하다. 크다. 중하다. 심각하다.
5.형 장중하다. 신중하다.
6.명 중량. 무게.

c) 把扩大进口和稳定出口结合起来,
bǎ kuòdà jìnkǒu hé wěndìng chūkǒu jiéhé qǐlai
수입의 확대와 수출의 안정을 결합시키다

把(bǎ) : 1.개 …을. 〔목적어를 동사 앞으로 도치시킴〕
2.개 …으로. …을 가지고.
3.개 …하게 하다. …한 상황을 가져오다.
〔뒤의 동사는 대개 결과를 나타내는 보어를 가짐〕

扩大进口 : 수입을 확대하다. → 수입의 확대.

稳定出口 : 수출을 안정시키다. → 수출의 안정.

稳定(wěndìng) : 1.동 진정시키다. 가라앉히다. 안정시키다.
2.형 안정되다.
3.형 변화가 없다. 안정적이다.

结合起来 : 결합시키다.

起来(qǐlai) : 1.동 동사 또는 형용사 뒤에 쓰여, 어떤 동작이 시작되어 계속됨을 나타냄.
2.동 동사 뒤에 쓰여, 위로 향함을 나타냄.
3.동 동사 뒤에 쓰여, 어떤 동작이 완성되거나 일정한 목적이 달성됨을 나타냄.
4.동 동사 뒤에 쓰여, 어림 짐작하거나 어떤 일에 대한 견해를 나타냄.

d) 努力促进国际收支基本平衡。
nǔlì cùjìn guójì shōuzhī jīběn pínghéng
국제수지의 기본 균형을 열심히 촉진시키다

努力(nǔlì) : 동 노력하다. 힘쓰다. 열심히 하다. → 노력해서. 힘써서. 열심히.

国际收支(guójì shōuzhī) : 국제수지(balance of international payment).

收支(shōuzhī) : 명 수입과 지출. 수지.

基本(jīběn) : 1.형 기본의. 기본적인. 근본적인.
2.형 주요한. 주된. 중요한.
3.부 대체로. 거의. 기본적으로.

4.명 기본. 근본.

15) 中国将进一步完善全方位对外开放格局，把扩大对外开放和区域协调发展结合起来，协同推动沿海·内陆·沿边开放，形成优势互补·分工协作·均衡协调的区域开放新格局。

중국은 장차 더욱 전방위 대외개방의 구조를 완벽하게 하고, 대외개방의 확대와 지역의 조화로운 발전을 결합시키고, 연해·내륙·국경의 개방을 협동하여 추진하고, 우위 보완·분업 협동·균형 조화의 지역 개방을 위한 새 구조를 형성할 것이다.

a) 中国将进一步完善全方位对外开放格局，
zhōngguó jiāng jìnyíbù wánshàn quánfāngwèi duìwài kāifàng géjú
중국은 (장차 더욱) 전방위 대외개방의 구조를 완벽하게 하다 (…할 것이다)

全方位(quánfāngwèi)：1.명 모든 방향〔위치〕. 사면팔방. 전방위.
2.명 (사물의) 각 방면.

b) 把扩大对外开放和区域协调发展结合起来，
bǎ kuòdà duìwài kāifàng hé qūyù xiétiáo fāzhǎn jiéhé qǐlai
대외개방의 확대와 지역의 조화로운 발전을 결합시키다

扩大对外开放：대외개방을 확대하다. → 대외개방의 확대.
区域(qūyù)：명 지역. 구역.
协调发展(xiétiáo fāzhǎn)：조화롭게 발전하다. → 조화로운 발전.
协调(xiétiáo)：1.동 조화롭게 하다. 어울리게 하다. 조정하다. → 조화.
2.형 어울리다. 조화롭다.

c) 协同推动沿海·内陆·沿边开放，
xiétóng tuīdòng yánhaǐ · nèilù · yánbiān kāifàng
연해·내륙·국경의 개방을 협동하여 추진하다

协同推动：협동하여 추진하다.
协同(xiétóng)：동 협동하다. 협력하다.
沿海(yánhaǐ)：명 연해. 바닷가 근처 지방.
内陆(nèilù)：명 내륙.
沿边(yánbiān)：형 국경선의. 변경〔변방〕과 인접한. → 국경. 변경. 변방.

d) 形成优势互补·分工协作·均衡协调的区域开放新格局。
xíngchéng yōushì hùbǔ · fēngōng xiézuò · jūnhéng xiétiáo de qūyù kāifàng xīn géjú
우위 보완·분업 협동·균형 조화의 지역 개방을 위한 새 구조를 형성하다

优势(yōushì) : 명 우위. 우세. → 장점.
互补(hùbǔ) : 1.동 서로 보충하고 보완하다. → 보완.
2.동 서로 보각(补角)을 이루다.
分工(fēngōng) : 동 분업하다. 분담하다. → 분업.
协作(xiézuò) : 동 힘을 모아 공동으로 완성하다. 협동하다. 합력하다. 협업(协业)하다. → 협동.
均衡(jūnhéng) : 형 고르다. 균형이 잡히다. → 균형.
区域开放新格局 : 지역 개방의 새로운 구조. → 지역 개방을 위한 새 구조.

16) 中国将进一步坚持"引进来"和"走出去"并重，继续扩大各领域对外开放水平，引导企业有序开展境外投资合作，重视开展有利于不发达国家改善民生和增强自主发展能力的合作。

중국은 장차 더욱 '도입'과 '진출'의 동시 중시를 견지하고, 각 영역의 대외개방 수준을 계속해서 확대하고, 기업이 해외투자 협력을 질서정연하게 전개하도록 유도하고, 후진국이 민생을 개선하고 자주적 발전 능력을 강화하는 데 유리한 협력을 중시해서 전개할 것이다.

a) 中国将进一步坚持"引进来"和"走出去"并重，
zhōngguó jiāng jìnyíbù jiānchí 'yǐnjìnlái' hé 'zǒuchūqù' bìngzhòng
중국은 (장차 더욱) 도입과 진출의 동시 중시를 견지하다 (…할 것이다)

引进来(yǐnjìnlái) : 도입.
引进(yǐnjìn) : 동 도입하다. 끌어들이다.
走出去(zǒuchūqù) : (걸어)나가다. 빠져나가다. → 진행해〔밖으로〕 나가다. 진출.

b) 继续扩大各领域对外开放水平，
jìxù kuòdà gè lǐngyù duìwài kāifàng shuǐpíng
각 영역의 대외개방 수준을 계속해서 확대하다

继续(jìxù) : 1.동 계속하다. 끊임없이 하다. → 계속해서.
2.명 연속. 계속. 속편.
各(gè) : 1.대 각. 여러. 갖가지. 여러 가지.
2.부 각자. 각기. 각각. 저마다.

c) 引导企业有序开展境外投资合作，
yǐndǎo qǐyè yǒuxù kāizhǎn jìngwài tóuzī hézuò
기업이 해외투자 협력을 질서정연하게 전개하는 것을 유도하다
→ 기업이 해외투자 협력을 질서정연하게 전개하도록 유도하다

引导(yǐndǎo)：1.동 유도하다. 안내하다. 지도하다. 교도하다.
2.동 인솔하다. 이끌다. 인도하다.
企业有序开展境外投资合作：기업이 해외투자 협력을 질서정연하게 전개하다.
有序开展：질서정연하게 전개하다.
有序(yǒuxù)：형 차례〔순서〕가 있다. 질서정연하다. →질서정연하게.
开展(kāizhǎn)：1.동 전개되다. 확대되다. 펼쳐지다. 벌어지다.
2.동 전개하다. 확대시키다. 펼치다. 벌리다. 넓히다.
3.동 (전람회·전시회 등이) 열리다.
4.형 (생각이) 트이다. 명랑하다. 활달하다. 낙관적이다.
境外投资(jìngwài tóuzī)：해외투자.
境外(jìngwài)：명 해외. 역외. 국외. 경외. 나라 밖.
投资(tóuzī)：1.동 (…에) 투자하다. 자금을 투입하다.
2.명 (기업에 투자하는) 투자(금).

d) 重视开展有利于不发达国家改善民生和增强自主发展能力的合作。
zhòngshì kāizhǎn yǒulìyú bùfādá guójiā gǎishàn mínshēng hé zēngqiáng zìzhǔ fāzhǎn nénglì de hézuò
후진국이 민생을 개선하고 자주적 발전 능력을 강화하는 데 유리한 협력을 중시해서 전개하다.

重视开展…合作：… 협력을 전개하는 것을 중시하다.
→ … 협력을 중시해서 전개하다.
重视(zhòngshì)：동 중시하다. 중요시하다.
有利于不发达国家改善民生和增强自主发展能力：후진국이 민생을 개선하고 자주적 발전 능력을 강화하는 데 유리하다.
有利于(yǒulìyú)：…에 유리〔유익〕하다. 이롭다. 좋은 점이 있다.
有利(yǒulì)：형 유리〔유익〕하다. 이롭다. 좋은 점이 있다.
于(yú)：개 …에. …에서. …에게. …에 대해. …보다. …(에서)부터.
不发达国家改善民生和增强自主发展能力：후진국이 민생을 개선하고 자주적 발전 능력을 강화하다.
不发达国家(bùfādá guójiā)：명 후진국. 저개발국.
改善(gǎishàn)：동 개선하다. 개량하다.
民生(mínshēng)：1.명 민생. 국민의 생활.
2.명 생계. 살길. 호구지책.
增强(zēngqiáng)：동 증강하다. 강화하다. 높이다.
自主(zìzhǔ)：동 자주적이다. 자주적으로 한다. 자신의 뜻대로 처리하다.

→ 자주적. 자율적. 독립적. 자립적.
能力(nénglì) : 명 능력. 역량.

17) 中国将进一步营造公平透明的市场环境，加快建设法治政府和服务型政府，加大知识产权执法力度和司法保护力度，不断完善市场体系。

중국은 장차 더욱 공정하고 공개적인 시장 환경을 조성하고, 법치 정부와 서비스형 정부를 빠르게 수립하고, 지적소유권의 법 집행 역량과 사법 보호 역량을 증가하고, 시장 체계를 부단히 완벽하게 할 것이다.

a) 中国将进一步营造公平透明的市场环境，
zhōngguó jiāng jìnyíbù yíngzào gōngpíng tòumíng de shìchǎng huánjìng
중국은 (장차 더욱) 공정하고 공개적인 시장 환경을 조성하다 (…할 것이다)

营造(yíngzào) : 1.동 조성하다. 경영하다. 만들다. 짓다. 건설하다.
2.동 (계획을 세워) 조림하다.
3.동 세우다. 수립하다. 건립하다.
公平透明 : 공정하고 공개적이다.
透明(tòumíng) : 형 공개적이다. 투명하다.
环境(huánjìng) : 1.명 환경.
2.명 주위 상황〔조건〕.

b) 加快建设法治政府和服务型政府，
jiākuài jiànshè fǎzhì zhèngfǔ hé fúwùxíng zhèngfǔ
법치 정부와 서비스형 정부를 빠르게 수립하다

法治(fǎzhì) : 1.명 법에 의한 통치. 법치.
2.동 법으로 다스리다.
服务型(fúwùxíng) : 서비스형.

c) 加大知识产权执法力度和司法保护力度，
jiādà zhīshí chǎnquán zhífǎ lìdù hé sīfǎ bǎohù lìdù
지적소유권의 법 집행 역량과 사법 보호 역량을 증가하다

加大(jiādà) : 동 (수량 · 정도를) 확대하다. 늘리다. 더하다. 증가하다.
知识产权(zhīshí chǎnquán) : 명 지적소유권(知的所有权). 지적재산권.
知识(zhīshí) : 1.명 지식.
2.형 지식의. 지적인.
产权(chǎnquán) : 财产权(cáichǎnquán, 재산권)의 약칭.
执法(zhífǎ) : 1.동 법을 집행하다. →법 집행.
2.동 (운동 경기의) 심판을 보다.

力度(lìdù)：1.명 역량. 힘의 세기. 힘. 도(度)
2.명 공력의 심도〔깊이〕. 내포된 뜻의 심도.
3.명 (악곡에서 음량 변화의) 강약.
司法(sīfǎ)：명 사법.
保护(bǎohù)：동 보호하다. →보호.

d) 不断完善市场体系。
búduàn wánshàn shìchǎng tǐxì
시장 체계를 부단히 완벽하게 하다

体系(tǐxì)：명 체계.
市场体系(shìchǎng tǐxì)：명 시장 체계.

18) 中国将进一步推动共同发展，承担力所能及的义务和责任，继续在国际经济体系中发挥建设性作用，同各国一道分享发展机遇・应对各种挑战，使中国发展惠及更多国家和人民。

중국은 장차 더욱 공동발전을 추진하고, 자신의 능력으로 해낼 수 있는 의무와 책임을 부담하고, 국제경제체계 중에서 적극적인 역할을 계속해서 발휘하고, 각국과 함께 발전 기회를 공유하고 각종 도전에 대응하며, 중국 발전으로 인해 더 많은 국가와 국민이 혜택을 받도록 할 것이다.

a) 中国将进一步推动共同发展，
zhōngguó jiāng jìnyíbù tuīdòng gòngtóng fāzhǎn
중국은 (장차 더욱) 공동발전을 추진하다 (…할 것이다)

b) 承担力所能及的义务和责任，
chéngdān lìsuǒnéngjí de yìwù hé zérèn
자신의 능력으로 해낼 수 있는 의무와 책임을 부담하다

承担(chéngdān)：동 부담하다. 맡다. 담당하다. 감당하다. 책임지다.
力所能及(lìsuǒnéngjí)：자신의 능력으로 해낼 수 있다. 스스로 할 만한 능력이 있다. 힘이 닿는 데까지.
责任(zérèn)：1.명 책임.
2.명 마땅히 책임져야 할 과실. 책임 소재.

c) 继续在国际经济体系中发挥建设性作用，
jìxù zài guójì jīngjì tǐxì zhōng fāhuī jiànshèxìng zuòyòng
국제경제체계 중에서 적극적인 역할을 계속해서 발휘하다

在国际经济体系中 : 국제경제체계 중에서.
发挥(fāhuī) : 1.동 발휘하다.
2.동 충분히 잘 나타내다. 표현하다. 해명하다.
3.동 더욱더 발전시키다. 진전시키다. 발양하다.
建设性(jiànshèxìng) : 적극적(인). 건설적(인).
作用(zuòyòng) : 1.명 역할. 작용. 영향. 효과. 효용.
2.명 (사물에 영향을 주는) 작용.
3.동 작용하다. 영향을 미치다.

d) 同各国一道分享发展机遇・应对各种挑战,
tóng gèguó yídào fēnxiǎng fāzhǎn jīyù・yìngduì gèzhǒng tiāozhàn
각국과 함께 발전 기회를 공유하고 각종 도전에 대응하다

同(tóng) : 1.개 …와 (함께).
2.부 함께. 공동으로. 같이.
3.형 같다. 동일하다.
4.동 …와 같다.
5.접 …와.
一道(yídào) : 부 함께. 같이.
分享(fēnxiǎng) : 1.동 함께 나누다〔누리다〕. 공유하다.
2.동 몫을 받다. 배당을 받다.
发展机遇 : 발전 기회.
应对(yìngduì) : 동 대응하다. 응답하다. 대답하다. 대처하다.
各种(gèzhǒng) : 형 각종의. 갖가지의.

e) 使中国发展惠及更多国家和人民。
shǐ zhōngguó fāzhǎn huìjí gèngduō guójiā hé rénmín
중국 발전으로 하여금 더 많은 국가와 국민에게 혜택을 베풀게 하다
→ 중국 발전으로 인해 더 많은 국가와 국민이 혜택을 받도록 하다

使(shǐ) : 동 (…에게) …하게 하다. …시키다.
更多(gèngduō) : 더욱. 더 많이. 더 많은. 더 많은 것.

1-3 번 역 중국의 세계무역기구 가입 10주년 고위층 포럼이 북경에서 거행되다

중국의 세계무역기구 가입 10주년 고위층 포럼이 11일 오전 인민대회당에서 거행되었다. 국가주석 후진타오는 출석하여 중요 연설을 발표했다. 후진타오는 다음과 같이 강조했다. 즉 새 형세와 새 요구에 직면하여, 중국은 장차 더 광활한 시야로써 세계를 관찰하고 중국을 관찰하는 것을 견지하며, 과학발전 추진의 요구에 의거하여, 더욱 적극적이고 주동적인 개방 전략을 실행하며, 새로운 개방 영역과 공간을 확장하고, 개방경제가 요구하는 제도적 장치의 발전에 완벽하게 더욱 적응하고, 개방경제의 수준과 질을 향상시키고, 개방경제의 새로운 구조를 형성하며, 개방으로써 발전을 · 개혁을 · 혁신을 더 잘 촉진시킬 것이다.

후진타오는 연설 중에서 다음과 같이 밝혔다. 즉 10년 전의 오늘, 중국은 세계무역기구의 구성원이 정식으로 되었다. 이것은 중국 개혁개방 진행과정 중에서의 큰일이고, 중국 대외개방이 역사의 새 단계로 진입했다는 것을 상징하고 있다. 세계무역기구의 가입은, 중국이 국내외 정세를 전면적으로 분석하고, 개혁개방과 사회주의현대화를 빠르게 추진하기 위해 행한 중대한 전략적 정책이다. 세계무역기구에 가입한 이래로, 중국은 권리 향유와 의무 이행의 상호 결합 및 자기 발전 실현과 세계 공동 발전 촉진의 상호 결합을 견지하고, 적극적으로 도전을 기회로 변화시키고, 더 큰 범위 · 더 높은 수준에서 국제경제 협력과 경쟁에 참여하고, 개방경제를 강력하게 발전시키며, 중국과 세계의 관계에 전세계적인 변화가 발생하도록 추진했다. 실천에 의해, 중국의 세계무역기구 가입이, 대외개방을 확대하고, 13억 중국 국민에게 혜택을 베풀며, 또한 각국 국민에게 혜택을 베풀었다고 증명되었다. 중국의 발전은 평화적 발전이고 개방적 발전이고 협력적 발전이고 서로 이로운 발전이며, 세계를 향해 동양문명의 역사가 긴 중국의 생기발랄함과 거대한 잠재력을 나타내었다.

후진타오는 다음과 같이 강조했다. 즉 오늘날 세계는, 경제 세계화가 깊이 발전하고, 각국의 경제 상호의존이 끊임없이 깊어지며, 동시에 세계 경제의 정세가 복잡하고 변화가 많다. 30여 년의 발전을 거쳐, 중국의 사회 생산력 · 종합 국력 · 국민 생활수준이 대폭적으로 상승하였고, 동시에 중국은 여전히 세계적으로 최대의 개발도상국이다. 중국은 장차 더욱 대외 기술 협력을 더욱 확대하고, 경제 발전 방식의 전환과 경제 구조조정을 추진하고, 생태문명 건설을 강화하고, 서비스업의 개방을 확대하고, 농업 영역의 대외개방을 점진적으로 추진하고, 외자 기업을 포함한 각종 소유제 기업을 위해 공정한 시장진입 대우를 제공하는 데에 더욱 중시할 것이다. 중국은 장차 더욱 대외무역의 균형 발전을 촉진시키고, 수입과 수출의 동시 중시를 견지하고, 수입의 확대와 수출의 안정을 결합시키고, 국제수지의 기본 균형을 열심히 촉진시킬 것이다. 중국은 장차 더욱 전방위 대외개방의 구조를 완벽하게 하고, 대외개방의 확대와 지역의 조화로운 발전을 결합시키고, 연해・내륙・국경의 개방을 협동하여 추진하고, 우위 보완・분업 협동・균형 조화의 지역 개방을 위한 새 구조를 형성할 것이다. 중국은 장차 더욱 '도입'과 '진출'의 동시 중시를 견지하고, 각 영역의 대외개방 수준을 계속해서 확대하고, 기업이 해외투자 협력을 질서정연하게 전개하도록 유도하고, 후진국이 민생을 개선하고 자주적 발전 능력을 강화하는 데 유리한 협력을 중시해서 전개할 것이다. 중국은 장차 더욱 공정하고 공개적인 시장 환경을 조성하고, 법치 정부와 서비스형 정부를 빠르게 수립하고, 지적소유권의 법 집행 역량과 사법 보호 역량을 증가하고, 시장 체계를 부단히 완벽하게 할 것이다. 중국은 장차 더욱 공동발전을 추진하고, 자신의 능력으로 해낼 수 있는 의무와 책임을 부담하고, 국제경제체계 중에서 적극적인 역할을 계속해서 발휘하고, 각국과 함께 발전 기회를 공유하고 각종 도전에 대응하며, 중국 발전으로 인해 더 많은 국가와 국민이 혜택을 받도록 할 것이다.

1-4 练习

中国加入世界贸易组织整整10年了。这10年究竟意味着什么？在这个问题上，应该说国际社会是有一个基本共识的：中国加入世界贸易组织，扩大对外开放，惠及13亿中国人民，也惠及各国人民。

一些人出于各种各样的原因不肯公开承认这一点，一些人仍在拿人民币汇率·世界贸易平衡等问题说事。但是，恐怕没有哪个严肃的政治家或分析人士有勇气站出来，全面否定中国经济发展在全球范围内产生的积极影响，大声表达阻止中国经济发展的政策主张。

这样一个基本共识来之不易，尤其是在中国国际地位大幅提升·经济总量和货物贸易额排名跃居全球第二位的背景下。

或许有人会讲，中国经济发展对世界经济的拉动作用是明摆着的，事实胜于雄辩。那么，中国利用不断增强的国力欺负过哪个周边国家吗？中国又做过什么威胁世界和平稳定的事情？走和平发展道路是中国的基本国策，同样也是中国长期以来实实在在的现实作为。为什么中国军事威胁论非但没有消除，在某些别有用心者的煽动下甚至有所抬头？当然，我们不会天真地忽视中国迅速壮大的经济实力对某些人的心理冲击。在各种"威胁论"制造者眼里，正是强大的经济实力为中国"称雄世界的野心"提供了最有力的支撑。

* 출처: 人民网. http://world.people.com.cn/GB/16572499.html

단어 정리

- 整整(zhěngzhěng) : 부 꼬박. 온전히. 꼭. → 온전한.
- 了(le) : 조 동사나 형용사 뒤에서, 동작 또는 변화가 이미 완료되었음을 나타냄.
- 究竟(jiūjìng) : 부 도대체. 대관절.
- 意味(yìwèi) : 명 의미. → 의미하다.
- 应该(yīnggaī) : 동 반드시〔마땅히〕 …해야 한다〔할 것이다〕.
- 共识(gòngshí) : 명 공통(된) 인식. 인식의 일치.
- 一些人(yìxiērén) : 일부 사람. 여러 사람. 여럿이.
- 出于(chūyú) : 동 (어떤 입장 · 태도에서) 출발하다. 비롯되다. 나오다.
- 各种各样(gèzhǒng gèyàng) : 여러 종류. 각종. 각양각색. 가지각색.
- 不肯(bùkěn) : 동 원하지 않다. …하려 하지 않다.
- 承认(chéngrèn) : 동 인정하다. 승인하다. 동의하다. 긍정하다. 인가하다. 시인하다.
- 仍(réng) : 부 여전히. 아직도.
- 拿(ná) : 개 …로써. …을 가지고서.
- 人民币(rénmínbì) : 명 런민비. 인민폐. 〔중국의 법정 화폐〕
- 汇率(huìlǜ) : 명 환율.
- 说事(shuō shì) : 동 그럴싸하게 꾸며 말하다. 허황된 말을 하다.
- 恐怕(kǒngpà) : 부 아마 …일 것이다.
- 严肃(yánsù) : 형 엄숙하다. 근엄하다.
- 分析人士(fēnxī rénshì) : 분석가. 분석자.
- 有勇气(yǒu yǒngqì) : 용기를 갖다.
- 站出来(zhànchūlái) : 나서다.
- 产生(chǎnshēng) : 동 생기다. 발생하다. 나타나다. 출현하다.
- 表达(biǎodá) : 동 나타내다. 표현하다. 드러내다.
- 阻止(zǔzhǐ) : 동 저지하다.
- 来之不易(láizhībúyì) : 오기가 쉽지 않다. 어렵게 왔다. 아주 어렵게 이루어졌다.
- 提升(tíshēng) : 동 오르다. 상승하다. 진급하다. 진급시키다.
- 经济总量(jīngjì zǒngliàng) : 경제 총량.
  总量(zǒngliàng) : 명 총(수)량. 전체 수량.
- 贸易额(màoyìé) : 무역액.
- 排名(páimíng) : 명 석사. 순위. 서열.
- 跃居(yuèjū) : 동 (석차 등이) 일약 …이 되다. …로 도약하다.
- 或许(huòxǔ) : 부 아마. 어쩌면. 혹시 (…인지 모른다).

- 拉动(lādòng) : 동 촉진하다. 적극적으로 이끌다.
- 明摆着(míngbǎizhe) : 형 명백하다. 분명하다. 뚜렷하다. 똑똑하다. 뻔하다.
- 胜于(shèngyú) : 동 …보다 낫다. …보다 앞서다. …을 능가하다.
- 雄辩(xióngbiàn) : 명 웅변.
- 欺负(qīfù) : 동 능욕하다. 얕보다. 괴롭히다. 업신여기다.
- 威胁(wēixié) : 동 위협하다. 으르다. 협박하다.
- 走(zǒu)…道路(dàolù) : …의 길을 걷다. → …을 추구하다. …의 추구.
- 同样(tóngyàng) : 접 마찬가지로. 부 마찬가지로. 다름없이. 똑같이.
- 长期以来(chángqī yǐlái) : 오랫동안.
- 实实在在(shíshízàizài) : 형 확실하다. 착실하다.
- 作为(zuòwéi) : 명 행위. 행동. 소행.
- 非但(fēidàn) : 접 비단…뿐만 아니라.
- 消除(xiāochú) : 동 없애다. 해소하다. 제거하다. 일소하다. 청산하다.
- 某些(mǒuxiē) : 대 몇몇(의). 일부(의).
- 别有(biéyǒu) : 동 달리 있다. 따로 지니다.
- 用心(yòngxīn) : 명 의도. 속셈. 저의. 목적.
- 煽动(shāndòng) : 명 선동.
- 有所(yǒusuǒ) : 동 다소 …하다. 어느 정도 …하다. 좀 …하다.
- 抬头(táitóu) : 동 머리를 들다. 대두하다. 다시 활개를 치다. 다시 발전하다.
- 忽视(hūshì) : 동 소홀히 하다. 등한히 하다. 홀시하다. 경시하다.
- 迅速(xùnsù) : 형 신속하다. 재빠르다. 날래다.
- 壮大(zhuàngdà) : 동 강대해지다. 커지다.
- 冲击(chōngjī) : 명 충격.
- 在(zài)…眼里(yǎnli) : …의 관점에서 보면.
- 制造者(zhìzàozhě) : 명 제조자.
  制造(zhìzào) : 동 제조하다. 만들다. 조성하다. 조장하다.
- 正是(zhèngshì) : 동 바로 …이다. 마침 …이다.
- 称雄(chēngxióng) : 동 한 지역에서 군림하다. 어떤 분야에서 최고로 군림하다.
- 支撑(zhīchēng) : 동 버티다. 받치다. 견디다. 지탱하다. → 지탱.

제2과

人民币国际化和境外投资

인민폐 국제화와 해외투자

2-1 正文 人民币国际化利好民企投资海外矿业

全球经济艰难复苏·金融市场尚处动荡。加快实施人民币国际化战略，不仅利于扩展我金融市场的国际空间，也为民营企业在投资境外资源领域释放利好，加快其在该领域的"走出去"步伐。

在此间举行的2012中国国际矿业大会上，与会业内人士提出，中国民营企业投资境外资源领域机遇犹存，可结合人民币国际化战略，通过企业及银行间协作，推进该战略的发展。

民企积极投资境外资源领域

民营企业境外投资已成为我国境外投资的重要组成部分。商务部统计数据显示，2011年我国非金融类直接对外投资685.6亿美元，其中非国有企业占比44.9%，较2010年同比增加15.4个百分点。

据商务部投资促进事务局副局长杨依航介绍，在民企境外投资中，矿产资源类投资占据主要部分，我国矿产资源领域的境外投资已在2011年成为继商业·服务业·金融业之后的第四大投资产业。

人民币国际化助力境外投资

中国人民银行货币政策二司副司长郭建伟认为，人民币国际化战略将有利于民营企业利用本币进行海外矿业投资，继而实现企业自身的升级和相关领域的产业升级，并在实践中加速推动人民币国际化。

“当前国际金融市场动荡，国际资产价格大幅下降，世界主要储备货币利率水平均达到历史最低。我国外汇储备充裕·外汇资源有限，我们自身拥有更为丰富的本币资源，就资本资源厚度而言，更具利用价值。此外，受境内降息及下调贷款利率浮动幅度影响，境外人民币融资成本也有所下降。”郭建伟说。

自2009年开始在四城市试点人民币跨境贸易结算以来，2012年已全面实现企业进出口货物贸易·跨境服务贸易和其他经常项目人民币跨境结算，有关政策体系基本健全，资本金融项目人民币跨境结算政策也在逐步建设之中。中国人民银行统计显示，2012年前三季度，全国累计办理跨境贸易人民币结算业务2.05万亿元。

* 출처: 新华网-2012年11月05日
http://www.boxun.com/news/gb/finance/2012/11/201211052012.shtml

2-2 生词与解释

1) 人民币国际化利好民企投资海外矿业

rénmínbì guójìhuà lìhǎo mínqǐ tóuzī haǐwài kuàngyè
인민폐의 국제화는 민영 기업의 해외 광업 투자에 유리하다

人民币(rénmínbì)：인민폐. 1－四.
国际化(guójìhuà)：동 국제화하다. → 국제화.
利好(lìhǎo)：동 (…에) 유리하다.
民企投资海外矿业：민영 기업이 해외 광업에 투자하다. → 민영 기업의 해외 광업 투자.
　民企(mínqǐ)：民营企业(mínyíng qǐyè), 민영 기업.
　投资(tóuzī)：(…에) 투자하다. → 투자(금). 1-16.
　海外(haǐwài)：명 해외. 국외. 외국.
　矿业(kuàngyè)：명 광업.

2) 全球经济艰难复苏·金融市场尚处动荡。

quánqiú jīngjì jiānnán fùsū · jīnróng shìchǎng shàng chǔ dòngdàng
전세계 경제가 힘들게 회복하고 금융시장은 여전히 동요 중이다.

全球(quánqiú)：전세계. 1-11.
经济(jīngjì)：경제. 1-4.
艰难(jiānnán)：형 힘들다. 곤란하다. 어렵다. → 힘들게.
复苏(fùsū)：1.동 소생〔재생〕하다. 회복〔회생〕하다.
　2.동 (경제나 생산이) 회생〔회복〕하다.
金融(jīnróng)：명 금융.
市场(shìchǎng)：시장. 1-13.
尚处动荡：여전히 동요에 처하다. → 여전히 동요 중이다.
　尚(shàng)：1.부 여전히. 아직.
　2.형 숭고하다. 거룩하고 존엄하다.
　3.명 풍조. 물결.
　4.동 존중하다. 중시하다.
　5.부 …조차. …에도 불구하고.
　处(chǔ)：1.동 (곳·상황에) 처하다. 존재하다.
　2.동 교제하다. 다른 사람과 함께 지내다.
　3.동 처벌하다.
　4.동 처리하다. 처치하다.
　5.동 거주하다. 살다.
　动荡(dòngdàng)：동 동요하다. 불안하다. 일렁[출렁]이다〔거리다〕. → 동요.

3) 加快实施人民币国际化战略，不仅利于扩展我金融市场的国际空间，也为民营企业在投资境外资源领域释放利好，加快其在该领域的"走出去"步伐。

인민폐 국제화 전략의 빠른 실시는, 우리 금융시장의 국제 공간을 신장하는 데 이로울 뿐만 아니라, 또한 민영 기업의 해외자원 영역 투자에서의 해방을 위해서 유리하고, 민간 기업의 이 영역에서의 '진출' 속도를 재촉한다.

a) 加快实施人民币国际化战略，
jiākuài shíshī rénmínbì guójìhuà zhànlüè
인민폐의 국제화 전략을 빠르게 실시하다 → 인민폐 국제화 전략의 빠른 실시

加快(jiākuài)：빠르게. 1-7.
实施(shíshī)：[동] 실시하다. 실행하다.
战略(zhànlüè)：전략. 1-4.

b) 不仅利于扩展我金融市场的国际空间，
bùjǐn lìyú kuòzhǎn wǒ jīnróng shìchǎng de guójì kōngjiān
우리 금융시장의 국제 공간을 신장하는 데 이로울 뿐만 아니라

不仅(bùjǐn)：1.[접] …뿐만 아니라.
2.[부] …에 그치지 않다. …만은 아니다.
利于(lìyú)：[동] …에 이롭다. …에 도움이 되다.
扩展(kuòzhǎn)：[동] 신장하다. 확장하다. 넓게 펼치다.
我金融市场：우리 금융시장.
我(wǒ)：1.[대] 우리.
2.[대] 나. 저.
3.[대] (你・我와 함께 쓰여) 여러 사람. 많은 사람.
4.[대] 자기. 자신.
国际(guójì)：국제(적인). 1-8.
空间(kōngjiān)：공간. 1-4.

c) 也为民营企业在投资境外资源领域释放利好，
yě wèi mínyíng qǐyè zài tóuzī jìngwài zīyuán lǐngyù shìfàng lìhǎo
또한 민영 기업의 해외자원 영역 투자에서의 해방을 위해서 유리하다

为…利好：…을 위해서 유리하다.
为(wèi)：…을 위해서. 1-7.
民营企业在投资境外资源领域释放：민영 기업이 해외자원 영역의 투자에서 해방되다. → 민영 기업의 해외자원 영역 투자에서의 해방.
在投资境外资源领域：해외자원 영역의 투자에서.

在(zài) : …에(서). 1-1.
投资境外资源领域 : 해외자원 영역에 투자하다. → 해외자원 영역의 투자.
境外资源(jìngwài zīyuán) : 해외자원.
境外(jìngwài) : 해외. 1-16.
资源(zīyuán) : 명 자원.
领域(lǐngyù) : 영역. 1-4.
释放(shìfàng) : 1.동 석방하다. → 해방되다.
2.동 방출하다. 내보내다.

d) 加快其在该领域的"走出去"步伐。
jiākuài qí zài gaī lǐngyù de 'zǒuchūqù' bùfá
그(민간 기업)의 이 영역에서의 '진출' 속도를 재촉하다

加快(jiākuài) : 재촉하다. 1-7.
其(qí) : 1.대 그〔그녀 · 그것〕. 그들〔그녀들 · 그것들〕.
2.대 그의〔그녀의 · 그것의〕. 그들의〔그녀들의 · 그것들의〕.
3.대 그것. 그런 것. 그런 모양.
4.대 〔의미 없이 쓰이는 대명사〕
5.접미 매우. 극히. 더더욱. 〔부사 뒤에 쓰여 어기를 강하게 함〕
该(gaī) : 1.대 (앞에서 언급한) 이. 그. 저.
2.동 (마땅히) …해야 한다. …하는 것이 당연하다〔도리이다〕.
3.동 …의 차례〔순서〕이다.
4.동 …할만하다. …해도 싸다. …하는 게 당연하다. 쌤통이다.
走出去(zǒuchūqù) : 진출. 1-16.
步伐(bùfá) : 1.명 (일이 진행되는) 속도. 순서.
2.명 대오의 보조(步调).
3.명 걸음걸이. 발걸음.

4) 在此间举行的2012中国国际矿业大会上，与会业内人士提出，中国民营企业投资境外资源领域机遇犹存，可结合人民币国际化战略，通过企业及银行间协作，推进该战略的发展。

여기에서 거행된 2012 중국 국제 광업 대회에서, 회의 참석 업계 인사는, 중국 민영 기업의 해외자원 영역 투자에서의 기회는 아직 남아 있어서, 인민폐의 국제화 전략을 결합하고, 기업과 은행 간 협동을 통해, 그 전략의 발전을 추진시킬 수 있다고 제의했다.

a) 在此间举行的2012中国国际矿业大会上，
zài cǐ jiān jǔxíng de èr líng yī èr zhōngguó guójì kuàngyè dàhuì shang
여기에서 거행된 2012 중국 국제 광업 대회에서

在(zài)…上(shang) : …(위)에서. 1-8.
此间(cǐjiān) : 여기. 이 곳. 이 근처〔근방〕.
举行(jǔxíng) : 거행하다. 1-1.
大会(dàhuì) : 명 대회. 전체 회의. 총회.

b) 与会业内人士提出,
yǔhuì yènèi rénshì tíchū
회의 참석 업계 인사는 …을 제의하다

与会业内人士 : 회의에 참석한 업계 인사. → 회의 참석 업계 인사.
与会(yǔhuì) : 동 회의에 참가〔참석〕하다.
业内人士 : 업계 인사.
业内(yènèi) : 명 업계 내. 업무 범위 내.
人士(rénshì) : 명 인사.
提出(tíchū) : 1.동 제의하다. 제출하다. 신청하다. 제기하다.
2.동 꺼내다.

c) 中国民营企业投资境外资源领域机遇犹存,
zhōngguó mínyíng qǐyè tóuzī jìngwài zīyuán lǐngyù jīyù yóu cún
중국 민영 기업의 해외자원 영역 투자에서의 기회는 아직 남아 있다

机遇(jīyù) : 기회. 1-8.
犹存(yóu cún) : 아직 남아 있다. 변함없다.
犹(yóu) : 1.부 아직. 여전히.
2.동 마치 …와 같다.
存(cún) : 1.동 있다. 생존하다. 존재하다.
2.동 보존하다. 저장하다.
3.동 저축하다. 모으다.

d) 可结合人民币国际化战略,
kě jiéhé rénmínbì guójìhuà zhànlüè
인민폐의 국제화 전략을 결합하다 (…할 수 있다)

※ 可의 번역 : 可는 조동사로서, 본동사 结合 · 推进 등과 연계되어 있어, 마지막 본동사(推进)에서 표현한다.
可(kě) : 1.동 …해도 좋다. …할 수 있다.
2.동 …할 만하다.
3.동 받아들이다. 동의하다. 〔동의를 나타냄〕
结合(jiéhé) : 결합하다. 1-8.

e) 通过企业及银行间协作，
tōngguò qǐyè jí yínháng jiān xiézuò
기업과 은행 간 협동을 통해

通过(tōngguò)：1.개 …을 거쳐. …에 의해. …를 통해.
2.동 건너가다. 통과하다. 지나가다.
3.동 (동의를 거쳐) 채택되다. 통과되다. 가결되다.
4.동 (관계 기관・사람 등의) 동의나 비준을 얻다.
及(jí)：…와. 1-9.
银行(yínháng)：명 은행.
间(jiān)：1.명 사이. 중간. 가운데.
2.명 일정한 범위의 안.
3.명 방. 실.
4.양 칸. 〔방을 세는 단위〕
协作(xiézuò)：협동. 1-15.

f) 推进该战略的发展。
tuījìn gaī zhànlüè de fāzhǎn
그 전략의 발전을 추진시키다

推进(tuījìn)：추진시키다. 1-7.
发展(fāzhǎn)：발전. 1-4.

5) 民企积极投资境外资源领域
mínqǐ jījí tóuzī jìngwài zīyuán lǐngyù
민영 기업이 해외자원 영역에 적극 투자하다

6) 民营企业境外投资已成为我国境外投资的重要组成部分。
mínyíng qǐyè jìngwài tóuzī yǐ chéngwéi wǒguó jìngwài tóuzī de zhòngyào zǔchéng bùfen
민영 기업의 해외투자는 이미 우리 나라 해외투자의 중요 구성부분으로 되었다.

境外投资(jìngwài tóuzī)：해외투자. 1-16.
已(yǐ)：1.부 이미. 벌써.
2.동 그치다. 끝나다. 멎다. 멈추다. 정지하다. 중지하다.
3.부 나중에. 이후에. 뒤에. 다음에.
成为(chéngwéi)：…(으)로 되다. 1-5.
重要(zhòngyào)：중요한. 1-3.
组成部分(zǔchéng bùfen)：구성부분.

组成(zǔchéng) : 1.명 구성.
2.동 구성하다. 조성하다. 짜다. 조직하다.
部分(bùfen) : 명 (전체 중의) 부분. 일부(분).

7) 商务部统计数据显示，2011年我国非金融类直接对外投资685.6亿美元，其中非国有企业占比44.9%，较2010年同比增加15.4个百分点。

상무부의 통계 데이터에 의하면, 2011년 우리 나라 비금융류 직접대외투자는 685억 6천만 달러이고, 그 중에 비국유 기업의 점유 비율은 44.9%이며, 2010년 동기 대비보다 15.4% 증가했다.

a) 商务部统计数据显示，
shāngwùbù tǒngjì shùjù xiǎnshì
상무부의 통계 데이터는 …을 보여주다 → 상무부의 통계 데이터에 의하면.

商务部(shāngwùbù) : 명 中华人民共和国商务部 약칭, 상무부.
统计(tǒngjì) : 1.명 통계.
2.동 통계하다.
3.동 합산하다. 합계하다.
数据(shùjù) : 명 데이터(data). 통계 수치.
显示(xiǎnshì) : 1.동 보여주다. 현시하다. 나타내다. 분명하게 표현하다.
2.동 과시하다. 자랑하다.

b) 2011年我国非金融类直接对外投资685.6亿美元，
èr líng yī yī nián wǒguó fēi jīnróng lèi zhíjiē duìwài tóuzī liù bǎi bā shí wǔ yì liù qiānwàn měiyuán
2011년 우리 나라 비금융류 직접대외투자는 685억 6천만 달러이다

非金融类 : 비금융류.
非(fēi) : 1.접두 비(非). 〔명사 앞에 쓰여 어떠한 범위에 속하지 않음을 나타냄〕
2.동 …이 아니다.
3.동 …에 맞지 않다. 위배하다.
4.동 그르다고 여기다. 옳지 않다고 여기다. 비난하다. 책망하다.
5.명 과실. 잘못.
类(lèi) : 1.명 종류. 부류. 등급.
2.동 비슷하다. 유사하다. …같다. 닮다.
直接对外投资 : 직접대외투자.
直接(zhíjiē) : 형 직접적인.
对外投资(duìwài tóuzī) : 대외두자.
对外(duìwài) : 대외(적인). 1-6.
亿(yì) : 억. 1-9.
美元(měiyuán) : 명 미국 달러(dollar).

c) 其中非国有企业占比44.9%,
qízhōng fēi guóyǒu qǐyè zhàn bǐ bǎifēnzhī sì shí sì diǎn jiǔ
그 중에 비국유 기업의 점유 비율은 44.9%이다

其中(qízhōng) : 대 그 중에. 그 안에.
非国有企业 : 비국유 기업.
国有企业(guóyǒu qǐyè) : 명 국유 기업.
占比(zhàn bǐ) : 점유 비율.
占(zhàn) : 1.동 점유하다. 차지하다. 점령〔점거〕하다.
2.동 점용하다. 차지하다. 보유하다.
3.동 (어떤 위치에) 처하다. 놓이다. (어떤 상황에) 속하다.
比(bǐ) : 1.명 비. 비율.
2.명 (경기에서의) 대.
3.동 비교하다. 재다. 겨루다.
4.동 (…에) 비할 수 있다. 견줄 수 있다.
5.동 예를 들다. 비유하다.
6.개 …에 비해. …보다.

d) 较2010年同比增加15.4个百分点。
jiào èr líng yī líng nián tóngbǐ zēngjiā shí wǔ diǎn sì ge bǎifēndiǎn
2010년 동기 대비보다 15.4% 증가하다

较2010年同比 : ① 较가 개사의 경우 : 2010년 동기 대비보다.
② 较가 동사의 경우 : 2010년 동기 대비에 비하다. → … 비하면.
较(jiào) : 1.개 …보다. 〔비교의 대상을 끌어오며, 比에 상당함〕
2.동 비교하다. 비하다. 비기다. 견주다. 겨루다.
3.동 계산하여 비교하다. 따지다. 염두에 두다. 문제삼다.
4.부 비교적. 좀. 보다.
同比(tóngbǐ) : 동 전년도 동기(同期)와 대비(对比)하다. → 전년도 동기 대비.
增加(zēngjiā) : 동 증가하다. 늘리다. 더하다. 증가되다.
15.4个百分点 : 15.4 퍼센트.
百分点(bǎifēndiǎn) : 명 퍼센트. 백분율. 백분비.

8) 据商务部投资促进事务局副局长杨依航介绍，在民企境外投资中，矿产资源类投资占据主要部分，我国矿产资源领域的境外投资已在2011年成为继商业·服务业·金融业之后的第四大投资产业。

상무부 투자촉진사무국 부국장 양이항의 설명에 의하면, 민영 기업의 해외투자 중에서, 광산자원류의 투자가 주요 부분을 점유하고, 우리 나라 광산자원 영역의 해외투자는 이미 2011년에 상업·서비스업·금융업의 뒤를 이어 네 번째로 큰 투자 산업이 되었다.

a) 据商务部投资促进事务局副局长杨依航介绍,
jù shāngwùbù tóuzī cùjìn shìwùjú fùjúngzhǎng yáng yī háng jièshào
상무부 투자촉진사무국 부국장 양이항의 설명에 의하면

据(jù) : 1.개 …에 의하[따르]면. …에 의거[근거]하여.
2.동 의지하다. 기대다.
3.동 점유하다. 점거하다.
促进(cùjìn) : 촉진. 1-8.
事务局(shìwùjú) : 사무국.
事务(shìwù) : 1.명 일. 사무. 업무.
2.명 총무. 서무.
3.명 전문적인 업무.
局(jú) : 명 국. [업무 기구의 명칭]
副局长(fùjúzhǎng) : 부국장.
副(fù) : 1.형 제2의. 보조의. 부.
2.형 부수적인. 부대적인. 부차적인.
3.형 차등의. 둘째의.
4.양 켤레. 쌍. 짝. [쌍이나 짝으로 된 물건을 세는 단위]
5.양 벌. 세트. [한 벌 또는 세트로 된 물건을 세는 단위]
6.동 부합하다. 들어맞다. 적합하다.
局长(júzhǎng) : 명 (관공서 등의) 국장.
杨依航(yáng yī háng) : Yang Yihang, 양이항[사람 이름].
介绍(jièshào) : 1.동 설명하다. 안내하다.
2.동 소개하다.
3.동 추천하다. 소개하다. 끌어들이다.

b) 在民企境外投资中,
zài mínqǐ jìngwài tóuzī zhōng
민영 기업의 해외투자 중에서

在(zài)…中(zhōng) : …(중)에(서). 1-5.

c) 矿产资源类投资占据主要部分,
kuàngchǎn zīyuán lèi tóuzī zhànjù zhǔyào bùfen
광산자원류의 투자가 주요 부분을 점유하다

矿产资源(kuàngchǎn zīyuán) : 명 광산자원.
矿产(kuàngchǎn) : 명 광산물.
占据(zhànjù) : 동 점유하다. 점거하다.
主要(zhǔyào) : 1.형 주요한. 주된.
2.부 주로. 대부분.

d) 我国矿产资源领域的境外投资已在2011年成为继商业·服务业·金融业之后的第四大投资产业。

wǒguó kuàngchǎn zīyuán lǐngyù de jìngwài tóuzī yǐ zài èr líng yī yī nián chéngwéi jì shāngyè · fúwùyè · jīnróngyè zhīhòu de dìsì dà tóuzī chǎnyè

우리 나라 광산자원 영역의 해외투자는 이미 2011년에 상업 · 서비스업 · 금융업의 뒤를 이어 네 번째로 큰 투자 산업이 되었다

继…之后：…뒤를 이어서.

继(jì)：1.동 잇다. 이어지다. 계속하다. 지속하다. 연속하다. 접속하다.
2.부 뒤이어. 계속해서. 그 다음에.

之后(zhīhòu)：1.명 …뒤. …후. …다음.
2.명 그 후. 그 다음.

商业(shāngyè)：명 상업. 비즈니스.

服务业(fúwùyè)：서비스업. 1-13.

金融业(jīnróngyè)：명 금융업.

第四(dìsì)：넷째. 네 번째.

大(dà)：크다. 1-8.

产业(chǎnyè)：1.명 산업.
2.명 공업.
3.명 (개인 소유의) 부동산.

9) 人民币国际化助力境外投资

rénmínbì guójìhuà zhùlì jìngwài tóuzī

인민폐의 국제화가 해외투자를 돕는다

助力(zhùlì)：1.동 조력하다. 도와 주다. 힘을 보태다〔쓰다〕.
2.동 조력. 도와 주는 힘.

10) 中国人民银行货币政策二司副司长郭建伟认为，人民币国际化战略将有利于民营企业利用本币进行海外矿业投资，继而实现企业自身的升级和相关领域的产业升级，并在实践中加速推动人民币国际化。

중국인민은행 통화정책2국 부국장 궈잰웨이의 생각에 의하면, 인민폐의 국제화 전략은 장차 민영 기업이 본위화폐를 이용하여 해외 광업 투자를 진행하는 데 유리하고, 이어서 기업 자신의 향상과 관련 영역의 산업 향상을 실현하며, 또한 실천하는 중에 인민폐의 국제화를 빨리 촉진할 것이다.

a) 中国人民银行货币政策二司副司长郭建伟认为,
zhōngguó rénmín yínháng huòbì zhèngcè èrsī fùsīzhǎng guō jiàn wěi rènwéi
중국인민은행 통화정책2국 부국장 궈잰웨이는 …라고 생각하다
→ 중국인민은행 통화정책2국 부국장 궈잰웨이의 생각에 의하면

中国人民银行(zhōngguó rénmín yínháng) : 중국인민은행. 국유 기업으로, 본점은 베이징에 소재하고, 약칭은 央行(yāngháng) 혹 人行(rénháng)이고, 영문명은 THE PEOPLE'S BANK OF CHINA이다.
货币政策(huòbì zhèngcè) : 통화정책. 화폐정책.
货币(huòbì) : 명 화폐.
政策(zhèngcè) : 명 정책.
二司(èrsī) : 2국. 〔행정 부서의 명칭〕
司(sī) : 1.명 국(局). 부(部). 〔중앙 행정 기관의 부서명〕
2.동 주관하다. 담당하다. 경영하다. 조작하다. 관장하다.
副司长(fùsīzhǎng) : 부국장(副局长).
郭建伟(guō jiàn wěi) : Guo Jianwei, 궈잰웨이〔사람 이름〕.
认为(rènwéi) : 동 (…라고) 생각하다. 여기다. 인정하다.

b) 人民币国际化战略将有利于民营企业利用本币进行海外矿业投资,
rénmínbì guójìhuà zhànlüè jiāng yǒulìyú mínyíng qǐyè lìyòng běnbì jìnxíng haǐwài kuàngyè tóuzī
인민폐의 국제화 전략은 (장차) 민영 기업이 본위화폐를 이용하여 해외 광업 투자를 진행하는 데 유리하다 (…할 것이다)

※ 将의 번역 : 将은 부사로써, 동사 有利于 · 实现 · 加速推动 등과 연계되어 있어, 마지막 동사(加速推动)에서 표현한다.
将(jiāng) : 장차 …할 것이다. 1-4.
有利于(yǒulìyú) : …에 유리하다. 1-16.
民营企业利用本币进行海外矿业投资 : 민영 기업이 본위화폐를 이용하여 해외 광업 투자를 진행하다.
利用本币 : 본위화폐를 이용하다.
利用(lìyòng) : 동 이용[활용 · 응용]하다.
本币(běnbì) : 本位货币(běnwèi huòbì), 본위화폐의 약칭.
本位(běnwèi) : 1.명 화폐의 본위.
2.명 본위. 중심. 중점. 기초.
3.명 소속 조직. 소속 부서.
进行海外矿业投资 : 해외 광업 투자를 진행하다.
进行(jìnxíng) : 1.동 (활동을) 진행하다. (어떤 지속적인 일에) 종사하다.
2.동 진행하다. 앞으로 나아가다. 전진하다. 행진하다.

c) 继而实现企业自身的升级和相关领域的产业升级，
jìér shíxiàn qǐyè zìshēn de shēngjí hé xiāngguān lǐngyù de chǎnyè shēngjí
이어서 기업 자신의 향상과 관련 영역의 산업 향상을 실현하다

继而(jìér)：부 계속하여. 뒤이어. 이어서.
实现(shíxiàn)：실현하다. 1-8.
自身(zìshēn)：자신. 1-8.
升级(shēngjí)：1.동 (품질을) 향상시키다. 업그레이드하다. → 향상.
2.동 승급하다. 승진하다. 격상하다.
3.동 (학생이) 진급하다. 학년이 오르다.
4.동 (전쟁이) 확대되다. (사태가) 심해지다.
5.명 진급. 승급. 업그레이드.
相关领域：관련이 있는 영역. →관련 영역.
相关(xiāngguān)：동 상관[관계 · 관련]이 있다. 서로 관련[연관]되다.

d) 并在实践中加速推动人民币国际化。
bìng zài shíjiàn zhōng jiāsù tuīdòng rénmínbì guójìhuà
또한 실천하는 중에 인민폐의 국제화를 빨리 촉진하다

并(bìng)：또. 그리고. 1-3.
在实践中：실천 중에서. → 실천하는 중에.
实践(shíjiàn)：실천. 1-9.
加速推动：가속해서 촉진하다. → 빨리 촉진하다.
加速(jiāsù)：1.동 가속하다. 속도를 내다.
2.동 가속시키다. 빨리 하다.
推动(tuīdòng)：촉진하다. 추진하다. 1-4.

11) "当前国际金融市场动荡，国际资产价格大幅下降，世界主要储备货币利率水平均达到历史最低。
"현재 국제금융시장은 동요하고, 국제 자산 가격이 대폭적으로 하락하며, 세계 주요 준비통화 이율의 수준은 모두 역사적으로 최저에 도달했다.

a) "当前国际金融市场动荡，
dāngqián guójì jīnróng shìchǎng dòngdàng
현재 국제금융시장은 동요하다

当前(dāngqián)：1.명 현재. 현 단계. 목전. 당면. 오늘.
2.동 직면하다. 눈앞에 닥치다. 코앞에 닥치다.

b) 国际资产价格大幅下降，
guójì zīchǎn jiàgé dàfú xiàjiàng
국제 자산 가격이 대폭적으로 하락하다

价格(jiàgé) : 명 가격. 값.
大幅(dàfú) : 대폭적으로. 1-12.
下降(xiàjiàng) : 1.동 하락하다. 하강하다. 내리다.
2.동 (정도가) 떨어지다. 낮아지다. (수량이) 줄어들다.

c) 世界主要储备货币利率水平均达到历史最低。
shìjiè zhǔyào chǔbèi huòbì lìlǜ shuǐpíng jūn dádào lìshǐ zuìdī
세계 주요 준비통화 이율의 수준은 모두 역사적으로 최저에 도달하다

储备货币(chǔbèi huòbì) : 준비통화(reserve currency).
储备(chǔbèi) : 1.동 (물자를) 비축하다. 저장하다. → 비축. 준비.
2.명 비축한 물건. 예비품. 예비 인원. → 보유고(保有高).
利率(lìlǜ) : 명 이율.
水平(shuǐpíng) : 수준. 1-4.
均(jūn) : 1.부 모두. 다.
2.형 균등하다. 균일하다. 상등(相等)하다. 고르다.
达到(dádào) : 동 도달하다. 달성하다. 이르다.
历史(lìshǐ) : 역사. → 역사적으로 1-6.
最低(zuìdī) : 형 가장 낮다. 최저이다. → 최저.

12) 我国外汇储备充裕·外汇资源有限，我们自身拥有更为丰富的本币资源，就资本资源厚度而言，更具利用价值。

우리 나라의 외환 보유액은 풍족하고 외환 자원은 유한하며, 우리 자신이 더욱 풍부한 본위 화폐 자원을 보유하며, 자본 자원의 넉넉함에 대해 말하자면, 이용 가치를 더욱 가지고 있다.

a) 我国外汇储备充裕·外汇资源有限，
wǒguó wàihuì chǔbèi chōngyù · wàihuì zīyuán yǒuxiàn
우리 나라의 외환 보유액은 풍족하고 외환 자원은 유한하다

外汇储备(wàihuì chǔbèi) : 명 외환 보유액〔보유고〕.
外汇(wàihuì) : 명 외환. 외화.
充裕(chōngyù) : 형 풍족하다. 여유롭다.
有限(yǒuxiàn) : 1.형 유한하다. 한계가 있다. 제한되다.
2.형 수량이 적다. 정도가 비교적 낮다. 수준이 떨어지다.

b) 我们自身拥有更为丰富的本币资源,
wǒmen zìshēn yōngyǒu gèngwéi fēngfù de běnbì zīyuán
우리 자신이 더욱 풍부한 본위화폐 자원을 보유하다

拥有(yōngyǒu) : 동 보유하다. 소유하다. 가지다. 지니다.
更为(gèngwéi) : 부 더욱. 더. 훨씬. 한층 더. 가일층. 더군다나. 보다 더.
丰富(fēngfù) : 1.형 풍부하다. 많다. 넉넉하다. 풍족하다.
2.동 풍부하게 하다. 풍족하게 하다. 넉넉하게 하다.

c) 就资本资源厚度而言,
jiù zīběn zīyuán hòudù ér yán
자본 자원의 풍부함에 대해 말하자면

就…而言((jiù…ér yán) : …에 대해 말하자면.
就(jiù) : 1.개 …에 대하여. …에 관하여. 〔동작을 끌어들이는 대상 혹 범위〕
2.개 〔동작이 일어나는 시점에서 가까운 장소〕
3.개 …하는 김에. …을 틈타. (시간 · 기회를) 이용하여.
而(ér) : 1.접 …(하)고(도). 그리고. 〔순접을 나타냄〕
2.접 …지만. …나. …면서. 그러나. 〔역접을 나타냄〕
3.접 〔긍정과 부정으로 서로 보충하는 성분을 연결시킴〕
言(yán) : 1.동 말하다. 이야기하다.
2.명 말. 언어. 이야기.
3.명 한자의 한 글자.
厚度(hòudù) : 1.명 넉넉한 정도. 풍부한 정도. → 넉넉함. 풍부함.
2.명 두께.
厚(hòu) : 1.형 두껍다. 두텁다.
2.형 (수량 · 이윤 · 가치가) 크다. 많다. 넉넉하다. 풍부하다.
度(dù) : 1.명 (사물의 어떤 성질이 도달한) 정도.
2.명 도. 〔호 · 각, 경도 · 위도, 온도의 단위〕
3.양 회(回). 차(次).
4.동 넘다. 뛰어넘다. 건너다.
5.동 (시간이) 경과하다. (시간을) 보내다.
6.명 법칙. 규칙. 준칙.

d) 更具利用价值。
gèng jù lìyòng jiàzhí
이용 가치를 더욱 가지다

更(gèng) : 더욱. 1-4.
具(jù) : 1.동 갖추다. 가지다. 구비하다. 〔주로 추상적인 사물에 쓰임〕
2.동 준비하다. 마련하다. (사용할 물건을) 확보하다.

3.[동] 진술하다. 열거하다. 늘어놓다.

利用价值 : 이용 가치.

价值(jiàzhí) : 1.[명] 가치.

2.[명] 값어치. 값. 가격. 쓸모 있는 가치.

13) 此外，受境内降息及下调贷款利率浮动幅度影响，境外人民币融资成本也有所下降。"

이 밖에, 국내 이율하락과 대출이율 유동폭 하향 조정의 영향을 받고, 해외 인민폐의 금융 비용도 좀 하락한다."

a) 此外，受境内降息及下调贷款利率浮动幅度影响，

cǐwài, shòu jìngnèi jiàngxī jí xiàtiáo dàikuǎn lìlǜ fúdòng fúdù yǐngxiǎng

이 밖에, 국내 이율 하락과 대출이율 유동폭 하향 조정의 영향을 받다

此外(cǐwài) : 이 밖에. 이 외에.

受…影响 : …의 영향을 받다.

受(shòu) : 1.[동] 받다. 받아들이다.

2.[동] 참다. 견디다.

3.[동] 당하다. 입다. 받다. 〔피동형으로 쓰임〕

影响(yǐngxiǎng) : 1.[명] 영향.

2.[동] 영향을 주다〔끼치다〕.

境内降息 : 국내 이율하락.

境内(jìngnèi) : [명] 국내. 경내. 나라 안.

降息(jiàngxī) : [동] 이율을 낮추다. → 이율하락.

下调贷款利率浮动幅度 : 대출이율의 유동폭을 하향 조정하다.

→ 대출이율의 유동폭 하향 조정.

下调(xiàtiáo) : 1.[동] (가격 · 이율 등을) 하향 조정하다. 내리다. 떨어뜨리다.

2.[동] (물가가) 하향 조정되다. 떨어지다.

贷款(dàikuǎn) : 1.[동] (은행에서) 대출하다. 대부하다. → 대출. 대부.

2.[명] 대부금. 대여금.

3.[명] 차관.

浮动(fúdòng) : 1.[동] 떠서 움직이다. 유동하다. 부동(浮动)하다. → 유동.

2.[동] 불안정하다. 동요하다.

3.[동] 오락가락하다. 오르락내리락하다. 변동하다.

幅度(fúdù) : 1.[명] 폭. 정도. 너비.

2.[명] 사물의 변동 폭.

b) 境外人民币融资成本也有所下降。”
jìngwài rénmínbì róngzī chéngběn yě yǒusuǒ xiàjiàng
해외 인민폐의 금융비용도 좀 하락하다

融资成本：금융비용(financial cost).
融资(róngzī)：1.명 융자.
2.동 융자하다.
成本(chéngběn)：명 원가. 비용. 자본금.
有所下降：좀 하락하다.
有所(yǒusuǒ)：좀 …하다. 1-四.

14) 郭建伟说。
guō jiàn wěi shuō
(…라)고 궈잰웨이가 말했다.

15) 自2009年开始在四城市试点人民币跨境贸易结算以来，2012年已全面实现企业进出口货物贸易·跨境服务贸易和其他经常项目人民币跨境结算，有关政策体系基本健全，资本金融项目人民币跨境结算政策也在逐步建设之中。

2009년부터 4곳 도시의 시험 대상지에서 인민폐의 대외무역 결산을 개시한 이래로, 2012년에 기업의 수출입품 무역·대외 서비스 무역과 기타 경상항목의 인민폐 대외 결산을 이미 전면적으로 실현하고, 관련 정책 체계는 기본적으로 완전하며, 자본 금융 항목의 인민폐 대외 결산정책도 점차 수립되고 있는 중이다.

a) 自2009年开始在四城市试点人民币跨境贸易结算以来，
zì èr líng líng jiǔ nián kāishǐ zài sì chéngshì shìdiǎn rénmínbì kuàjìng màoyì jiésuàn yǐlái
2009년부터 4곳 도시의 시험 대상지에서 인민폐의 대외무역 결산을 개시한 이래로

※ 인민폐 결산 업무：중국 국무원은 2009년 4월 上海市와 广东省의 4곳 도시, 즉 广州市, 深圳市, 珠海市, 东莞市에서 대외무역의 인민폐 결산 시험 대상지를 전개하도록 결정했다.

自(zì)：1.개 …에서부터. …에서 시작하여.
2.대 자기. 자신.
3. 몸소. 친히. 스스로.
4.부 자연히. 당연히.
开始(kāishǐ)：1.동 개시하다. 시작되다.

2.동 착수하다. 시작하다.
3.명 처음. 시작. 시초.

在四城市试点 : 4곳 도시의 시험 대상지에서.
在(zài) : …에서. 1-1.
四城市 : 四个城市, 4곳 도시.
城市(chéngshì) : 명 도시.
试点(shìdiǎn) : 1.명 시험적으로 (실시)해 보는 곳. → 시험 대상지.
2.동 시험적으로 (실시)해 보다. 테스트하다. 시행(试行)하다.

跨境贸易结算 : 대외무역 결산.
跨境贸易 : 국가 간에 진행되는 재화와 용역의 교환으로, 대외무역을 뜻함.
跨境(kuàjìng) : (국가)경계를 넘다. → 국제. 국가 사이. 국가 (상호)간.
贸易(màoyì) : 무역. 1-1.
结算(jiésuàn) : 동 결산하다. → 결산.

以来(yǐlái) : … 이래. 동안. 1-8.

b) 2012年已全面实现企业进出口货物贸易・跨境服务贸易和其他经常项目人民币跨境结算,

èr líng yī èr nián yǐ quánmiàn shíxiàn qǐyè jìnchūkǒu huòwù màoyì・kuàjìng fúwù màoyì hé qítā jīngcháng xiàngmù rénmínbì kuàjìng jiésuàn

2012년에 기업의 수출입품 무역・대외 서비스 무역과 기타 경상항목의 인민폐 대외 결산을 이미 전면적으로 실현하다

全面(quánmiàn) : 전면적으로. 1-7.
实现(shíxiàn) : 실현하다. 1-8.

企业进出口货物贸易 : 기업의 수출입품 무역.
企业(qǐyè) : 기업. 1-13.
进出口货物(jìnchūkǒu huòwù) : 수출입품.
进出口(jìnchūkǒu) : 1.동 수출입하다. → 수출입.
2.명 출입구.
货物(huòwù) : 명 물품. 상품. 화물.

跨境服务贸易 : 대외 서비스 무역.
服务(fúwù) : 서비스. 1-13.

其他经常项目人民币跨境结算 : 기타 경상항목의 인민폐 대외 결산.
其他(qítā) : 대 (사람・사물에 쓰여) 기타. 다른 사람[사물].
经常项目(jīngcháng xiàngmù) : [명] 경상항목.
经常(jīngcháng) : 1.명 평소. 평상. 보통. 일상.
2.형 일상적인. 평상적인. 정상적이다. 보통이다.
3.부 언제나. 늘. 항상. 자주. 종종.
项目(xiàngmù) : 1.명 항목. 종목. 사항.
2.명 과제. 프로젝트. 사업.

c) 有关政策体系基本健全，
yǒuguān zhèngcè tǐxì jīběn jiànquán
관련 정책 체계는 기본적으로 완전하다

有关(yǒuguān)：1.동 관계가 있다. 관련이 있다. 연관되다. → 관련 (있는).
2.형 관계가 있는. 관련 있는.
体系(tǐxì)：체계. 1-17.
基本(jīběn)：기본적으로. 1-14.
健全(jiànquán)：1.형 완전하다. 완벽하다. 완비하다.
2.형 (병 · 탈 없이) 건강하고 온전하다.
3.동 완전하게 하다. 완벽하게 하다.

d) 资本金融项目人民币跨境结算政策也在逐步建设之中。
zīběn jīnróng xiàngmù rénmínbì kuàjìng jiésuàn zhèngcè yě zài zhújiàn jiànshè zhīzhōng
자본 금융 항목의 인민폐 대외 결산정책도 점차 수립되고 있는 중이다

资本(zīběn)：1.명 자본.
2.명 자금. 밑천. 본전.
在(zài)…之中(zhīzhōng)：…의 속에 있다. …하는 중에 있다. …하는 중이다.
之中(zhīzhōng)：1.명 …속에. …의 가운데에. …의 사이에.
2.명 …하는 사이. …하는 중. 〔어떤 행위 과정 중에 있음〕
逐渐(zhújiàn)：부 점점. 점차.
建设(jiànshè)：건설하다. 수립하다. 1-13.

16) 中国人民银行统计显示，2012年前三季度，全国累计办理跨境贸易人民币结算业务2.05万亿元。

중국인민은행의 통계에 의하면, 2012년의 전반부 3개 분기는, 대외무역의 인민폐 결산 업무 처리를 전국적으로 누계하면 2조 5백억 위안이다.

※ 본문의 어법 구조：a)는 주어(中国人民银行统计)와 서술어(显示)이고, b)와 c)는 목적어로서 목적절을 이루고 있다. 목적절 안에서 주어는 2012年前三季度이고, 서술어는 수사로서 2.05万亿元이다.

a) 中国人民银行统计显示，
zhōngguó rénmín yínháng tǒngjì xiǎnshì
중국인민은행의 통계는 …을 보여주다 → 중국인민은행의 통계에 의하면

b) 2012年前三季度,
èr líng yī èr nián qián sān jìdù
2012년의 전반부 3개 분기

前三季度 : 앞(전반부)의 3개 분기. 즉 1/4분기, 2/4분기, 3/4분기.
前(qián) : (순서 · 방위 · 시간의) 앞. 전면. 1-5. → 전반부.
三季度 : 3개 분기.
季度(jìdù) : 명 분기(分期). 4분기(四分期).

c) 全国累计办理跨境贸易人民币结算业务2.05万亿元。
quánguó lèijì bànlǐ kuàjìng màoyì rénmínbì jiésuàn yèwù èr wànyì líng wǔ bǎi yì yuán
대외무역의 인민폐 결산 업무 처리를 전국적으로 누계하면 2조 5백억 위안이다

全国累计办理跨境贸易人民币结算业务 : 대외무역의 인민폐 결산 업무 처리를 전국적으로 누계하다.
全国(quánguó) : 명 전국. 나라 전체. → 전국적으로.
累计(lèijì) : 동 누계하다. 합계하다.
办理跨境贸易人民币结算业务 : 대외무역의 인민폐 결산 업무를 처리하다. → 대외무역의 인민폐 결산 업무 처리.
办理(bànlǐ) : 동 처리하다. 취급하다. 해결하다. (수속을) 밟다.
业务(yèwù) : 명 업무.
万亿(wànyì) : 수 조(兆).
元(yuán) : 양 위안. 〔중국 본위화폐 단위. 10分(fēn, 펀)이 1角(jiǎo, 자오)이고, 10자오가 1위안임〕

2-3 번 역 인민폐의 국제화는 민영 기업의 해외 광업 투자에 유리하다

전세계 경제가 힘들게 회복하고 금융시장은 여전히 동요 중이다. 인민폐 국제화 전략의 빠른 실시는, 우리 금융시장의 국제 공간을 신장하는 데 이로울 뿐만 아니라, 또한 민영 기업의 해외자원 영역 투자에서의 해방을 위해서 유리하고, 민간 기업의 이 영역에서의 '진출' 속도를 재촉한다.

여기에서 거행된 2012 중국 국제 광업 대회에서, 회의 참석 업계 인사는, 중국 민영 기업의 해외자원 영역 투자에서의 기회는 아직 남아 있어서, 인민폐의 국제화 전략을 결합하고, 기업과 은행 간 협동을 통해, 그 전략의 발전을 추진시킬 수 있다고 제의했다.

민영 기업이 해외자원 영역에 적극 투자하다

민영 기업의 해외투자는 이미 우리나라 해외투자의 중요 구성부분으로 되었다. 상무부의 통계 데이터에 의하면, 2011년 우리나라 비금융류 직접대외투자는 685억 6천만 달러이고, 그 중에 비국유 기업의 점유 비율은 44.9%이며, 2010년 동기 대비보다 15.4% 증가했다.

상무부 투자촉진사무국 부국장 양이항의 설명에 의하면, 민영 기업의 해외투자 중에서, 광산자원류의 투자가 주요 부분을 점유하고, 우리나라 광산자원 영역의 해외투자는 이미 2011년에 상업·서비스업·금융업의 뒤를 이어 네 번째로 큰 투자 산업이 되었다.

인민폐의 국제화가 해외투자를 돕는다

중국인민은행 통화정책2국 부국장 궈잰웨이의 생각에 의하면, 인민폐의 국제화 전략은 장차 민영 기업이 본위화폐를 이용하여 해외 광업 투자를 진행하는 데 유리하고, 이어서 기업 자신의 향상과 관련 영역의 산업 향상을 실현하며, 또한 실천하는 중에 인민폐의 국제화를 빨리 촉진할 것이다.

"현재 국제금융시장은 동요하고, 국제 자산 가격이 대폭적으로 하락하며, 세계 주요 준비통화 이율의 수준은 모두 역사적으로 최저에 도달했다. 우리나라의 외환 보유액은 풍족하고 외환 자원은 유한하며, 우리 자신이 더욱 풍부한 본위화폐 자원을 보유하며, 자본 자원의 넉넉함에 대해 말하자면, 이용 가치를 더욱 가지고 있다. 이 밖에, 국내 이율하락과 대출이율 유동폭 하향조정의 영향을 받고, 해외 인민폐 융자 원가도 좀 하락한다."고 궈잰웨이가 말했다.

2009년부터 4곳 도시의 시험 대상지에서 인민폐의 대외무역 결산을 개시한 이래로, 2012년에 기업의 수출입품 무역・대외 서비스 무역과 기타 경상항목의 인민폐 대외 결산을 이미 전면적으로 실현하고, 관련 정책 체계는 기본적으로 완전하며, 자본 금융 항목의 인민폐 대외 결산정책도 점차 수립되고 있는 중이다. 중국인민은행의 통계에 의하면, 2012년 앞의 3개 분기는, 대외무역의 인민폐 결산 업무 처리를 전국적으로 누계하면 2조 5백억 위안이다.

2-4 练习

据郭建伟介绍，我国民营企业可使用境外人民币贷款，通过从境外金融机构当地分支行获得人民币融资，或是从境内金融机构当地代理网点间接获得人民币融资；企业还可利用人民币离岸市场，例如境外上市的股权融资·贷款发债的债务融资。

机遇犹存应共推人民币国际化

尽管国际矿产品价格的快速回升，使我国部分海外矿业并购陷入低谷，但专家认为我国海外矿业投资，尤其是民营企业的海外矿业投资机遇犹存。

首先，资源领域呈现新投资机遇。受国际金融危机及欧债危机影响，周期长·投入大的资源产业出现资金紧张局面，面对国际投资萎缩，海外吸引投资压力增大。中国民营企业在海外资源领域的投资仍受欢迎。

此外，国内已加大对民营企业"走出去"的政策支持。于2010年国家发布的«国务院关于鼓励和引导民间投资健康发展的若干意见»中，在支持民间投资的同时加大了对矿产资源投资的支持力度。此外，国务院及各大部委又相继出台一系列相关政策加以推动落实，为民企海外投资发展提供政策支持。

단어 정리

- 从(cōng) : 개 …부터. …에서. …을 기점으로.
- 当地(dāngdì) : 명 현지. 현장. 그 지방〔고장〕. 그 곳.
- 机构(jīgòu) : 명 기구. 〔기관·단체 등의 업무 단위 혹 내부 조직〕
- 分支行(fēnzhīháng) : 분점·지점.
  分行(fēnháng) : 명 (은행·기관 등의) 분점.
  支行(zhīháng) : 명 (은행의) 지점. 출장소.
- 通过(tōngguò) : 관련 기관의 허가를 받다. 2-4.
- 获得(huòdé) : 동 얻다. 취득하다. 획득하다. 손에 넣다.
- 或是(huòshì) : 접 …이거나 혹은 …이다. …이 아니면 …이다.
- 代理网点 : 대리점. 대리지점. 대리 판매망.
  代理(dàilǐ) : 동 대리하다. 대신하다. 대행하다.
  网点(wǎngdiǎn) : 명 점포망. 판매망. 서비스 망.
- 间接(jiānjiē) : 형 간접적인.
- 还(hái) : 부 또. 더. 게다가.
- 离岸市场(lí`àn shìchǎng) : 역외(域外)시장, 오프쇼어 시장(Off-Shore Market).
- 例如(lìrú) : 동 예〔보기〕를 들다. 예를 들면. 예컨대.
- 境外上市的股权融资 : 해외상장의 주주권 융자.
  境外上市(jìngwài shàngshì) : 해외상장.
  上市(shàngshì) : 동 상장(上场)되다.
  股权(gǔquán) : 명 주주권.
- 贷款发债的债务融资 : 대출·채권발행의 채무 융자
  发债(fāzhài) : 채권을 발행하다. → 채권발행.
  债务(zhàiwù) : 명 채무. 부채.
- 应共推 : 应该共同推动, 반드시 공동으로 추진해야 하다.
  应该(yīnggaī) : 동 (반드시) …해야 한다. (반드시) …할 것이다.
  共同(gòngtóng) : 공동으로. 1-8.
  推动(tuīdòng) : 동 추진하다. 촉진하다. 1-4.
- 尽管(jìnguǎn) : 접 비록〔설령〕 …라 하더라도. …에도 불구하고.
- 矿产品(kuàngchǎnpǐn) : 명 광산품.
- 快速(kuàisù) : 형 신속하다. 빠르다. 쾌속의.
- 回升(huíshēng) : 동 다시 상승하다〔오르다〕. 반등(反腾)하다. → 반등. 상승. 호전.
- 使(shǐ) : 동 (…에게) …시키다. …하게 하다. 1-8.

- 并购(bìnggòu) : 동 인수합병하다. → 인수합병.
- 陷入(xiànrù) : 동 (불리한 지경에) 빠지다. 떨어지다.
- 低谷(dīgǔ) : 명 최저점. 바닥세. 밑바닥. 낮은 골짜기.
- 专家(zhuānjiā) : 명 전문가.
- 尤其是(yóuqíshì) : 尤其(yóuqí), 부 더욱이. 특히.
- 首先(shǒuxiān) : 부 가장 먼저. 맨 먼저. 우선. 무엇보다 먼저.
- 呈现(chéngxiàn) : 동 나타나다. 드러나다. 양상을 띠다.
- 国际金融危机(guójì jīnróng wēijī) : (2008년) 국제금융위기.
  危机(wēijī) : 명 위기. 위험한 고비.
- 欧债危机(ōuzhài wēijī) : 유럽연합(EU) 채무위기.
- 周期(zhōuqī) : 명 주기.
- 投入(tóurù) : 동 (자금 등을) 투입하다. 넣다. 투자하다. → 자금투입.
- 紧张(jǐnzhāng) : 형 (정신적으로) 긴장해 있다. 불안하다. → 긴장.
- 局面(júmiàn) : 명 국면. 형세. 양상.
- 萎缩(wěisuō) : 형 (몸 · 신체 기관이) 위축되다. 움츠러들다. (기능이) 쇠퇴하다.
- 海外吸引投资压力 : 해외 투자 유치의 압력.
  海外吸引投资 : 해외에서 투자를 유치하다. → 해외 투자 유치.
  吸引(xīyǐn) : 동 유치〔유인〕하다. 흡인하다. 빨아〔끌어〕당기다. 매료〔매혹〕시키다.
  压力(yālì) : 명 (주로 정신적 · 심리적인) 스트레스. 압력.
- 增大(zēngdà) : 동 증대하다. 확대하다. 늘리다.
- 欢迎(huānyíng) : 동 환영하다. 환영받다. → 환영.
- 走出去(zǒuchūqù) : 밖으로 나가다. → 진출. 1-16.
- 政策支持 : 정책적지지.
  支持(zhīchí) : 동 지지하다. → 지지.
- 发布(fābù) : 동 선포하다. 발포하다.
- 国务院(guówùyuàn) : 명 중화인민공화국 국무원. 〔중국의 최고 행정 기관〕
- 关于(guānyú) : 개 …에 관한. …에 관해서〔관하여〕.
- 鼓励(gǔlì) : 동 장려하다. 격려하다.
- 引导(yǐndǎo) : 유도하다. 인도하다. 1-16.
- 健康(jiànkāng) : 형 (사물의 상태가) 건전하다. 건강하다. 정상이다.
- 若干(ruògān) : 대 약간. 조금. 소량. → 몇 가지.
- 意见(yìjiàn) : 명 견해. 의견.
- 加大(jiādà) : 확대하다. 증대하다. 1-17.
- 力度(lìdù) : 역량. 1-17.
- 各(gè) : 여러. 1-16.

- 部委(bùwěi) : 명 (중국 국무원 산하의) 부와 위원회.
- 相継(xiāngjì) : 부 잇따라. 연이어. 계속해서. 줄지어.
- 出台(chūtái) : 동 (정책이나 조치 등을) 정식으로 제기하다. 정식으로 공포하다.
- 一系列(yíxìliè) : 형 일련의. 연속의.
- 加以推动落实 : 구체화를 추진하다.

  加以(jiāyǐ) : 동 …을 가하다. …하다.

  落实(luòshí) : 동 실현되다. 구체화되다. 실현시키다. 구체화하다. → 구체화.
- 提供(tígōng) : 제공하다. 1-13.

제3과

全年外贸走势

연간 대외무역 추세

3-1 正文 全年外贸增长或将"前低·中稳·后高"

— 商务部发言人解析进出口走势

商务部新闻发言人沈丹阳15日表示，4月份我国进出口增长情况总体在预料区间，外贸形势依然比较严峻。如果世界经济不进一步恶化，国外需求不出现大的逆转，全年外贸增长可能呈现"前低·中稳·后高"的发展态势。

海关数据显示，今年前4个月，我国进出口总值11671.8亿美元，同比增长6%，较第一季度继续回落。其中出口5932.4亿美元，增长6.9%；进口5739.4亿美元，增长5.1%。

沈丹阳分析说，多因素相互叠加造成今年以来外贸相对低速增长，包括外需萎缩·国内要素成本上升以及贸易摩擦增多等因素。

"外需情况比我们预计的还要低，还要差，特别是作为我国第一大贸易伙伴的欧盟的需求严重下降。" 沈丹阳说，4月当月，我国对欧盟出口负增长2%，这意味着我国对欧盟出口连续4个月出现同比下降，这对我国出口的总体增长有很大的负影响。

此外，受国际市场大宗商品价格下降的影响，4月份我国出口商品价格比3月有所下降，加之清明节·"五一"等假期因素，工作日的减少也是影响外贸的因素之一。

针对进口增速的回落，沈丹阳指出有三大因素：一是国内的需求放缓，二是加工贸易增速降低，三是大宗商品价格回落。

不过沈丹阳强调说，今年我国外贸呈现相对较慢的增长速度，部分原因是我国外贸发展进入新阶段后，主动进行政策调控·加快转变外贸发展方式的结果。

他说，今年我国外贸结构调整继续取得明显的进展。从商品结构看，4月份高技术·高附加值产品出口有比较大的增长，例如自动数据处理设备增长10.6%，手持无线电话及其零件增长28.3%，电动机及发动机增长10.5%，贵金属首饰增长了134%，而灯具·手表·塑料制品·自行车·家具等劳动密集型产品出口增幅在10%以上，其中企业有自主知识产权或自主品牌的产品出口比重稳步提升。

* 출처: 中国网–2012年05月15日
http://finance.china.com.cn/roll/20120515/724043.shtml

3-2 生词与解释

1) 全年外贸增长或将"前低·中稳·后高"--商务部发言人解析进出口走势

연간 대외무역의 성장은 아마도 장차 '전기 저조(低潮)·중기 안정(安定)·후기 고조(高潮)' 일 것이다 – 상무부 대변인의 수출입 추세 분석

a) 全年外贸增长或将"前低·中稳·后高"
quánnián wàimào zēngzhǎng huò jiāng 'qián dī · zhōng wěn · hòu gāo'
연간 대외무역의 성장(율)은 아마도 장차 '전기 저조(低潮)·중기 안정(安定)·후기 고조(高潮)'일 것이다

全年外贸增长 : 연간 대외무역의 성장(율).
全年(quánnián) : 한 해 전체. 연간.
外贸(wàimào) : 명 대외무역(对外贸易, duìwài màoyì).
增长(zēngzhǎng) : 동 성장하다. 증가하다. 향상시키다. 신장하다. → 성장.
或(huò) : 1.부 혹시. 아마도. 어쩌면.
2.접 혹은. 또는. 그렇지 않으면.
3.대 어떤 사람. 아무개. 혹자. 모인(某人).
将(jiāng) : 장차. 1-4.
前低 : 전기는 낮다. → 전기 저조(低潮).
前(qián) : 앞. 전면. 1-5. → 전기(前期).
低(dī) : 1.형 (높이·등급·정도·소리·지대가) 낮다. 뒤떨어지다.
2.동 (머리를) 숙이다.
中稳 : 중기는 안정적이다. → 중기 안정(安定).
中(zhōng) : 중앙. 중간. 1-6. → 중기(中期).
稳(wěn) : 1.형 안정되다. 확고하다. 튼튼하다. 움직이지 않다. 고정되다.
2.형 평온하다.
3.형 확실하다. 틀림없다.
4.형 침착하다. 신중하다. 진중하다.
5.동 안정되게 하다. 진정시키다. 가라앉히다.
后高 : 후기는 높다. → 후기 고조(高潮).
后(hòu) : 1.형 (시간상으로) 뒤의. 후의. 다음의. 미래의. → 후기(後期).
2.형 (순서상으로) 뒤의. 후의. 말미의.
3.명 후대. 자손. 자식. 후계자.
高(gāo) : 높다. 1-8.

b) 商务部发言人解析进出口走势
shāngwùbù fāyánrén jiěxī jìnchūkǒu zǒushì
상무부 대변인이 수출입의 추세를 분석하다 → 상무부 대변인의 수출입 추세 분석

商务部(shāngwùbù) : 상무부. 2-7.
发言人(fāyánrén) : 명 대변인(代辩人).
解析(jiěxī) : 동 상세히 분석하다. 해부하다.
进出口(jìnchūkǒu) : 수출입. 2-15.
走势(zǒushì) : 1.명 발전적 추세.
2.명 나아가는 방향.

2) 商务部新闻发言人沈丹阳15日表示，4月份我国进出口增长情况总体在预料区间，外贸形势依然比较严峻。

상무부 대변인 션단양이 15일 표명한 의견에 의하면, 4월 우리나라 수출입의 성장 상황이 전반적으로 예상 구간에 놓여 있고, 대외무역의 형세는 여전히 비교적 심각하다.

a) 商务部新闻发言人沈丹阳15日表示，
shāngwùbù xīnwén fāyánrén shěn dān yáng shí wǔ rì biǎoshì
상무부 대변인 션단양이 15일 …라고 표명하다
→ 상무부 대변인 션단양이 15일 표명한 의견에 의하면

新闻发言人 : (뉴스) 대변인.
新闻(xīnwén) : 1.명 (매스컴의) 뉴스.
2.명 새로운 일〔사건〕. 새 소식.
沈丹阳(shěn dān yáng) : Shen Danyang, 션단양〔사람 이름〕.
表示(biǎoshì) : 1.동 나타내다. 표시하다. 표명하다.
2.동 의미하다. 가리키다.
3.명 표정. 기색. 동작. 태도.

b) 4月份我国进出口增长情况总体在预料区间，
sì yuèfèn wǒguó jìnchūkǒu zēngzhǎng qíngkuàng zǒngtǐ zài yùliào qūjiān
4월 우리나라 수출입의 성장 상황이 전반적으로 예상 구간에 놓여 있다

月份(yuèfèn) : 명 월. 달. 〔어느 한 달을 가리킴〕
份(fèn) : 1.명 성(省)·현(县)·년(年)·월(月) 뒤에 쓰여 구획을 나타냄.
2.명 전체 중의 일부분. …의 부분. 몫. 배당.
3.양 조각. 〔전체를 나눈 부분을 세는 단위〕
4.양 벌. 세트. 〔배합하여 한 벌이 되는 것을 세는 단위〕
5.양 부. 통. 권. 〔신문·잡지·문건 등을 세는 단위〕
情况(qíngkuàng) : 1.명 상황. 정황. 형편. 사정.
2.명 군사상의 상황 변화.
总体(zǒngtǐ) : 명 총체. 전체. → 총체적으로. 전반적으로.
在预料区间 : 예상 구간에 있다. → 예상 구간에 놓여 있다.
在(zài) : …에 (놓여) 있다. 1-1.

预料(yùliào)：1.명 예상. 예측.
2.동 예상하다. 예측하다. 전망하다.
区间(qūjiān)：명 (교통 · 통신 등에서) 전체 노선〔선로〕 중의 일부분. 구간.

c) 外贸形势依然比较严峻。
wàimào xíngshì yīrán bǐjiào yánjùn
대외무역의 형세는 여전히 비교적 심각하다

形势(xíngshì)：형세. 정세. 1-4.
依然(yīrán)：1.부 여전히.
2.동 여전하다. 의연하다. 전과 같다. 그대로이다. 한결같다.
比较(bǐjiào)：1.부 비교적. 상대적으로.
2.동 비교하다.
3.개 …에 비해. …보다.
严峻(yánjùn)：1.형 심각하다. 중대하다. 모질다. 가혹하다.
2.형 엄숙하다. 위엄이 있다. 준엄하다.

3) 如果世界经济不进一步恶化，国外需求不出现大的逆转，全年外贸增长可能呈现"前低 · 中稳 · 后高"的发展态势。

만약 세계 경제가 더욱 악화되지 않고, 외국의 수요에서 큰 역전이 나타나지 않는다면, 연간 대외무역의 성장은 아마도 '전기 저조 · 중기 안정 · 후기 고조'의 발전 태세를 나타낼 것이다.

a) 如果世界经济不进一步恶化，国外需求不出现大的逆转，
rúguǒ shìjiè jīngjì bú jìnyíbù èhuà, guówài xūqiú bù chūxiàn dà de nìzhuǎn
만약 세계 경제가 더욱 악화되지 않고, 외국의 수요에서 큰 역전이 나타나지 않는다면

如果(rúguǒ)：접 만약. 만일.
世界经济不进一步恶化：세계 경제가 더욱 악화되지 않다.
世界(shìjiè)：세계. 1-1.
经济(jīngjì)：경제. 1-4.
进一步(jìnyíbù)：진일보하여. 더욱. 1-13.
恶化(èhuà)：1.동 악화되다.
2.동 악화시키다.
国外需求不出现大的逆转：외국의 수요에서 큰 역전이 나타나지 않다.
国外(guówài)：외국. 국외. 1-7.
需求(xūqiú)：명 수요. 필요.
出现(chūxiàn)：1.동 (…에서 …이) 출현하다. 나타나다.
2.동 만들어 내다. 생산해 내다. 나오다.
逆转(nìzhuǎn)：동 역전하다. 뒤집(히)다. 역으로 하다. (원상태로) 돌리다. → 역전.

b) 全年外贸增长可能呈现"前低・中稳・后高"的发展态势。

quánnián wàimào zēngzhǎng kěnéng chéngxiàn 'qián dī・zhōng wěn・hòu gāo' de fāzhǎn tàishì

연간 대외무역의 성장은 아마도 '전기 저조・중기 안정・후기 고조'의 발전 태세를 나타낼 것이다

可能(kěnéng) : 1.부 아마도. 아마 (…일지도 모른다). 어쩌면.
2.형 가능하다.
3.명 가능성. 가망.

呈现(chéngxiàn) : 나타나다. 드러나다. 양상을 띠다. 2-4.

发展(fāzhǎn) : 발전. 1-4.

态势(tàishì) : 명 태세. 형세.

4) 海关数据显示，今年前4个月，我国进出口总值11671.8亿美元，同比增长6%，较第一季度继续回落。

세관의 데이터에 의하면, 올해 전기 4개월에, 우리나라의 수출입 총액은 1조 1,671억 8천만 달러로, 전년도 동기와 대비해서 6% 성장했고, 1/4분기보다 계속 반락했다.

a) 海关数据显示，

haǐguān shùjù xiǎnshì

세관의 데이터는 …을 보여주다 → 세관의 데이터에 의하면

海关(haǐguān) : 명 세관(税关).

数据(shùjù) : 데이터. 2-7.

显示(xiǎnshì) : 보여주다. 나타내다. 2-7.

b) 今年前4个月，我国进出口总值11671.8亿美元，

jīnnián qián sì ge yuè, wǒguó jìnchūkǒu zǒngzhí yī wànyì yī qiān liù bǎi qī shí yī yì bā qiān wàn měiyuán

올해 전기 4개월에, 우리나라의 수출입 총액은 1조 1,671억 8천만 달러이다

今年(jīnnián) : 명 올해. 금년.

前(qián) : 앞. 전기(前期). 1-5.

总值(zǒngzhí) : 명 총액. 총가치.

万亿(wànyì) : 조(兆). 2-16.

亿(yì) : 억. 1-9.

美元(měiyuán) : 미국 달러. 2-7.

c) 同比增长6%，
tóngbǐ zēngzhǎng bǎifēnzhī liù
전년도 동기와 대비해서 6% 성장하다

同比(tóngbǐ)：전년도 동기(同期)와 대비(对比)하다. → 전년도 동기 대비. 2-7.

d) 较第一季度继续回落。
jiào dìyī jìdù jìxù huíluò
1/4분기보다 계속 반락하다

较(jiào)：…보다. 2-7.
第一季度：제1 분기. → 1/4분기.
第一(dìyī)：1.수 제1. 최초. 첫(번)째. 맨 처음.
2.형 가장 중요하다. 제일이다.
季度(jìdù)：분기. 4분기. 2-16.
回落(huíluò)：동 올라갔다가 다시 떨어지다〔하락하다〕. 반락(反落)하다.

5) 其中出口5932.4亿美元，增长6.9%；进口5739.4亿美元，增长5.1%。
그 중에서 수출은 5,932억 4천만 달러로, 6.9% 성장했고, 수입은 5,739억 4천만 달러로, 5.1% 성장했다.

a) 其中出口5932.4亿美元，增长6.9%；
qízhōng chūkǒu wǔ qiān jiǔ bǎi sān shí èr yì sì qiān wàn měiyuán, zēngzhǎng bǎifēnzhī liù diǎn jiǔ
그 중에서 수출은 5,932억 4천만 달러로, 6.9% 성장하다

其中(qízhōng)：그 중에. 2-7.
出口(chūkǒu)：수출. 1-14.

b) 进口5739.4亿美元，增长5.1%。
jìnkǒu wǔ qiān qī bǎi sān shí jiǔ yì sì qiān wàn měiyuán, zēngzhǎng bǎifēnzhī wǔ diǎn yī
수입은 5,739억 4천만 달러로, 5.1% 성장하다

进口(jìnkǒu)：수입. 1-14.

6) 沈丹阳分析说，多因素相互叠加造成今年以来外贸相对低速增长，包括外需萎缩·国内要素成本上升以及贸易摩擦增多等因素。

션단양의 분석에 의하면, 여러 요인은 서로 겹쳐서 금년 이래로 대외무역의 비교적 느린 성장을 초래했고, 외수의 위축·국내 요소비용의 상승 및 무역 마찰의 증가 등 요인을 포함한다.

a) 沈丹阳分析说，
shěn dān yáng fēnxī shuō
션단양이 …을 분석하여 말하다 → 션단양의 분석에 의하면

分析(fēnxī) : 분석하다. 1-7.

b) 多因素相互叠加造成今年以来外贸相对低速增长，
duō yīnsù xiānghù diéjiā zàochéng jīnnián yǐlái wàimào xiāngduì dīsù zēngzhǎng
여러 요인은 서로 겹쳐서 금년 이래로 대외무역의 비교적 느린 성장을 초래했다

因素(yīnsù) : 1.명 (사물이 발전하는) 요인. 원인. 조건.
2.명 (구성) 요소. 성분.
相互(xiānghù) : 서로. 상호. 1-11.
叠加(diéjiā) : 동 함께 겹쳐 쌓다. 하나하나 더하다. 거듭하여 보태다.
한 겹 한 겹 포개다. 층층이 함께 포개다.
造成(zàochéng) : 동 형성하다. 조성하다. 만들다. 창조하다.
(좋지 않은 결과를) 초래하다. 야기하다. 발생시키다.
以来(yǐlái) : 이래. 동안. 1-8.
相对(xiāngduì) : 1.부 비교적. 상대적으로.
2.형 상대적이다.
3.동 마주하다. 상대하다.
低速(dīsù) : 형 저속의. 느리다.

c) 包括外需萎缩·国内要素成本上升以及贸易摩擦增多等因素。
baōkuò wàixū wěisuō · guónèi yàosù chéngběn shàngshēng yǐjí màoyì mócā zēngduō děng yīnsù
외수의 위축·국내 요소비용의 상승 및 무역 마찰의 증가 등 요인을 포함하다

包括(baōkuò) : 포함하다. 포괄하다. 1-13.
外需(wàixū) : 1.명 외수(外需). 국외 시장의 수요.
2.명 홍콩·마카오·대만 지역의 수요
萎缩(wěisuō) : 위축. 2-四.
国内(guónèi) : 국내. 1-7.
要素成本(yàosù chéngběn) : 명 요소비용.
要素(yàosù) : 명 요소.

成本(chéngběn) : 원가. 자본금. 2-13.
上升(shàngshēng) : 1.동 상승하다. 위로 올라가다. →상승.
2.동 제고되다. 올라가다. 상승하다.
以及(yǐjí) : 접 및. 그리고. 아울러.
贸易(màoyì) : 무역. 1-1.
摩擦(mócā) : 1.명 마찰. 알력. 불화. 충돌.
2.동 마찰하다. 비비다.
增多(zēngduō) : 동 많아지다. 증가하다. 증가시키다. 늘리다. →증가.

7) "外需情况比我们预计的还要低, 还要差, 特别是作为我国第一大贸易伙伴的欧盟的需求严重下降。"

'외수의 상황은 우리의 예상보다 더 낮고, 더 나쁘며, 특히 우리나라의 제일 큰 무역 파트너가 되는 유럽연합의 수요가 심각하게 하락했다.'

a) "外需情况比我们预计的还要低, 还要差,
wàixū qíngkuàng bǐ wǒmen yùjì de hái yào dī, hái yào chā
외수의 상황은 우리의 예상보다 더 낮고, 더 나쁘다

比(bǐ) : …보다. 2-7.
我们预计的 : 우리가 예상하는 것. →우리의 예상.
预计(yùjì) : 동 예상하다. 예측하다. 추산하다. →예상. 예측.
还要(háiyào) : 더. 더욱.
还(hái) : 1.부 더. 더욱.
2.부 여전히. 아직도. 아직.
3.부 또. 더. 게다가.
4.부 …도. …조차. …까지도. 그래도. 그럼에도 불구하고.
5.부 그만하면. 그런대로. 그럭저럭. 꽤. 비교적.
6.부 의외나 뜻밖이라는 어감을 더욱 두드러지게 함.
7.부 …면서도. …라면서도.
8.부 일찍이. 벌써. 이미.
要(yào) : 1.동 〔비교하는 문장에 쓰여 강조의 뜻을 나타냄〕
2.동 얻기〔가지기〕를 희망하다. 가지다. 소유하다.
3.동 희망하다. 바라다. 원하다. 필요하다.
4.동 필요로 하다. 걸리다. 들다.
5.동 부탁하다. 요구하다. 청구하다.
6.동 …할 것이다. …하려 하고 있다.
7.동 마땅히 …해야만 한다. …해야 한다.
8.동 …하고야 말 것이다. …하겠다. …할 것이다.
9.접 만약. 만일. …하면.

10.형 중요하다. 귀중하다. 가장 요긴하다.
11.명 요점. 관건. 중요한 내용.
要(yāo) : 1.동 요청하다. 요구하다. (청)구하다.
2.동 강요하다. 강제하다. 위협하다. 압박하다. 억지로 시키다.
差(chā) : 1.형 나쁘다. 표준에 못 미치다. 좋지 않다.
2.동 부족하다. 모자라다.
3.형 다르다. 차이가 나다.

b) 特别是作为我国第一大贸易伙伴的欧盟的需求严重下降。"
tèbié shì zuòwéi wǒguó dìyī dà màoyì huǒbàn de ōuméng de xūqiú yánzhòng xiàjiàng
특히 우리나라의 제일 큰 무역 파트너가 되는 유럽연합의 수요가 심각하게 하락하다

特别(tèbié) : 1.부 유달리. 각별히. 특별히. 아주.
2.부 특히. 더욱. 더군다나.
3.형 특별하다. 특이하다. 별다르다. 보통이 아니다.
作为我国第一大贸易伙伴 : 우리나라의 제일 큰 무역 파트너로 삼다.
→우리나라의 제일 큰 무역 파트너가 되다.
作为(zuòwéi) : 1.동 …로 여기다〔간주하다〕. …으로 삼다. …로 하다.
2.동 …의 신분〔자격〕으로서.
3.명 소행. 행위. 행동.
4.명 할 수 있는 일.
5.명 성과. 성적.
6.명 작위. 적극행위.
伙伴(huǒbàn) : 명 동료. 친구. 동반자. 파트너.
欧盟(ōuméng) : 유럽연합. EU(European Union).
严重(yánzhòng) : 형 심각하다. 위급하다. (영향이) 엄중하다. 막대하다.
(정도가) 매우 심하다. 대단하다.
下降(xiàjiàng) : 하락하다. 2-11.

8) 沈丹阳说，4月当月，我国对欧盟出口负增长2%，这意味着我国对欧盟出口连续4个月出现同比下降，这对我国出口的总体增长有很大的负影响。

션단양에 의하면, 4월 당월, 우리나라의 유럽연합에 대한 수출이 2% 마이너스 성장했고, 이것은 우리나라의 유럽연합에 대한 수출에서 4개월 연속으로 전년도 동기 대비의 하락이 나타남을 의미하고 있으며, 이것은 우리나라 수출의 전반적인 성장에 대해 매우 큰 역영향이 있었다.

a) 沈丹阳说，
shěn dān yáng shuō
션단양은 …라고 말하다→션단양에 의하면

b) 4月当月，我国对欧盟出口负增长2%，
sì yuè dāngyuè, wǒguó duì ōuméng chūkǒu fù zēngzhǎng bǎifēnzhī èr
4월 당월, 우리나라의 유럽연합에 대한 수출이 2% 마이너스 성장하다

当月(dāngyuè)：명 그 달. 당월. 같은 달.
我国对欧盟出口：우리나라의 유럽연합에 대한 수출.
对(duì)：1.개 …에 대해(서). …에 대하여.
2.개 …에게. …을 향하여.
3.형 맞다. 옳다. 정확하다. 정상이다.
4.동 대조하다. 맞춰 보다. 맞대 보다.
5.동 향하다. 〔주로 着(zhe)를 수반함〕
6.동 대처하다. 대응하다. 다루다. (상)대하다.
7.명 짝. 쌍.
8.양 짝. 쌍.
负增长(fù zēngzhǎng)：동 마이너스 성장하다. 감소〔하락〕하다.
负(fù)：1.형 마이너스(minus, －)의. 음(阴)의. 부(负)의.
2.동 부담하다. (임무를) 맡다. 책임지다.
3.명 임무. 책임.
4.동 당하다. 입다. 받다.
5.동 (짐을) 지다. 메다.
6.동 (빚을) 지다.
正负(zhèngfù)：1.명 플러스 마이너스(＋, －).
2.명 양전자와 음전자.
零增长(líng zēngzhǎng)：명 제로(zero) 성장.

c) 这意味着我国对欧盟出口连续4个月出现同比下降，
zhè yìwèi zhe wǒguó duì ōuméng chūkǒu liánxù sì ge yuè chūxiàn tóngbǐ xiàjiàng
이것은 우리나라의 유럽연합에 대한 수출에서 4개월 연속으로 전년도 동기 대비의 하락이 나타남을 의미하고 있다

意味(yìwèi)：의미하다. 1–四.
着(zhe)：…하고 있다. 1–6.
我国对欧盟出口连续4个月出现同比下降：우리나라의 유럽연합에 대한 수출에서 4개월 연속으로 전년도 동기 대비의 하락이 나타나다.
→ ~의 하락이 나타남.
连续4个月：4개월을 연속하다. → 4개월 연속으로.
连续(liánxù)：동 연속하다. 계속하다.
同比下降：전년도 동기에 대비해서 하락하다. → 전년도 동기 대비의 하락.

d) 这对我国出口的总体增长有很大的负影响。
zhè duì wǒguó chūkǒu de zǒngtǐ zēngzhǎng yǒu hěn dà de fù yǐngxiǎng
이것은 우리나라 수출의 전반적인 성장에 대해 매우 큰 역영향이 있었다

负影响(fù yǐngxiǎng) : 마이너스 영향. 역영향(逆影响).
影响(yǐngxiǎng) : 영향. 2-13.

9) 此外，受国际市场大宗商品价格下降的影响，4月份我国出口商品价格比3月有所下降，加之清明节·"五一"等假期因素，工作日的减少也是影响外贸的因素之一。

이 밖에, 국제시장의 대종상품 가격 하락의 영향을 받아서, 4월달 우리나라 수출상품의 가격은 3월보다 좀 하락했고, 게다가 청명절·노동절 등 휴가기간의 요소, 근무일의 감소 또한 대외무역에 영향을 주는 요인 중 하나이었다.

a) 此外，受国际市场大宗商品价格下降的影响，
cǐwài, shòu guójì shìchǎng dàzōng shāngpǐn jiàgé xiàjiàng de yǐngxiǎng
이 밖에, 국제시장의 대종상품 가격 하락의 영향을 받다

此外(cǐwài) : 이 밖에. 2-13.
受…影响 : …의 영향을 받다. 2-13.
受(shòu) : 받다. 2-13.
影响(yǐngxiǎng) : 영향. 2-13.
国际(guójì) : 국제. 1-8.
市场(shìchǎng) : 시장. 1-13.
大宗商品(dàzōng shāngpǐn) : 대종상품.
大宗(dàzōng) : 1.명 대종. 주종.
2.형 거액의. 대량의.
商品(shāngpǐn) : 명 상품. 제품. 물품.
价格(jiàgé) : 가격. 2-11.

b) 4月份我国出口商品价格比3月有所下降，
sì yuèfèn wǒguó chūkǒu shāngpǐn jiàgé bǐ sān yuè yǒusuǒ xiàjiàng
4월달 우리나라 수출상품의 가격은 3월보다 좀 하락하다

有所(yǒusuǒ) : 좀 …하다. 1-四.

c) 加之清明节·"五一"等假期因素，工作日的减少也是影响外贸的因素之一。

jiāzhī qīngmíngjié · 'wǔyī' děng jiàqī yīnsù, gōngzuòrì de jiǎnshǎo yě shì yǐngxiǎng wàimào de yīnsù zhīyī
게다가 청명절 · 노동절 등 휴가기간의 요소, 근무일의 감소 또한 대외무역에 영향을 주는 요인 중 하나이다

加之(jiāzhī) : 접 그 위에. 게다가.
清明节(qīngmíngjié) : 청명절. 청명. 〔24절기의 하나로, 4월 5일 무렵임〕
五一(wǔyī) : 五一国际劳动节(노동절) 약칭. 메이 데이(May Day), 근로자의 날.
假期因素 : 휴가기간의 요소.
　假期(jiàqī) : 명 휴가〔휴일 · 방학〕 기간.
　因素(yīnsù) : 요소. 성분.
工作日(gōngzuòrì) : 1. 명 근무일. 작업 일.
　　2. 명 근무 시간. 작업 시간.
减少(jiǎnshǎo) : 동 감소하다. 줄다. 줄이다. 축소하다. 삭감하다. → 감소.
因素之一 : 요인 중 하나.
　因素(yīnsù) : 요인.
　之一(zhīyī) : 명 …중의 하나.

10) 针对进口增速的回落，沈丹阳指出有三大因素：一是国内的需求放缓，二是加工贸易增速降低，三是大宗商品价格回落。

수입 가속의 반락에 초점을 맞추어, 션단양은 3대 요인이 있다고 밝혔다. 즉 첫째는 국내의 수요가 완만했고, 둘째는 가공무역의 가속이 하락했고, 셋째는 대종상품의 가격이 반락했다.

a) 针对进口增速的回落，
zhēnduì jìnkǒu zēngsù de huíluò
수입 가속의 반락에 초점을 맞추어

针对(zhēnduì) : 동 겨누다. 겨냥하다. 조준하다. 초점을 맞추다.
增速(zēngsù) : 동 속도를 높이다. 증속하다. 가속하다. → 가속.

b) 沈丹阳指出有三大因素：
shěn dān yáng zhǐchū yǒu sān dà yīnsù
션단양은 3대 요인이 있다고 밝히다

※ '：(冒号, màohào, 쌍점, 콜론)'의 용법은 보통 제시어 뒤의 일시적 휴지 혹은 아래 글의 제시 혹은 위 글의 총괄을 나타낸다.
예로, A：B의 경우, A와 B는 서술관계로, 'B는 A이다' 뜻함.

指出(zhǐchū) : 밝히다. 지적하다. 1-5.

c) 一是国内的需求放缓,
yī shì guónèi de xūqiú fànghuǎn
첫째는 국내의 수요가 완만하다

放缓(fànghuǎn) : 1.형 완만하다.
2.동 늦추다. 풀다.

d) 二是加工贸易增速降低,
èr shì jiāgōng màoyì zēngsù jiàngdī
둘째는 가공무역의 가속이 하락하다

加工(jiāgōng) : 동 가공하다. 다듬다. → 가공.
降低(jiàngdī) : 1.〔동사〕 내려가다. → 하락하다.
2.동 내리다. 낮추다. 인하하다. 절하하다. 줄이다. 절감하다.

e) 三是大宗商品价格回落。
sān shì dàzōng shāngpǐn jiàgé huíluò
셋째는 대종상품의 가격이 반락하다

11) 不过沈丹阳强调说，今年我国外贸呈现相对较慢的增长速度，部分原因是我国外贸发展进入新阶段后，主动进行政策调控·加快转变外贸发展方式的结果。

하지만 션단양은 강조해서 말하길, 금년 우리나라의 대외무역에는 상대적으로 비교적 느린 성장 속도가 나타났고, 일부 원인은 우리나라 대외무역의 발전이 새 단계로 진입한 이후, 정책 조정을 능동적으로 진행하고, 대외무역의 발전 방식을 빠르게 전환한 결과이다.

a) 不过沈丹阳强调说,
búguò shěn dān yáng qiángdiào shuō
하지만 션단양은 강조해서 말하길

不过(búguò) : 1.접 (반전을 나타내어) 그러나. 그런데. 하지만.
2.부 …에 불과하다. …에 지나지 않다.
3.접미 …할 수 없다. 〔동사 뒤에 쓰임〕
4.접미 대단히. 몹시. 지극히. 심히. 〔형용사 뒤에 쓰임〕
强调说 : …을 강조해서 말하다. 강조해서 …라고 말하다. → 강조해서 말하길.
强调(qiángdiào) : 강조하다. 1-4.

b) 今年我国外贸呈现相对较慢的增长速度，
jīnnián wǒguó wàimào chéngxiàn xiāngduì jiào màn de zēngzhǎng sùdù
금년 우리나라의 대외무역에는 상대적으로 비교적 느린 성장 속도가 나타나다

慢(màn)：1.형 느리다.
2.형 태만하다. 나태하다.
3.형 예의 없다. 태도가 불손하다〔냉담하다〕.
速度(sùdù)：명 속도.

c) 部分原因是我国外贸发展进入新阶段后，主动进行政策调控·加快转变外贸发展方式的结果。
bùfen yuányīn shì wǒguó wàimào fāzhǎn jìnrù xīn jiēduàn hòu, zhǔdòng jìnxíng zhèngcè tiáokòng · jiākuài zhuǎnbiàn wàimào fāzhǎn fāngshì de jiéguǒ
일부 원인은 우리나라 대외무역의 발전이 새 단계로 진입한 이후, 정책 조정을 능동적으로 진행하고, 대외무역의 발전 방식을 빠르게 전환한 결과이다.

部分原因是…结果：일부 원인은 … 결과이다.
部分(bùfen)：일부. 부분. 2-6.
原因(yuányīn)：명 원인.
结果(jiéguǒ)：명 결과. 결실. 열매. 성과. 결론. 끝.
我国外贸发展进入新阶段后：우리나라 대외무역 발전이 새 단계로 진입한 이후.
进入(jìnrù)：진입하다. 들다. 1-6.
新阶段(xīn jiēduàn)：새 단계. 1-6.
主动进行政策调控：정책 조정을 주동적으로 진행하다.
主动(zhǔdòng)：주동적. 능동적. 1-4.
进行(jìnxíng)：진행하다. 2-10.
政策(zhèngcè)：정책. 2-10.
调控(tiáokòng)：동 조정하다. 제어하다. 콘트롤하다. → 조정.
加快转变外贸发展方式：대외무역 발전 방식을 빠르게 전환하다.
加快(jiākuài)：재촉하다. 빠르게. 1-7.
转变(zhuǎnbiàn)：전환하다. 1-13.
方式(fāngshì)：방식. 1-13.

12) 他说，今年我国外贸结构调整继续取得明显的进展。
tā shuō, jīnnián wǒguó wàimào jiégòu tiáozhěng jìxù qǔdé míngxiǎn de jìnzhǎn
그에 의하면, 금년 우리나라 대외무역의 구조조정은 명확한 진전을 계속 거두었다.

他说：그가 …라고 말하다. → 그에 의하면.
结构调整(jiégòu tiáozhěng)：구조조정. 1-13.

结构(jiégòu)：구조. 1-13.
调整(tiáozhěng)：조정. 1-13.
取得(qǔdé)：명 취득하다. 얻다. 거두다.
明显(míngxiǎn)：형 명확하다. 뚜렷하다. 분명하다. 확연히 드러나다.
进展(jìnzhǎn)：1.명 진전.
2.동 진전하다. 전진하다. 진척하다. 진보하다. 발달하다.

13) 从商品结构看，4月份高技术·高附加值产品出口有比较大的增长，例如自动数据处理设备增长10.6%，手持无线电话及其零件增长28.3%，电动机及发动机增长10.5%，贵金属首饰增长了134%，而灯具·手表·塑料制品·自行车·家具等劳动密集型产品出口增幅在10%以上，其中企业有自主知识产权或自主品牌的产品出口比重稳步提升。

상품의 구조에서 보면, 4월 첨단기술·고부가가치의 생산품 수출이 비교적 크게 성장했다. 예컨대 자동화 데이터처리 설비는 10.6% 성장했고, 휴대무선전화와 그 부품은 28.3% 성장했고, 모터와 엔진은 10.5% 성장했고, 귀금속 장신구는 134% 성장했고, 그리고 조명기구·손목기계·플라스틱 제품·자전거·가구 등 노동 집약형 생산품 수출의 증가폭은 10% 이상이 되었고, 그 중 기업이 독자적 지적소유권이나 독자상표를 갖고 있는 생산품의 수출 비중이 점진적으로 상승했다.

a) 从商品结构看，
cóng shāngpǐn jiégòu kàn
상품의 구조에서 보면

从(cóng)：…부터. …에서. 2-四.
看(kàn)：1.동 보다. 구경하다.
2.동 …라고 보다〔판단하다〕. …라고 생각하다〔여기다·인정하다〕.
3.동 대하다. 대우하다. 취급하다.
4.동 돌보다. 보살피다.
5.동 진료하다. 치료하다. 진찰하다.
6.조 해 보다. 시험해 보다.
7.동 방문하다. 문안하다. 찾아가다.

b) 4月份高技术·高附加值产品出口有比较大的增长，
sì yuèfèn gāojìshù · gāo fùjiāzhí chǎnpǐn chūkǒu yǒu bǐjiào dà de zēngzhǎng
4월달 첨단기술·고부가가치의 생산품 수출이 비교적 크게 성장하다

高技术(gāojìshù)：명 첨단기술. 하이 테크놀로지.
技术(jìshù)：기술. 1-13.
高附加值(gāo fùjiāzhí)：고부가가치.

附加值(fùjiāzhí)：명 부가가치.
产品(chǎnpǐn)：명 생산품. 제품.
有比较大的增长：비교적 큰 성장이 있다. →비교적 크게 성장하다.

c) 例如自动数据处理设备增长10.6%,
lìrú zìdòng shùjù chǔlǐ shèbèi zēngzhǎng bǎifēnzhī shí diǎn liù
예컨대 자동화 데이터처리 설비는 10.6% 성장하다

例如(lìrú)：예컨대. 2-四.
自动数据处理设备：자동화 데이터처리 설비.
自动(zìdòng)：1.형 (기계에 의한) 자동적인.
2.형 자연적인. 자발적인. 자진하여. 주동적인.
3.부 자발적으로. 주체적으로.
处理(chǔlǐ)：1.동 처리하다. (사물을) 안배하다. (문제를) 해결하다.
2.동 (내린 가격·시가로) 물건을 처분하다.
3.동 처벌하다. 징벌하다. 처분하다.
设备(shèbèi)：1.명 설비. 시설.
2.동 갖추다. 설비하다.
3.명 컴퓨터 부품과 컴퓨터 자체.
自动数据处理系统(zìdòng shùjù chǔlǐ xìtǒng)：자동화 데이터 시스템 (automated data processing).

d) 手持无线电话及其零件增长28.3%,
shǒuchí wúxiàn diànhuà jí qí língjiàn zēngzhǎng bǎifēnzhī èr shí bā diǎn sān
휴대무선전화와 그 부품은 28.3% 성장하다

手持无线电话：휴대무선전화.
手持(shǒuchí)：동 손에 쥐다〔잡다〕. →휴대하다.
无线电话(wúxiàn diànhuà)：명 무선전화.
无线(wúxiàn)：형 무선의.
电话(diànhuà)：명 전화기. 전화.
零件(língjiàn)：명. 부속품. 부품.

e) 电动机及发动机增长10.5%,
diàndòngjī jí fādòngjī zēngzhǎng bǎifēnzhī shí diǎn wǔ
모터와 엔진은 10.5% 성장하다

电动机(diàndòngjī)：명 전동기. 모터(motor).
发动机(fādòngjī)：1.명 발동기. 엔진.
2.명 (전체를 이끄는) 주축. 구심점. 견인차. 원동력.

f) 贵金属首饰增长了134%，
guìjīnshǔ shǒushì zēngzhǎng le bǎifēnzhī yī bǎi sān shí sì
귀금속 장신구는 134% 성장하다

贵金属(guìjīnshǔ) : 명 귀금속.
首饰(shǒushi) : 1.명 (귀고리 · 목걸이 · 반지 · 팔찌 따위의) 장신구.
2.명 머리 장식품.

g) 而灯具 · 手表 · 塑料制品 · 自行车 · 家具等劳动密集型产品出口增幅在10%以上，
ér dēngjù · shǒubiǎo · sùliào zhìpǐn · zìxíngchē · jiājù děng láodòng mìjíxíng chǎnpǐn chūkǒu zēngfú zài bǎifēnzhī shí yǐshàng
그리고 조명기구 · 손목기계 · 플라스틱 제품 · 자전거 · 가구 등 노동 집약형 생산품 수출의 증가폭은 10% 이상이 되다

而(ér) : 1.접 …(하)고(도). 그리고. 〔순접을 나타냄〕
2.접 …지만. …나. …면서. 그러나. 〔전환이나 역접을 나타냄〕
3.접 〔긍정과 부정으로 서로 보충하는 성분을 연결시킴〕
4.접 〔목적 또는 원인 등을 나타내는 성분을 연결시킴〕
5.접 〔시간 또는 방식을 나타내는 성분을 동사와 연결시킴〕
6.접 (…부터) …까지.
7.접 만일. 만약. 〔주어와 술어 사이에 쓰여 가정을 나타냄〕
灯具(dēngjù) : 명 조명기구.
手表(shǒubiǎo) : 명 손목시계.
塑料(sùliào) : 명 플라스틱 · 비닐 등 가소성 있는 고분자 화합물의 총칭.
制品(zhìpǐn) : 명 제품.
自行车(zìxíngchē) : 명 자전거.
家具(jiājù) : 명 가구.
劳动密集型(láodòng mìjíxíng) : 명 노동 집약형.
劳动(láodòng) : 1.명 일. 노동.
2.명 육체 노동.
3.동 육체 노동을 하다.
密集型 : 밀집형. → 집약형.
密集(mìjí) : 1.동 밀집하다. 조밀하다.
2.형 조밀한. 빽빽한. 밀집한. 끊이지 않는.
型(xíng) : 유형. 형식. 1-4.
增幅(zēngfú) : 명 증가폭.
在10%以上 : 10% 이상에 있다. → 10% 이상이 되다.
在(zài) : …에 있다. 1-1.
以上(yǐshàng) : 1.명 이상. 상기.
2.명 이상(의 말한 것). 상기〔상술〕한 것.

h) 其中企业有自主知识产权或自主品牌的产品出口比重稳步提升。

qízhōng qǐyè yǒu zìzhǔ zhīshí chǎnquán huò zìzhǔ pǐnpái de chǎnpǐn chūkǒu bǐzhòng wěnbù tíshēng

그 중 기업이 독자적 지적소유권이나 독자상표를 갖고 있는 생산품의 수출비중이 점진적으로 상승하다

企业有自主知识产权或自主品牌：기업이 독자적 지적소유권이나 독자상표를 가지고 있다.

企业(qǐyè)：기업. 1-13.

自主(zìzhǔ)：자주적. 독립적. →독자적. 1-16.

知识产权(zhīshí chǎnquán)：지적소유권. 지적재산권. 1-17.

自主品牌(zìzhǔ pǐnpái)：독자상표. 독자브랜드.

品牌(pǐnpái)：1.명 상표. 브랜드.
2.명 저명 상표. 유명 브랜드.

比重(bǐzhòng)：명 비중.

稳步(wěnbù)：점진적으로. 1-13.

提升(tíshēng)：오르다. 상승하다. 1-四.

3-3 번 역 연간 대외무역의 성장은 아마도 장차 '전기 저조 · 중기 안정 · 후기 고조'일 것이다 – 상무부 대변인의 수출입 추세 분석

상무부 대변인 션단양이 15일 표명한 의견에 의하면, 4월 우리나라 수출입의 성장 상황이 전반적으로 예상 구간에 놓여 있고, 대외무역의 형세는 여전히 비교적 심각하다. 만약 세계 경제가 더욱 악화되지 않고, 외국의 수요에서 큰 역전이 나타나지 않는다면, 연간 대외무역의 성장은 아마도 '전기 저조 · 중기 안정 · 후기 고조'의 발전 태세를 나타낼 것이다.

세관의 데이터에 의하면, 올해 전기 4개월에, 우리나라 수출입의 총액은 1조 1,671억 8천만 달러로, 전년도 동기와 대비해서 6% 성장했고, 1/4분기보다 계속 반락했다. 그 중에서 수출은 5,932억 4천만 달러로, 6.9% 성장했고, 수입은 5,739억 4천만 달러로, 5.1% 성장했다.

션단양의 분석에 의하면, 여러 요인은 서로 겹쳐서 금년 이래로 대외무역의 비교적 느린 성장을 초래했고, 외수의 위축 · 국내 요소비용의 상승 및 무역 마찰의 증가 등 요인을 포함한다.

'외수의 상황은 우리의 예상보다 더 낮고, 더 나쁘며, 특히 우리나라의 제일 큰 무역 파트너가 되는 유럽연합의 수요가 심각하게 하락했다.' 션단양에 의하면, 4월 당월, 우리나라의 유럽연합에 대한 수출이 2% 마이너스 성장했고, 이것은 우리나라의 유럽연합에 대한 수출에서 4개월 연속으로 전년도 동기 대비의 하락이 나타남을 의미하고 있으며, 이것은 우리나라 수출의 전반적인 성장에 대해 매우 큰 역영향이 있었다.

이 밖에, 국제시장의 대종상품 가격 하락의 영향을 받아서, 4월 우리나라 수출상품의 가격은 3월보다 좀 하락했고, 게다가 청명절 · 노동절 등 휴가기간의 요소, 근무일의 감소 또한 대외무역에 영향을 주는 요인 중 하나이었다.

수입 가속의 반락에 초점을 맞추어, 션단양은 3대 요인이 있다고 밝혔다. 즉 첫째는 국내의 수요가 완만했고, 둘째는 가공무역의 가속이 하락했고, 셋째는 대종상품의 가격이 반락했다.

하지만 션단양은 강조해서 말하길, 금년 우리나라의 대외무역에는 상대적으로 비교적 느린 성장 속도가 나타났고, 일부 원인은 우리나라 대외무역의 발전이 새 단계로 진입한 이후, 정책 조정을 능동적으로 진행하고, 대외무역의 발전 방식을 빠르게 전환한 결과이다.

그에 의하면, 금년 우리나라 대외무역의 구조조정은 명확한 진전을 계속 거두었다. 상품의 구조에서 보면, 4월 첨단기술・고부가가치의 생산품 수출이 비교적 크게 성장했다. 예컨대 자동화 데이터처리 설비는 10.6% 성장했고, 휴대무선전화와 그 부품은 28.3% 성장했고, 모터와 엔진은 10.5% 성장했고, 귀금속 장신구는 134% 성장했고, 그리고 조명기구・손목기계・플라스틱 제품・자전거・가구 등 노동 집약형 생산품 수출의 증가폭은 10% 이상이 되었고, 그 중 기업이 독자적 지적소유권이나 독자상표를 갖고 있는 생산품의 수출 비중이 점진적으로 상승했다.

3-4 练习

从市场结构来看，对金砖国家和其他一些新兴国家的出口继续保持良好的发展势头。1至4月，我国对俄罗斯出口增长14.3%，对巴西增长13.3%，对泰国增长20%，对印尼增长11.3%。

海关数据显示，4月份当月我国贸易顺差达到184.2亿美元。

沈丹阳说，一季度，我国贸易顺差累计只有6.7亿美元，是十几年来同一时期贸易顺差规模最小的，这表明外贸进出口已经进一步趋于平衡。4月份顺差突然大幅度的增长具有一定的偶然性，主要是受到进口价格下降等因素的影响，并不代表全年的趋势。

他表示，今年全年外贸可能会是基本平衡，略有顺差，顺差幅度会比去年进一步受窄。今后几个月进出口可能将呈现在平衡线上下波动的情况，个别月顺差，个别月逆差，都是正常的。

在回答有关全年外贸走势的提问时，沈丹阳说，只要落实好稳定外贸增长的政策，努力做好工作，我们仍然有信心并且有希望实现全年预定的外贸发展目标。

단어 정리

- 市场(shìchǎng) : 시장. 1-13.
- 结构(jiégòu) : 구조. 1-13.
- 对(duì) : …에 대한. …에 대해서. 3-8.
- 金砖国家(jīnzhuān guójiā) : 원래 金砖四国(BRICs) 브라질, 러시아, 인도, 중국 등 4개 국가와 이후 남아프리카공화국의 가입으로 BRICS를 칭함.
  金砖(jīnzhuān) : 명 골드 바(gold bar). 벽돌 모양의 금괴.
- 其他(qítā) : 다른. 2-15.
- 一些(yìxiē) : 양 약간. 조금. 얼마간. 몇. 몇몇.
- 新兴国家(xīnxīng guójiā) : 신흥국가.
  新兴(xīnxīng) : 형 신흥의. 새로 일어난.
- 继续(jìxù) : 계속하다. →계속(해서). 1-16.
- 保持(bǎochí) : 동 (지속적으로) 유지하다. 지키다. 보지하다.
- 良好(liánghǎo) : 형 좋다. 양호하다. 훌륭하다. 만족할 만하다.
- 势头(shìtóu) : 명 정세. 형세. 추세. 기미. 세력. 기세.
- 至(zhì) : 동 …까지 미치다. …에 이르다〔도달하다〕. …의 정도에 이르다.
- 俄罗斯(éluósī) : 러시아.
- 巴西(bāxī) : 브라질.
- 泰国(tàiguó) : 태국.
- 印尼(yìnní) : 인도네시아.
- 顺差(shùnchā) : 명 (국제 무역 수지에서) 흑자.
- 达到(dádào) : 도달하다. 2-11.
- 季度(jìdù) : 분기. 2-16.
- 累计(lèijì) : 누계. 2-16.
- 十几年来(shí jǐ nián lái) : 10여 년 동안.
- 同一(tóngyī) : 형 동일하다. 일치하다.
- 时期(shíqī) : 명 (특정한) 시기.
- 规模(guīmó) : 명 규모. 형태. 범위. 영역.
- 最小(zuìxiǎo) : 형 최소이다. 가장〔제일〕 작다.
- 表明(biǎomíng) : 동 분명하게 밝히다. 표명하다.
- 进一步(jìnyíbù) : 더욱. 1-13.
- 趋于平衡 : 균형이 맞게 되다.
  趋于(qūyú) : 동 …로 향하다. …로 기울어지다. …해지다.

平衡(pínghéng)：균형 잡히다. 균형이 맞다. 평형이다. 1-14.

- 突然(tūrán)：[부] 갑자기. 문득. 난데없이. 느닷없이. 돌연히. → 갑작스런. 뜻밖의.
- 大幅度(dàfúdù)：대폭적(인). 1-12.
- 一定(yídìng)：[형] 어느 정도의. 상당한. 꽤. 필연적인. 일정한. 규칙적인. 특정한.
- 偶然性(ǒuránxìng)：[명] 우연성.
- 主要(zhǔyào)：주로. 2-8.
- 受到(shòudào)：[동] 받다. 얻다. 만나다. 부딪치다. 견디다. 당하다. 입다.
- 并(bìng)：결코. 전혀. 조금도. 그다지. 별로. 1-3.
- 代表(dàibiǎo)：[동] 대표하다. 대신하다. 대리하다. 표시하다. 나타내다.
- 全年(quánnián)：한 해 전체. 연간. 3-1.
- 趋势(qūshì)：[명] 추세.
- 表示(biǎoshì)：나타내다. 표명하다. 3-2.
- 可能会是基本平衡：아마도 기본적으로 균형이 맞을 것이다.

  会(huì)：[동] …할 가능성이 있다. …할 것이다.

  基本(jīběn)：기본적으로. 대체로. 거의. 1-14.
- 略有(lüè yǒu)：약간〔얼마간, 조금〕 …이 있다.
- 幅度(fúdù)：폭. 2-13.
- 受窄(shòuzhǎi)：[동] 곤란을 당하다. 궁지에 빠지다. 곤경에 처하다.

  窄(zhǎi)：[형] 궁하다. 곤궁하다. 가난하다.
- 今后(jīnhòu)：[명] 금후. 이후. 앞으로. 지금 이후부터.
- 几个月(jǐgèyuè)：몇 개월 동안.
- 将(jiāng)：장차. 1-4.
- 呈现(chéngxiàn)：나타나다. 드러나다. 양상을 띠다. 2-四.
- 平衡线(pínghéng xiàn)：평행선.
- 上下(shàngxià)：[동] 오르내리다. → 오르락내리락. 위아래로.
- 波动(bōdòng)：[동] 오르내리다. 기복이 있다. 흔들리다. [명] 파동.
- 情况(qíngkuàng)：상황. 정황. 3-2.
- 个别月：일부의 달. → 몇 달.

  个别(gèbié)：[형] 일부의 극소수의. 특별한. 극히 드문. 개개의. 개별적인. 단독의.
- 逆差(nìchā)：[명] 수입 초과. 무역 수지의 적자.
- 正常(zhèngcháng)：[형] 정상적인.
- 回答(huídá)：[동] 대답하다. 회답하다. 응답하다. [명] 회답. 대답. 응답.
- 有关(yǒuguān)：관련이 있다. → 관련된. 2-15.
- 走势(zǒushì)：추세. 3-1.
- 提问(tíwèn)：[명] 질문. [동] 질문하다.

• 只要(zhǐyào)：접 …하기만 하면.
• 落实好： 잘 실현시키다.
  落实(luòshí)：실현시키다. 구체화하다. 2-四.
  好(hǎo)：〔동사 뒤에서 동작이 (다) 완성되었거나 (잘) 마무리되었음을 나타냄〕
• 稳定外贸增长：대외무역의 성장을 안정시키다.
  稳定(wěndìng)：안정시키다. 1-14.
• 努力做好工作：노력해서 업무를 잘 완성하다.
  努力(nǔlì)：노력하다. → 노력해서. 1-14.
  做好(zuòhǎo)：(어떤 임무를) 잘 완성하다.
  工作(gōngzuò)：명 업무. 작업. 일. 노동. 직업. 일자리. 동 일하다. 작업하다.
• 仍然(réngrán)：여전히. 1-12.
• 信心(xìnxīn)：명 확신. 자신(감). 신념. 믿음.
• 并且(bìngqiě)：접 게다가. 나아가. 그리고. 동시에. 또. 또한. 아울러.
• 希望(xīwàng)：명 희망. 동 희망하다.
• 实现(shíxiàn)：실현하다. 1-8.
• 全年预定的外贸发展目标：한 해 전체로 예정된 대외무역의 발전 목표.
  → 예정된 연간 대외무역의 발전 목표.
  预定(yùdìng)：동 예정하다. 미리 약속하다.
  目标(mùbiāo)：명 목표. 목적물. 표적.

제4과

外贸增长经济复苏

대외무역 성장과 경제 회복

4-1 正文 10月外贸同比增长7.3% 中国经济开始明显复苏

10月外贸总额同比增长7.3% 贸易顺差319.9亿美元 经济复苏迹象明显

海关总署上周六发布数据显示，10月份我国外贸进出口总值为3191.5亿美元，比去年同期增长7.3%。其中出口1755.7亿美元，进口为1435.8亿美元，同比分别增长11.6%和2.4%。10月当月贸易顺差为319.9亿美元。

累计来看，今年前10个月，我国进出口总值已达31615.7亿美元，同比增长6.3%。其中出口16709亿美元，增长7.8%；进口14906.7亿美元，增长4.6%；贸易顺差累计为1802.3亿美元。

— 解读

中国经济开始明显复苏

中国社会科学院副院长李扬在中国企业竞争力年会上表示，中国经济硬着陆是不可能的。李扬认为，结构性减速其实已经发生，10月份经济数据进一步巩固，基于这样一个数据和这些趋势，他认为中国经济硬着陆是不可能的。交通银行金融研究中心预计四季度国内经济增速将进一步趋稳回升，随着未来投资项目的进一步上马，预计固定资产投资累计同比将继续回升，进口商品的需求很可能逐步增加。

澳新银行大中华区经济研究总监刘利刚认为，整体来看，中国的外贸尤其是出口数据表明中国经济开始明显复苏，与日前公布的实体经济数据相印证，表明中国经济增长动能也开始加速。从不断增加的投资项目和投资需求来看，在未来的一段时间内，中国的大宗商品需求也将保持得较为强劲。不过，刘利刚认为，尽管10月外贸总体表现不错，中国全年10%的增长目标似乎已经难以完成，这也表明中国未来的外贸形势仍然面临着一定的困难。

经济不足以支撑强势汇率

刘利刚表示，近期较为强劲的贸易顺差也明显推动了人民币的升值，但相信本轮升值将伴随着美国大选的落幕而告一段落，总体来看，中国目前的经济表现也不足以支撑过强的汇率走势，同时全年外贸增长难以实现也表明中国官方不会容忍本币的过度升值。伴随着美国大选结束，央行将引导人民币汇率向6.30区间小幅贬值。

* 출처: 东方网-2012年11月13日
http://sjj.sh.gov.cn/node2/node6/userobject1ai17689.html

4-2 生词与解释

1) 10月外贸同比增长7.3% 中国经济开始明显复苏

10월 대외무역은 전년도 동기와 대비하여 7.3% 성장했고, 중국 경제가 뚜렷하게 회복하기 시작하다

a) 10月外贸同比增长7.3%
shí yuè wàimào tóngbǐ zēngzhǎng bǎifēnzhī qī diǎn sān
10월 대외무역은 전년도 동기와 대비하여 7.3% 성장했다

外贸(wàimào)：대외무역. 3-1.
同比(tóngbǐ)：전년도 동기와 대비하다. 2-7.
增长(zēngzhǎng)：성장하다. 3-1.

b) 中国经济开始明显复苏
zhōngguó jīngjì kāishǐ míngxiǎn fùsū
중국 경제가 뚜렷하게 회복하기 시작하다

经济(jīngjì)：경제. 1-4.
开始(kāishǐ)：시작하다. 2-15.
明显(míngxiǎn)：뚜렷하다. 분명하다. → 뚜렷하게. 3-12.
复苏(fùsū)：회복하다. 2-2.

2) 10月外贸总额同比增长7.3% 贸易顺差319.9亿美元 经济复苏迹象明显

10월 대외무역의 총액은 전년도 동기와 대비하여 7.3% 성장했고, 무역 흑자는 319억 9천만 달러이며, 경제 회복의 징조가 뚜렷하다

※ 표제어의 시제 표현 : 위 두 문장의 시제는 내용적으로 과거형이지만, 표제어의 형식으로 사용되었기에 현재형으로 번역한다.

a) 10月外贸总额同比增长7.3%
shí yuè wàimào zǒngé tóngbǐ zēngzhǎng bǎifēnzhī qī diǎn sān
10월 대외무역의 총액은 전년도 동기와 대비하여 7.3% 성장하다

总额(zǒngé)：명 총액.

b) 贸易顺差319.9亿美元
màoyì shùnchā sān bǎi yī shí jiǔ yì jiǔ qiān wàn měiyuán
무역 흑자는 319억 9천만 달러이다

贸易(màoyì) : 무역. 1-1.
顺差(shùnchā) : 흑자. 3-四.

c) 经济复苏迹象明显
jīngjì fùsū jìxiàng míngxiǎn
경제 회복의 징조가 뚜렷하다

迹象(jìxiàng) : 명 징조. 조짐. 기미. 흔적. 자취. 형적. 현상.

3) 海关总署上周六发布数据显示，10月份我国外贸进出口总值为3191.5亿美元，比去年同期增长7.3%。

세관이 지난 주 토요일 발표한 데이터에 의하면, 10월 우리나라 대외무역의 수출입 총액은 3,191억 5천만 달러이고, 작년 동기보다 7.3% 성장했다.

a) 海关总署上周六发布数据显示，
haǐguān zǒngshǔ shàngzhōu liù fābù shùjù xiǎnshì
해관총서가 지난 주 토요일 데이터를 발표하여 …을 보여주다
→ 세관이 지난 주 토요일 발표한 데이터에 의하면

海关总署(haǐguān zǒngshǔ) : 中华人民共和国海关总署(중화인민공화국해관총서)의 약칭으로, 중국의 출입국 관리 기관이다. → 세관.
海关(haǐguān) : 세관. 3-4.
上周六(shàngzhōu liù) : 지난 주 토요일.
上周(shàngzhōu) : 명 지난 주.
发布(fābù) : 발표하다. 선포하다. 2-四.
数据(shùjù) : 데이터. 2-7.
显示(xiǎnshì) : 나타내다. 보여주다. 2-7.

b) 10月份我国外贸进出口总值为3191.5亿美元，
shí yuèfèn wǒguó wàimào jìnchūkǒu zǒngzhí wéi sān qiān yī bǎi jiǔ shí yī yì wǔ qiān wàn měiyuán
10월 우리나라 대외무역의 수출입 총액은 3,191억 5천만 달러이다

月份(yuèfèn) : 월. 달. 3-2.
进出口(jìnchūkǒu) : 수출입. 2-15.
总值(zǒngzhí) : 총액. 총가치. 3-4.
为(wéi) : …이다. 1-8.

c) 比去年同期增长7.3%。
bǐ qùnián tóngqī zēngzhǎng bǎifēnzhī qī diǎn sān
작년 동기보다 7.3% 성장하다

比(bǐ) : …보다. 2-7.
去年(qùnián) : 명 작년.
同期(tóngqī) : 1.명 같은 시기. 동일한 시기. 동기.
2.명 (학번 · 졸업 연도 등이) 같은 기. 동기.
3.명 (간행물의) 같은 호.

4) 其中出口1755.7亿美元，进口为1435.8亿美元，同比分别增长11.6%和2.4%。
그 중에 수출은 1,755억 7천만 달러이고, 수입은 1,435억 8천만 달러이며, 전년도 동기와 대비하여 각각 11.6%와 2.4% 성장했다.

a) 其中出口1755.7亿美元，
qízhōng chūkǒu yī qiān qī bǎi wǔ shí wǔ yì qī qiān wàn měiyuán
그 중에 수출은 1,755억 7천만 달러이다

其中(qízhōng) : 그 중에. 그 안에. 2-7.
出口(chūkǒu) : 수출. 1-14.

b) 进口为1435.8亿美元，
jìnkǒu wéi yī qiān sì bǎi sān shí wǔ yì bā qiān wàn měiyuán
수입은 1,435억 8천만 달러이다

进口(jìnkǒu) : 수입. 1-14.

c) 同比分别增长11.6%和2.4%。
tóngbǐ fēnbié zēngzhǎng bǎifēnzhī shí yī diǎn liù hé bǎifēnzhī èr diǎn sì
전년도 동기와 대비하여 각각 11.6%와 2.4% 성장하다

分别(fēnbié) : 1.부 각각. 따로따로.
2.동 헤어지다. 이별하다.
3.동 구별하다. 분별하다. 식별하다.

5) 10月当月贸易顺差为319.9亿美元。
shí yuè dāngyuè màoyì shùnchā wéi sān bǎi yī shí jiǔ yì jiǔ qiān wàn měiyuán
10월 당월 무역 흑자는 319억 9천만 달러이다

当月(dāngyuè) : 당월. 3-8.

6) 累计来看，今年前10个月，我国进出口总值已达31615.7亿美元，同比增长6.3%。

누계해서 보면, 올해 전기 10개월에, 우리나라 수출입의 총액은 이미 3조 1,615억 7천만 달러에 도달했고, 전년도 동기와 대비하여 6.3% 성장했다.

a) 累计来看，
lèijì lái kàn
누계해서 보면

累计(lèijì) : 누계하다. 2-16.

b) 今年前10个月，我国进出口总值已达31615.7亿美元，
jīnnián qián shí ge yuè, wǒguó jìnchūkǒu zǒngzhí yǐ dá sān wànyì yī qiān liù bǎi yī shí wǔ yì qī qiān wàn měiyuán
올해 전기 10개월에, 우리나라 수출입의 총액은 이미 3조 1,615억 7천만 달러에 도달하다

今年(jīnnián) : 올해. 3-4.
前10个月 : 앞의 10개월. 전기 10개월.
前(qián) : 앞. 전기(前期). 1-5.
已(yǐ) : 이미. 2-6.
达(dá) : 1.통 도달하다. 도착하다. 이르다. 달성하다.
2.통 통달하다. 정통하다. 확실하게 이해하다.
3.통 통하다.
万亿(wànyì) : 조(兆). 2-16.

c) 同比增长6.3%。
tóngbǐ zēngzhǎng bǎifēnzhī liù diǎn sān
전년도 동기와 대비하여 6.3% 성장하다

7) 其中出口16709亿美元，增长7.8%；进口14906.7亿美元，增长4.6%；贸易顺差累计为1802.3亿美元。

그 중에 수출은 1조 6,709억 달러로, 7.8% 성장했고, 수입은 1조 4,906억 7천만 달러로, 4.6% 성장했고, 무역 흑자의 누계는 1,802억 3천만 달러이다.

a) 其中出口16709亿美元，增长7.8%；
qízhōng chūkǒu yī wànyì liù qiān qī bǎi líng jiǔ yì měiyuán, zēngzhǎng bǎifēnzhī qī diǎn bā
그 중에 수출은 1조 6,709억 달러로, 7.8% 성장하다

b) 进口14906.7亿美元，增长4.6%；

jìnkǒu yī wànyì sì qiān jiǔ bǎi líng liù yì qī qiān wàn měiyuán, zēngzhǎng bǎifēnzhī sì diǎn liù

수입은 1조 4,906억 7천만 달러로, 4.6% 성장하다

c) 贸易顺差累计为1802.3亿美元。

màoyì shùnchā lèijì wéi yī qiān bā bǎi líng èr yì sān qiān wàn měiyuán

무역 흑자의 누계는 1,802억 3천만 달러이다

8) 解读

jiědú

분석

解读(jiědú)：1.동 분석하다. 연구하다. →분석.
2.동 해독하다.
3.동 이해하다. 체득하다.

9) 中国经济开始明显复苏

zhōngguó jīngjì kāishǐ míngxiǎn fùsū

중국 경제가 뚜렷하게 회복하기 시작하다

10) 中国社会科学院副院长李扬在中国企业竞争力年会上表示，中国经济硬着陆是不可能的。

중국사회과학원 부원장 리양은 중국 기업 경쟁력 총회에서, 중국 경제의 경착륙은 불가능하다고 표명했다.

a) 中国社会科学院副院长李扬在中国企业竞争力年会上表示，

zhōngguó shèhuìkēxuéyuàn fùyuànzhǎng lǐ yáng zài zhōngguó qǐyè jìngzhēnglì niánhuì shang biǎoshì

중국사회과학원 부원장 리양은 중국 기업 경쟁력 총회에서 …라고 표명하다

中国社会科学院(zhōngguó shèhuìkēxuéyuàn)：중국사회과학원으로, 중국 철학·사회과학 연구의 최고 학술 기관 겸 종합 연구센터이다.

社会科学(shèhuì kēxué)：명 사회과학.

院(yuàn)：1.명 공공 기관 또는 공공 장소의 이름.
2.명 원. 집.〔주위에 담을 두른 저택〕

3.[명] 안뜰. 안마당. 구내.
副院长(fùyuànzhǎng) : 부원장.
副(fù) : 부. 제2의. 2-8.
院长(yuànzhǎng) : [명] 원장.
李扬(lǐ yáng) : Li Yang, 리양〔사람 이름〕.
企业(qǐyè) : 기업. 1-13.
竞争力(jìngzhēnglì) : [명] 경쟁력.
年会(niánhuì) : [명] (사회 단체 등의) 연차 총회. 연례 회의. 연회. 송년회.
表示(biǎoshì) : 나타내다. 표명하다. 3-2.

b) 中国经济硬着陆是不可能的。
zhōngguó jīngjì yìngzhuólù shì bùkěnéng de
중국 경제의 경착륙은 불가능하다

硬着陆(yìngzhuólù) : 1.[동] (우주선 등이) 경착륙(硬着陆)하다.
2.[동] (중대한 문제를) 무리하게 해결하다.
不可能(bùkěnéng) : …할 리가 없다. 불가능하다. 가능하지 않다.

11) 李扬认为，结构性减速其实已经发生，10月份经济数据进一步巩固，基于这样一个数据和这些趋势，他认为中国经济硬着陆是不可能的。

리양의 생각에 의하면, 구조적 감속은 사실 이미 발생했고, 10월 경제 데이터는 더욱 견고하며, 이와 같은 데이터와 이들 추세에 근거하여, 중국 경제의 경착륙이 불가능하다고 그는 생각했다.

a) 李扬认为，
lǐ yáng rènwéi
리양은 …라고 생각하다 → 리양의 생각〔견해〕에 의하면

认为(rènwéi) : 생각하다. 2-10.

b) 结构性减速其实已经发生，
jiégòuxìng jiǎnsù qíshí yǐjīng fāshēng
구조적 감속은 사실 이미 발생했다

结构性(jiégòuxìng) : 구조적. 구조성.
结构(jiégòu) : 구조. 1-13.
性(xìng) : 1.[접미] 성. 〔명사・형용사・동사 뒤에 쓰여, 사물의 성질・성능・범위・방식 등을 니티냄〕
2.[명] (사람의) 본성.
3.[명] 성별.

4.명 성정. 성질. 기질. 성격. 특질.
5.명 성. 생식 · 성욕과 관련 있는 것.
减速(jiǎnsù) : 동 감속하다. 속도를 줄이다. →감속.
其实(qíshí) : 부 사실. 기실.
已经(yǐjīng) : 부 이미. 벌써.
发生(fāshēng) : 발생하다. 1-8.

c) 10月份经济数据进一步巩固,
shí yuèfèn jīngjì shùjù jìnyíbù gǒnggù
10월 경제 데이터는 더욱 견고하다

进一步(jìnyíbù) : 더욱. 1-13.
巩固(gǒnggù) : 1.형 견고하다. 공고하다. 튼튼하다.
2.동 견고하게〔공고히〕 하다. 튼튼히 다지다.

d) 基于这样一个数据和这些趋势,
jīyú zhèyàng yíge shùjù hé zhèxiē qūshì
이와 같은 데이터와 이들 추세에 근거하다

基于(jīyú) : 개 …에 근거하다. …때문에.
这样(zhèyàng) : 대 이와 같다. 이렇다. 이렇게. 이래서.
这些(zhèxiē) : 대 이들. 이런 것들. 이러한. 이만한.
趋势(qūshì) : 추세. 3-四.

e) 他认为中国经济硬着陆是不可能的。
tā rènwéi zhōngguó jīngjì yìngzhuólù shì bùkěnéng de
중국 경제의 경착륙이 불가능하다고 그는 생각하다

12) 交通银行金融研究中心预计四季度国内经济增速将进一步趋稳回升, 随着未来投资项目的进一步上马, 预计固定资产投资累计同比将继续回升, 进口商品的需求很可能逐步增加。

교통은행 금융연구센터는 4/4분기 국내 경제의 가속이 장차 더욱 안정화되고 반등할 것이라고 예측하고, 미래 투자항목의 진일보한 착수에 따라, 고정자산 투자의 누계는 전년도 동기와 대비하여 장차 계속해서 반등하고, 수입상품의 수요가 아마도 점차 증가할 것 같다고 예측했다.

a) 交通银行金融研究中心预计四季度国内经济增速将进一步趋稳回升,
jiāotōng yínháng jīnróng yánjiū zhōngxīn yùjì sì jìdù guónèi jīngjì zēngsù jiāng jìnyíbù qūwěn huíshēng

교통은행 금융연구센터는 4/4분기 국내 경제의 가속이 장차 더욱 안정화되고 반등할 것이라고 예측하다

交通银行(jiāotōng yínháng) : 교통은행(Bank of Communications)으로, 본점은 上海에 있고, 현재 중국 5대 국유 은행 중 하나이다.

交通(jiāotōng) : 1.명 교통.
2.동 교통하다. 서로 통하다.
3.동 친교를 맺다. 결탁하다.

金融研究中心 : 금융연구센터.

金融(jīnróng) : 금융. 2-2.

研究(yánjiū) : 1.동 (사물의 본질 · 규율 등을) 연구하다. 탐구하다. → 연구.
2.동 고려하다. 논의하다. 토의하다. 의견을 교환하다.

中心(zhōngxīn) : 1.명 센터(center). 〔주로 기관의 명칭으로 씀〕
2.명 한가운데. 중심. 복판.
3.명 중심. 핵심. 사물의 주요 부분.
4.명 중심지. 중요 지역.
5.명 심중. 마음(속). 내심.

预计(yùjì) : 예측하다. 추산하다. 3-7.

四季度(sì jìdù) : 4/4분기. 4분기.

季度(jìdù) : 분기. 2-16.

增速(zēngsù) : 가속. 가속하다. 3-10.

将(jiāng) : 장차. 1-4.

趋稳回升 : 안정화되고 반등하다.

趋稳(qū wěn) : 안정화되다.

趋(qū) : 1.동 (일정한 방향으로) 나아가다. 향해 가다.
2.동 빨리 걷다.
3.동 빌붙다. 매달리다.
4.동 좇다. 추구하다.

稳(wěn) : 안정되다. 3-1.

回升(huíshēng) : 반등하다. 2-四.

b) 随着未来投资项目的进一步上马,
suízhe wèilái tóuzī xiàngmù de jìnyíbù shàngmǎ
미래 투자항목의 진일보한 착수에 따라

随着(suízhe) : …따라서. …뒤이어. …에 따라.

未来(wèilái) : 1.명 미래. 향후.
2.형 머지않은. 곧 다가오는 (시간). 조만간. 〔시간을 가리킴〕

投资(tóuzī) : 투자. 1-16.

项目(xiàngmù) : 항목. 2-15.

进一步(jìnyíbù) : 진일보한. 1-13.

上马(shàngmǎ)：1.동 (비교적 큰 규모의 일이) 시작되다. 착수되다. → 착수.
2.동 말을 타다.

c) 预计固定资产投资累计同比将继续回升，
yùjì gùdìng zīchǎn tóuzī lèijì tóngbǐ jiāng jìxù huíshēng
고정자산 투자의 누계는 전년도 동기와 대비하여 장차 계속 반등하다 (…고 예측하다)

※ 预计의 번역: 预计는 서술어로서, 제1 목적어(固定资产…)·제2 목적어(进口商品…)와 연계되어서, 제2 목적어의 동사(增加)에서 표현한다.
固定资产(gùdìng zīchǎn)：명 고정자산.
继续(jìxù)：계속(해서). 1-16.

d) 进口商品的需求很可能逐步增加。
jìnkǒu shāngpǐn de xūqiú hěnkěnéng zhúbù zēngjiā
수입상품의 수요가 아마도 점차 증가할 것 같다

进口商品(jìnkǒu shāngpǐn)：수입상품.
需求(xūqiú)：수요. 3-3.
很可能(hěnkěnéng)：아마도 (…할 것 같다).
逐步(zhúbù)：부 점차. 한 걸음 한 걸음.
增加(zēngjiā)：증가하다. 2-7.

13) 澳新银行大中华区经济研究总监刘利刚认为，整体来看，中国的外贸尤其是出口数据表明中国经济开始明显复苏，与日前公布的实体经济数据相印证，表明中国经济增长动能也开始加速。

ANZ은행 대중화지구 경제연구 총감독 류리깡의 견해에 의하면, 전체적으로 보아, 중국의 대외무역 특히 수출의 데이터는 중국 경제가 뚜렷하게 회복하기 시작함을 표명하고, 며칠 전 발표된 실물경제의 데이터와 서로 검증하며, 중국 경제 성장의 운동에너지도 속도를 내기 시작함을 표명했다.

a) 澳新银行大中华区经济研究总监刘利刚认为，
àoxīn yínháng dà zhōnghuá qū jīngjì yánjiū zǒngjiān liú lì gāng rènwéi
ANZ은행 대중화지구 경제연구 총감독 류리깡의 견해에 의하면

澳新银行(àoxīn yínháng)：명 호주뉴질랜드은행(ANZ은행). 〔호주의 은행〕
大中华区(dà zhōnghuá qū)：대중화지구.
中华(zhōnghuá)：명 중화. 중국.
区(qū)：1.명 구역. 지구.
2.동 구분하다. 구획하다. 구별하다.
3.명 행정 구획 단위.

总监(zǒngjiān) : 명 총감독.
刘利刚(liú lì gāng) : Liu Ligang, 류리깡〔사람 이름〕.

b) 整体来看,
zhěngtǐ lái kàn
전체적으로 보다

整体(zhěngtǐ) : 1. 명 (한 집단의) 전부. 전체. 총체.
2. 명 일체.

c) 中国的外贸尤其是出口数据表明中国经济开始明显复苏,
zhōngguó de wàimào yóuqíshì chūkǒu shùjù biǎomíng zhōngguó jīngjì kāishǐ míngxiǎn fùsū
중국의 대외무역 특히 수출의 데이터는 중국 경제가 뚜렷하게 회복하기 시작함을 표명하다

尤其是(yóuqíshì) : 특히. 2-四.
表明(biǎomíng) : 표명하다. 분명히 밝히다. 3-四.

d) 与日前公布的实体经济数据相印证,
yǔ rìqián gōngbù de shítǐ jīngjì shùjù xiāng yìnzhèng
며칠 전 발표된 실물경제의 데이터와 서로 검증하다

与(yǔ) : 1. 개 …와. …함께.
2. 접 …와. 및. 또.
3. 접 …거나. 또는.
4. 동 주다. 베풀다.
日前(rìqián) : 명 일전. 며칠 전.
公布(gōngbù) : 동 공포하다. 발표하다.
实体经济(shítǐ jīngjì) : 실물경제.
实体(shítǐ) : 1. 명 실체.
2. 명 사물의 본질.
相(xiāng) : 서로. 1-8.
印证(yìnzhèng) : 1. 동 검증하다. 실증하다. 증명하다.
2. 명 실증.

e) 表明中国经济增长动能也开始加速。
biǎomíng zhōngguó jīngjì zēngzhǎng dòngnéng yě kāishǐ jiāsù
중국 경제 성장의 운동에너지도 속도를 내기 시작함을 표명하다

动能(dòngnéng) : 명 운동에너지.
加速(jiāsù) : 속도를 내다. 가속하다. 2-10.

14) 从不断增加的投资项目和投资需求来看，在未来的一段时间内，中国的大宗商品需求也将保持得较为强劲。

끊임없이 증가하는 투자항목과 투자수요에서 보면, 미래의 일정한 시간 동안, 중국 대종상품의 수요도 장차 비교적 강력하게 유지될 것이다.

a) 从不断增加的投资项目和投资需求来看，
cóng búduàn zēngjiā de tóuzī xiàngmù hé tóuzī xūqiú lái kàn
끊임없이 증가하는 투자항목과 투자수요에서 보다

从(cóng)：…부터. …에서. 2-四.
不断(búduàn)：끊임없이. 1-11.

b) 在未来的一段时间内，
zài wèilái de yíduàn shíjiān nèi
미래의 일정한 시간 안에서→미래의 일정한 시간 동안

在(zài)…内(nèi)：…(안)에(서).
一段时间(yíduàn shíjiān)：얼마간의 시간. 일정한 시간.
一段(yíduàn)：한 단락. 한 토막.
时间(shíjiān)：1.명 시간.
2.명 (시각과 시각 사이의) 동안. 시간.
3.명 시각.

c) 中国的大宗商品需求也将保持得较为强劲。
zhōngguó de dàzōng shāngpǐn xūqiú yě jiāng bǎochí de jiàowéi qiángjìn
중국 대종상품의 수요도 장차 비교적 강력하게 유지될 것이다

大宗商品(dàzōng shāngpǐn)：대종상품. 3-9.
保持得较为强劲：비교적 강력하게 유지하다.
保持(bǎochí)：유지되다. 3-四.
得(de)：1.조 〔동사나 형용사 뒤에 쓰여 결과나 정도를 나타내는 보어와 연결시킴〕
2.조 〔동사 뒤에 쓰여 가능을 나타냄. 부정을 할 때는 不得를 사용함〕
3.조 〔동사와 보어 사이에 쓰여 가능을 나타냄. 부정을 할 때는 得를 不로 바꿈〕
较为强劲：비교적 강력하다.
较为(jiàowéi)：부 비교적.
强劲(qiángjìn)：형 세다. 강력하다. 세차다.

15) 不过，刘利刚认为，尽管10月外贸总体表现不错，中国全年10%的增长目标似乎已经难以完成，这也表明中国未来的外贸形势仍然面临着一定的困难。

하지만 류리깡의 견해에 의하면, 비록 10월 대외무역의 전체적 성과가 좋다고 해도, 중국의 연간 10% 성장목표는 마치 이미 완성하기 어려운 것 같고, 이는 또한 중국의 미래 대외무역 형세가 아직도 어느 정도의 곤란에 직면하고 있음을 표명했다.

a) 不过，刘利刚认为，

búguò, liú lì gāng rènwéi

하지만, 류리깡의 견해에 의하면

不过(búguò) : 하지만. 3-11.

b) 尽管10月外贸总体表现不错，

jìnguǎn shí yuè wàimào zǒngtǐ biǎoxiàn búcuò

비록 10월 대외무역의 전체적 성과가 좋다고 해도

尽管(jìnguǎn) : 1.접 비록〔설령〕…라 하더라도. …에도 불구하고.〔복문의 앞 구에 쓰여서 양보 관계를 나타내며, 虽然에 상당함. 주로 也·还是·但是·却 등과 호응하여 쓰임〕
2.부 얼마든지. 마음대로. 주저하지 않고.
〔조건의 한계 없이 마음대로 할 수 있음을 나타내며, 只管에 상당함〕
3.부 언제나. 줄곧. 늘. 항상. 내내.

总体(zǒngtǐ) : 전체. 총체. 3-2.

表现(biǎoxiàn) : 1.동 나타내다. 표현하다. →나타냄. 표현. 성과.
2.명 태도. 품행. 행동. 표현.
3.동 (의도적으로 자신을) 과시하다.

不错(búcuò) : 1.형 좋다. 괜찮다. 잘하다.
2.형 맞다. 정확하다. 틀림없다.

c) 中国全年10%的增长目标似乎已经难以完成，

zhōngguó quánnián bǎifēnzhī shí de zēngzhǎng mùbiāo sìhū yǐjīng nányǐ wánchéng

중국의 연간 10% 성장목표는 마치 이미 완성하기 어려운 것 같다

全年(quánnián) : 연간. 3-1.

目标(mùbiāo) : 목표. 3-四.

似乎(sìhū) : 부 마치 (…인 것 같다〔듯하다〕).

难以(nányǐ) : 부 …하기 어렵다〔곤란하다〕.

完成(wánchéng) : 동 완성하다. (예정대로) 끝내다. 완수하다.

d) 这也表明中国未来的外贸形势仍然面临着一定的困难。

zhè yě biǎomíng zhōngguó wèilái de wàimào xíngshì réngrán miànlín zhe yídìng de kùnnan

이는 또한 중국의 미래 대외무역 형세가 아직도 어느 정도의 곤란에 직면하고 있음을 표명하다

形势(xíngshì)：형세. 1-4.
仍然(réngrán)：아직도. 여전히. 1-12.
面临(miànlín)：동 (문제・상황에) 직면하다. 당면하다. 부딪히다.
着(zhe)：…하고 있다. 1-6.
一定(yídìng)：어느 정도의. 상당한. 3-四.
困难(kùnnan)：1.명 빈곤. 곤란. 애로. 어려움.
2.형 곤란하다. 어렵다.
3.형 빈곤하다. 곤궁하다.

16) 经济不足以支撑强势汇率

jīngjì bùzúyǐ zhīchēng qiángshì huìlǜ

경제는 강력한 환율을 충분히 지탱할 수 없다

足以(zúyǐ)：부 충분히 …할 수 있다. …하기에 족하다.
支撑(zhīchēng)：지탱하다. 1-四.
强势(qiángshì)：1.명 강세(强势).
2.명 (점차 강해지는) 발전 추세.
3.형 (세력이나 힘이) 강력하다.
汇率(huìlǜ)：환율. 1-四.

17) 刘利刚表示，近期较为强劲的贸易顺差也明显推动了人民币的升值，但相信本轮升值将伴随着美国大选的落幕而告一段落，总体来看，中国目前的经济表现也不足以支撑过强的汇率走势，同时全年外贸增长难以实现也表明中国官方不会容忍本币的过度升值。

류리깡의 의견에 의하면, 최근 비교적 강력한 무역 흑자도 인민폐의 평가절상을 명백히 촉진했지만, 그러나 이번 평가절상은 장차 미국 대선의 폐막에 맞추어 일단락될 것이라고 믿으며, 전체적으로 보아, 중국의 현재 경제 성과도 너무 강한 환율 추세를 충분히 지탱할 수 없고, 동시에 연간 대외무역의 성장이 실현되기 어려운 것은 중국 당국이 본위화폐의 과도한 평가절상을 용인할 리가 없음을 또한 표명하는 것이다.

a) 刘利刚表示,
liú lì gāng biǎoshì
류리깡은 …라고 표명하다 → 류리깡의 의견에 의하면

b) 近期较为强劲的贸易顺差也明显推动了人民币的升值,
jìnqī jiàowéi qiángjìn de màoyì shùnchā yě míngxiǎn tuīdòng le rénmínbì de shēngzhí
최근 비교적 강력한 무역 흑자도 인민폐의 평가절상을 명백히 촉진했다

近期(jìnqī) : 명 가까운 시기〔시일〕. 가까운 장래. 최근.
推动(tuīdòng) : 촉진하다. 추진하다. 1-4.
人民币(rénmínbì) : 인민폐. 1-四.
升值(shēngzhí) : 1.동 평가절상하다. 화폐 가치가 상승하다. → 평가절상.
2.동 사람이나 사물의 가치가 오르다.

c) 但相信本轮升值将伴随着美国大选的落幕而告一段落,
dàn xiāngxìn běnlún shēngzhí jiāng bànsuí zhe měiguó dàxuǎn de luòmù ér gàoyíduànluò
그러나 이번 평가절상은 장차 미국 대선의 폐막에 맞추어 일단락될 것이라고 믿다

相信(xiāngxìn) : 동 믿다. 신임하다. 신뢰하다.
本轮(běn lún) : 이번 차례. 금번. 이번. 이참.
本(běn) : 1.대 현재의. 이번의.
2.명 (사물의) 근본. 근원. 기초.
3.명 본전. 밑천. 원금.
4.부 원래. 본래.
5.명 (공연이나 상영을 위한) 각본. 저본.
6.명 판본(版本). 판(版).
7.대 (상대방에 대하여) 자기 쪽의.
8.형 중심적인. 주요한.
9.형 원래의. 고유의.
10.개 …에 근거하여〔의거하여〕.
轮(lún) : 1.양 〔순환하는 사물이나 동작을 세는 단위〕
2.동 (순서에 따라) 교체하다. 교대로 하다. 순번이 되다.
3.양 해나 달과 같은 둥근 사물을 세는 단위.
4.양 한 바퀴. 12년. 〔십이지(十二支)로써 사람의 띠를 나타내므로 12년마다 한 바퀴 돌아감〕
5.명 바퀴.
伴随着(bànsuízhe) : …에 맞추어.
伴随(bànsuí) : 동 따라가다. 함께 가다. 동행하다. 수반하다. 수행하다.
美国(měiguó) : 명 미국.

大选(dàxuǎn)：1.명 대통령 선거. 대선.
2.명 총선(거).
落幕(luòmù)：동 폐막되다. 막을 내리다.
而(ér)：그리고. …(하)고(도). 3-13.
告一段落(gàoyíduànluò)：일이 일단락되다. 일단락 짓다.
告(gào)：1.동 (과정이 끝났거나 목표가 실현되었음을) 선포하다. 나타내다.
2.동 (상급 또는 윗사람에게) 말하다. 알리다. 보고하다.
3.동 (상황 · 의견 등을) 진술하다. 설명하다.
4.동 (국가 기관에) 고발하다. 신고하다.
5.동 표명하다. 나타내다. 표시하다.

d) 总体来看，
zǒngtǐ lái kàn
전체적으로 보다

e) 中国目前的经济表现也不足以支撑过强的汇率走势，
zhōngguó mùqián de jīngjì biǎoxiàn yě bùzúyǐ zhīchēng guòqiáng de huìlǜ zǒushì
중국의 현재 경제 성과도 너무 강한 환율 추세를 충분히 지탱할 수 없다

目前(mùqián)：명 지금. 현재.
过强(guò qiáng)：너무 강하다.
过(guò)：1.부 지나치게. 너무. 과하게.
2.동 가다. 건너다. (지점을) 지나다. 경과하다.
3.동 (시점을) 지나다. 지내다. 경과하다. 보내다.
4.동 (범위나 한도를) 넘다. 초과하다.
5.동 넘다. 낫다. 우월하다.〔형용사 뒤에 쓰여 초과함을 나타냄〕
走势(zǒushì)：추세. 3-1.

f) 同时全年外贸增长难以实现也表明中国官方不会容忍本币的过度升值。
tóngshí quánnián wàimào zēngzhǎng nányǐ shíxiàn yě biǎomíng zhōngguó guānfāng búhuì róngrěn běnbì de guòdù shēngzhí
동시에 연간 대외무역의 성장이 실현되기 어려운 것은 중국 당국이 본위화폐의 과도한 평가절상을 용인할 리가 없음을 또한 표명한 것이다

同时(tóngshí)：동시에. 1-11.
全年外贸增长难以实现：연간 대외무역의 성장이 실현되기 어렵다.
实现(shíxiàn)：실현하다. 실현되다. 1-8.
中国官方不会容忍本币的过度升值：중국 당국이 본위화폐의 과도한 평가절상을 용인할 리가 없다.
官方(guānfāng)：1.명 정부 당국. 정부측.
2.형 공식의. 공식적인.

不会(búhuì) : 1.[동] …일 리 없다.
2.[동] …할 수 없다. …할 줄 모르다.
容忍(róngrěn) : [동] 용인하다. 참고 견디다. 참고 용서하다. 허용하다.
本币(běnbì) : 본위화폐. 2-10.
过度(guòdù) : [형] 과도하다. 지나치다.

18) 伴随着美国大选结束，央行将引导人民币汇率向6.30区间小幅贬值。
미국 대선의 종료에 맞추어, 중앙은행은 장차 인민폐의 환율이 6.30 구간으로 소폭 평가절하되도록 인도할 것이다.

a) 伴随着美国大选结束，
bànsuí zhe měiguó dàxuǎn jiéshù
미국 대선의 종료에 맞추어

结束(jiéshù) : 1.[동] 끝나다. 마치다. 종결하다. 종료하다. → 종료.
2.[동] 몸단장하다. 옷치장하다. 옷단장하다. 매무시하다. 차려입다.

b) 央行将引导人民币汇率向6.30区间小幅贬值。
yāngháng jiāng yǐndǎo rénmínbì huìlǜ xiàng liù diǎn sān qūjiān xiǎofú biǎnzhí
중앙은행은 장차 인민폐의 환율이 6.30 구간으로 소폭 절하되도록 인도할 것이다.

央行(yāngháng) : 中央银行(zhōngyāng yínháng, 중앙은행) 즉 中国人民银行(중국인민은행)의 약칭. 혹은 人行(rénháng)이라 칭함.
引导(yǐndǎo) : 인도하다. 이끌다. 1-16.
向(xiàng) : …(으)로. …을 향하여. 1-10.
区间(qūjiān) : 구간. 3-2.
小幅(xiǎofú) : 소폭.
幅(fú) : 1.[명] 너비. 폭. 넓이. 폭.
2.[양] 폭. 〔옷감 · 종이 · 그림 등을 세는 단위〕
贬值(biǎnzhí) : 1.[동] (화폐 가치가) 평가절하되다. → 평가절하.
2.[동] 가치가 하락하다.
3.[동] 화폐의 구매력이 떨어지다.

4-3 번 역 10월 대외무역은 전년도 동기와 대비하여 7.3% 성장했고, 중국 경제가 뚜렷하게 회복하기 시작하다

10월 대외무역의 총액은 전년도 동기와 대비하여 7.3% 성장했고, 무역 흑자는 319억 9천만 달러이며, 경제 회복의 징조가 뚜렷하다

세관이 지난 주 토요일 발표한 데이터에 의하면, 10월 우리나라 대외무역의 수출입 총액은 3,191억 5천만 달러이고, 작년 동기보다 7.3% 성장했다. 그 중에 수출은 1,755억 7천만 달러이고, 수입은 1,435억 8천만 달러이며, 전년도 동기와 대비하여 각각 11.6%와 2.4% 성장했다. 10월 당월 무역 흑자는 319억 9천만 달러이다.

누계해서 보면, 올해 전기 10개월에, 우리나라 수출입의 총액은 이미 3조 1,615억 7천만 달러에 도달했고, 전년도 동기와 대비하여 6.3% 성장했다. 그 중에 수출은 1조 6,709억 달러로, 7.8% 성장했고, 수입은 1조 4,906억 7천만 달러로, 4.6% 성장했고, 무역 흑자의 누계는 1,802억 3천만 달러이다.

– 분석

중국 경제가 뚜렷하게 회복하기 시작하다

중국사회과학원 부원장 리양은 중국 기업 경쟁력 총회에서, 중국 경제의 경착륙은 불가능하다고 표명했다. 리양의 생각에 의하면, 구조적 감속은 사실 이미 발생했고, 10월 경제 데이터는 더욱 견고하며, 이와 같은 데이터와 이들 추세에 근거하여, 중국 경제의 경착륙이 불가능하다고 그는 생각했다. 교통은행 금융연구센터는 4/4분기 국내 경제의 가속이 장차 더욱 안정화되고 반등할 것이라고 예측하고, 미래 투자항목의 진일보한 착수에 따라, 고정자산 투자의 누계는 전년도 동기와 대비하여 장차 계속 반등하고, 수입상품의 수요가 아마도 점차 증가할 것 같다고 예측했다.

ANZ은행 대중화지구 경제연구 총감독 류리깡의 견해에 의하면, 전체적으로 보아, 중국의 대외무역 특히 수출의 데이터는 중국 경제가 뚜렷하게 회복하기 시작함을 표명하고, 며칠 전 발표된 실물경제의 데이터와 서로 검증하며, 중국 경제 성장의 운동에너지도 속도를 내기 시작함을 표명했다. 끊임없이 증가하는 투자항목과 투자수요에서 보

면, 미래의 일정한 시간 동안, 중국 대종상품의 수요도 장차 비교적 강력하게 유지될 것이다. 하지만 류리깡의 견해에 의하면, 비록 10월 대외무역의 전체적 성과가 좋다고 해도, 중국의 연간 10% 성장목표는 마치 이미 완성하기 어려운 것 같고, 이는 또한 중국의 미래 대외무역 형세가 아직도 어느 정도의 곤란에 직면하고 있음을 표명했다.

경제는 강력한 환율을 충분히 지탱할 수 없다

류리깡의 의견에 의하면, 최근 비교적 강력한 무역 흑자도 인민폐의 평가절상을 명백히 촉진했지만, 그러나 이번 평가절상은 장차 미국 대선의 폐막에 맞추어 일단락될 것이라고 믿으며, 전체적으로 보아, 중국의 현재 경제 성과도 너무 강한 환율 추세를 충분히 지탱할 수 없고, 동시에 연간 대외무역의 성장이 실현되기 어려운 것은 중국 당국이 본위화폐의 과도한 평가절상을 용인할 리가 없음을 또한 표명한 것이다. 미국 대선의 종료에 맞추어, 중앙은행은 장차 인민폐의 환율이 6.30 구간으로 소폭 평가절하 되도록 인도할 것이다.

4-4 练习

一 未来豫测

外贸仍将维持回升态势

交通银行金融研究中心报告预计2012年11月出口同比回升态势仍将持续。因为从历史数据看，11月・12月份的出口规模都会较前期有所季节性回暖。但全球经济复苏前景仍不明朗，实质性的外需回暖仍需时日，因而短期出口不太可能大幅增长，增速仍将是渐进趋稳。

预计2012年11月进口同比可能略有回升。一是四季度中国内需将企稳向好，进而带动进口增速回升。二是四季度微观企业主体将陆续进入主动补库存周期，进口商品的需求将进一步增加。三是由于近期贸易顺差有所扩大的，为平衡贸易收支，预计未来政府仍将可能继续推动鼓励进口的政策。

交行认为年内进出口贸易仍将维持回升态势，但考虑到未来两个月进口增速回升速度可能快于出口，预计月度贸易顺差可能略有受窄。预计四季度贸易顺差为月均250亿左右，与三季度基本持平，而全年贸易顺差则将超过2000亿美元，相比去年明显扩大。

단어 정리

- 仍将(réngjiāng) : 여전히.
- 维持(wéichí) : 동 유지하다. 지키다. 지지하다. 후원하다. 돌보다. 원조하다.
- 回升(huíshēng) : 반등하다. 2-四.
- 态势(tàishì) : 형세. 3-3.
- 报告(bàogào) : 명 보고서. 보고.
- 预计(yùjì) : 예상하다. 예측하다. 3-7.
- 出口同比 : 수출이 전년도 동기와 대비하여.
  同比(tóngbǐ) : 전년도 동기와 대비하다. 2-7.
- 回升态势仍将持续 : 반등 형세가 여전히 지속될 것이다. → 반등 형세를 여전히 지속할 것이다.
  持续(chíxù) : 동 지속되다〔하다〕.
- 因为(yīnwèi) : (왜냐하면) …때문에. …로 인하여.
- 规模(guīmó) : 규모. 3-四.
- 较(jiào) : …보다. 2-7.
- 前期(qiánqī) : 명 전기.
- 有所季节性回暖 : 계절적으로 좀 다시 따뜻해지다. → 계절적으로 좀 회복되다.
  有所(yǒusuǒ) : 좀〔다소〕 …하다. 1-四.
  季节性(jìjiéxìng) : 명 계절성. → 계절적인.
  回暖(huínuǎn) : 동 (춥던 날씨가) 다시 따뜻〔온난 · 난화〕해지다. → 회복되다.
- 全球(quánqiú) : 전세계. 1-11.
- 前景(qiánjǐng) : 명 (가까운) 장래. 앞날. (관찰자로부터) 가장 가까운 경물(景物).
- 明朗(mínglǎng) : 형 밝다. 환하다. 명랑하다. 쾌활하다. 뚜렷하다. 분명하다.
- 实质性(shízhìxìng) : 명 실질성. → 실질적인.
- 外需(wàixū) : 외수(外需). 3-6.
- 需(xū) : 동 필요하다. 요구되다.
- 时日(shírì) : 명 시일. 시간과 날짜. (비교적 긴) 시간.
- 因而(yīnér) : 접 그러므로. 그런 까닭에. 따라서.
- 短期(duǎnqī) : 명 단기(간).
- 不太可能 : 그다지 …할 리가 없다. 그다지〔별로〕 가능하지 않다.
  不太(bútài) : 그다지〔별로 · 잘〕 …하지 않다.
  可能(kěnéng) : 가능하다. 아마도 3-3.
  不可能(bùkěnéng) : …할 리가 없다. 4-10.
- 大幅(dàfú) : 대폭(적인). → 대폭적으로. 1-12.

- 增速(zēngsù) : 가속. 3-10.
- 渐进(jiànjìn) : 동 점차적으로 발전하다. 점진하다. → 점진적으로.
- 趋稳(qū wěn) : 안정화되다. 4-12.
- 略有(lüèyǒu) : 약간〔얼마간, 조금〕 …이 있다. 3-四
- 内需(nèixū) : 명 내수.
- 企稳向好(qǐwěnxiànghǎo) : 하락이 정지되고 상승 추세이다(아직 상승상태는 아님).
  企稳回升(qǐwěnhuíshēng) : 경제의 하락이 정지되면서 동시에 상승하기 시작하다.
  企稳은 광동어의 站稳을 뜻함.
  站稳(zhànwěn) : 동 멈추어서다. 완전히 정지하다. (입장 등을) 굳건히 세우다.
  回升(huíshēng) : 다시 상승하다. 반등하다. 2-四.
  上涨(shàngzhǎng) : 동 (물가가) 오르다. 상승하다.
  下跌(xiàdiē) : 동 (물가가) 떨어지다. 하락하다.
  向(xiàng) : 개 …(으)로. …에게. …을 향하여. 1-10
- 进而(jìnér) : 접 더 나아가. 진일보하여.
- 带动(dàidòng) : 동 (이끌어) 움직이〔이게 하〕다. 이끌어 나가다. 선도하다.
- 进口增速回升 : 수입이 속도를 내어(가속하여) 반등하다.
- 微观企业主体(wēiguān qǐyè zhǔtǐ) : 미시적 기업 주체. 기업 외부에 독립적으로 존재하며, 기업의 재정관리에 영향을 주는 각종 객관적 요소와 조건.
  微观(wēiguān) : 명 미시. 형 미시적.
  企业(qǐyè) : 기업. 1-13.
  主体(zhǔtǐ) : 명 주체. 사물의 주요 부분.
- 陆续(lùxù) : 부 끊임없이. 연이어. 부단히. 계속해서. 잇따라.
- 进入(jìnrù) : 진입하다. 1-6.
- 主动补库存周期 : 자발적 보충 재고순환. Active fill inventory cycle.
  主动(zhǔdòng) : 자발적인. 주동적인. 능동적인. 1-4.
  补库存(bǔkùcún) : 보충 재고. 예로, 주식시장에서 동일 주식을 매입하여 보유주식의 수량을 증가시킴.
  补(bǔ) : 명 보충. 보완. 동 보충하다. 채워 넣다. 보완하다. 수선하다. 고치다.
  库存周期(kùcún zhōuqī) : 재고순환. inventory cycle.
    库存(kùcún) : 명 재고. 잔고. 창고에 보관된 재물. 동 창고에 저장하다.
    周期(zhōuqī) : 주기. 2-四.
- 需求(xūqiú) : 수요. 필요. 3-3.
- 由于(yóuyú) : 개 · 접 …때문에. …(으)로 인하여.
- 近期(jìnqī) : 최근. 4-17.
- 扩大(kuòdà) : 확대하다. 증대하다. 신장하다. 1-9.

- 为平衡贸易收支 : 무역 수지의 균형을 맞추기 위하여.
  为(wèi) : …하기 위하여. 1-7.
  平衡(pínghéng) : 균형을 맞추다〔잡다〕. 1-14.
  收支(shōuzhī) : 수지. 1-14.
- 推动(tuīdòng) : 추진하다. 촉진하다. 1-4.
- 鼓励进口的政策 : 수입을 장려하는 정책. → 수입 장려 정책.
- 鼓励(gǔlì) : 장려하다. 격려하다. 2-四
- 交行(jiāoháng) : 交通银行(jiāotōng yínháng, 교통은행)의 약칭.
- 认为(rènwéi) : (…라고) 생각하다. 여기다. 인정하다. 2-10.
- 年内(niánnèi) : 명 연내.
- 考虑(kǎolǜ) : 동 고려하다. 생각하다. 구상하다. 계획하다. …할 생각이다.
- 到(dào) : 〔동사 뒤에서 동작의 목적 달성이나 결과 발생을 나타냄〕. 5-4.
- 进口增速回升速度 : 수입이 가속하여 반등하는 속도. → 수입의 반등 속도.
- 快于(kuàiyú) : …보다 빠르다.
  快(kuài) : 형 빠르다.
  于(yú) : …보다. 1-16.
- 月度(yuèdù) : 명 월간.
- 受窄(shòuzhǎi) : 곤경에 처하다. 3-四.
- 月均(yuèjūn) : 명 월평균. 매월 평균.
- 左右(zuǒyòu) : 명 가량. 안팎. 만큼. 내외. 쯤.
- 基本(jīběn) : 거의. 대체로. 기본적으로. 1-14.
- 持平(chípíng) : 동 (비교 대상의 수량과) 같다. 형 공평하다. 공정하다.
- 相比(xiāngbǐ) : 동 비교하다. 견주다.
- 明显(míngxiǎn) : 뚜렷하게. 3-12.

제5과

对外投资收益

대외투자 수익

5-1 正文 中国对外投资收益长期为负 去年负268亿美元

如果你是1.77万亿美元的债权人，能否接受长期负收益的结果？中国就是这样一个债权人。快20年了，在国际资本的输入输出中，中国对外资本还是没有赚到钱。

中国央行不仅是全球最大的“央行”，中国还是全球最大的债权国；但因为高成本负债而导致中国的对外投资收益长期为负数，去年是-268亿美元，堪称历史数据之最。

“都是‘高成本低收益’中国模式惹的祸。”外管局的国际收支表与投资头寸表泄露了这一秘密：即FDI在中国获取高投资收益，中国对外投资主力军外汇储备收益却较低。

而“改变对外净资产收益长期为负的上策是不应主要以官方储备方式去投资，也要鼓励民间‘走出去’，而且对外不光是实业投资，也要包括金融投资。”4月27日，一位接近外管局的人士说。换言之，中国急需拓宽对外投资的渠道与方式。

不过，阻力很大。上述人士暗示，QFII(合格境外投资者)和RQFII(人民币合格境外投资者)可以很快出政策，但诸如ODI(中国对外直接投资)·国际板等一直待字闺中。

央行国际司前司长·前中国驻IMF执行董事张之骧说，需在外储管理"安全性·流动性·收益性"的框架下，思考外储收益；在此基础上，不妨增加管理的科学性与艺术性。

负收益之问

-268亿美元！这是2011年国际收支平衡表中经常项目下的"投资收益"数据；意味着做了十余年资本输出国的中国在国际资本的输入输出中还是没有赚到钱。

而2010年的这一投资收益为-77亿美元，2009年·2008年·2007年·2006年·2005年则分别为：1亿美元·113亿美元·35亿美元·-74亿美元·-176亿美元。

上述数据意味着中国的资本输出收益在2007年发生逆转，为正数，而此前的14年(1993年-2007年)均为负数。

然而，三年转正(即在国际资本的输入输出中终于赚钱)之后，又开始转为负数，如2011年的-268亿美元。而且，这一次逆转可谓近20年来最大的负值。

* 출처: 央视网-2012年04月29日
http://biz.cn.yahoo.com/ypen/20120429/1016424.html

5-2 生词与解释

1) 中国对外投资收益长期为负 去年负268亿美元

중국의 대외투자수익은 장기적으로 적자이고, 작년은 마이너스 268억 달러이었다

a) 中国对外投资收益长期为负
zhōngguó duìwài tóuzī shōuyì chángqī wéi fù
중국의 대외투자수익은 장기적으로 마이너스〔적자〕이다

对外投资(duìwài tóuzī) : 대외투자. 2-7.
对外(duìwài) : 대외(의). 대외적인. 1-6.
投资收益(tóuzī shōuyì) : 투자수익.
收益(shōuyì) : 명 수익. 이득. 수입.
长期(chángqī) : 명 장시간. 장기간. → 장기적으로.
为(wéi) : …이다. 1-8.
负(fù) : 마이너스. → 적자. 3-8.

b) 去年负268亿美元
qùnián fù èr bǎi liù shí bā yì měiyuán
작년은 마이너스 268억 달러이다

去年(qùnián) : 작년. 4-3.
亿(yì) : 억. 1-9.
美元(měiyuán) : 미국 달러. 2-7.

2) 如果你是1.77万亿美元的债权人，能否接受长期负收益的结果？

만약 당신이 1조 7,700억 달러의 채권자라면, 장기적인 적자 수익의 결과를 받아들일 수 있는가?

a) 如果你是1.77万亿美元的债权人，
rúguǒ nǐ shì yī wànyì qī qiān qī bǎi yì měiyuán de zhàiquánrén
만약 당신이 1조 7,700억 달러의 채권자라면

如果(rúguǒ) : 만약. 3-3.
万亿(wànyì) : 조(兆). 2-16.
债权人(zhàiquánrén) : 명 채권자.
债权(zhàiquán) : 명 채권.

b) 能否接受长期负收益的结果？

néngfǒu jiēshòu chángqī fù shōuyì de jiéguǒ

장기적인 적자 수익의 결과를 받아들일 수 있습니까?

能否(néngfǒu) : 동 …할 수 있나요? …할 수 있을까? …해도 되나요?

接受(jiēshòu) : 동 받아들이다. 받다. 수락하다. 접수하다. 영수하다.

负收益(fù shōuyì) : 마이너스 수익. →적자 수익.

结果(jiéguǒ) : 결과. 성과. 3-11.

3) 中国就是这样一个债权人。

zhōngguó jiù shì zhèyàng yíge zhàiquánrén

중국은 바로 이러한 채권자이다.

这样(zhèyàng) : 이러한. 4-11.

4) 快20年了，在国际资本的输入输出中，中国对外资本还是没有赚到钱。

머지않아 20년이 되지만, 국제자본의 수입・수출 중에서, 중국의 대외 자본은 아직도 이윤을 남기지 못했다.

a) 快20年了，

kuài èr shí nián le

머지않아 20년이 되다

快(kuài)…了(le) : 부 곧. 머지않아 (…이다. …이 되다.)

快(kuài) : 1.형 빠르다.
2.형 영민하다. 민첩하다.
3.부 빨리. 급히.
4.형 유쾌하다. 행복하다. 즐겁다. 기쁘다. 편하다.

b) 在国际资本的输入输出中，

zài guójì zīběn de shūrù shūchū zhōng

국제자본의 수입・수출 중에서

在(zài)…中(zhōng) : …(중)에(서). 1-5.

国际资本(guójì zīběn) : 국제자본. 1-8. 2-15.

输入(shūrù) : 1.동 (상품이나 자금을) 수입하다. 들여오다. →수입.
2.동 입력하다. 인풋하다.
3.동 (외부에서 안으로) 들여보내다. 받아들이다.

输出(shūchū) : 1.동 수출하다. →수출.

2.동 (에너지 · 신호 따위를) 출력하다. 아웃풋하다. 내뿜다.
3.동 (내부에서 외부로) 내보내다.

c) 中国对外资本还是没有赚到钱。
zhōngguó duìwài zīběn háishì méiyǒu zhuàndàoqián
중국의 대외 자본은 아직도 이윤을 남기지 못했다

对外资本(duìwài zīběn) : 대외 자본.
还是(háishì) : 1.부 아직도. 여전히. 변함없이. 역시. 그래도.
2.부 …하는 편이 (더) 좋다.
3.부 의외로. 뜻밖에.
4.접 또는. 아니면.
5.접 …든. …도. …뿐만 아니라.
赚到钱(zhuàndàoqián) : 이윤을 남기다. 돈을 벌다.
赚钱(zhuànqián) : 동 이윤을 남기다. 보수를 받다. 돈을 벌다.
到(dào) : 1.동 〔동사 뒤에서 동작의 목적 달성이나 결과 발생을 나타냄〕
2.동 …에. …로. …까지 오다.
3.동 도달하다. 도착하다. (어느 곳에) 이르다.

5) 中国央行不仅是全球最大的“央行”，中国还是全球最大的债权国；
중국의 중앙은행(중국인민은행)은 전세계의 최대 ‘중앙은행’일 뿐만 아니라, 중국은 또한 전세계의 최대 채권국이다.

a) 中国央行不仅是全球最大的“央行”，
zhōngguó yānghháng bùjǐn shì quánqiú zuìdà de ‘yāngháng’
중국의 중앙은행(중국인민은행)은 전세계의 최대 ‘중앙은행’일 뿐만 아니라

央行(yāngháng) : 중앙은행으로, 중국은 중국인민은행이다. 4-18.
不仅(bùjǐn) : …뿐만 아니라. 2-3.
全球(quánqiú) : 전세계. 1-11.
最大(zuìdà) : 최대. 1-12.

b) 中国还是全球最大的债权国；
zhōngguó hái shì quánqiú zuìdà de zhàiquánguó
중국은 또한 전세계의 최대 채권국이다

还(hái) : 또. 또한. …도. 3-7.
债权国(zhàiquánguó) : 명 채권국.

6) 但因为高成本负债而导致中国的对外投资收益长期为负数，去年是-268亿美元，堪称历史数据之最。

하지만 고비용의 부채로 인하여 중국의 대외투자수익이 장기적으로 적자가 되도록 초래했고, 작년은 마이너스 268억 달러로, 역사상 데이터의 최고라고 할 만하다.

a) 但因为高成本负债而导致中国的对外投资收益长期为负数,

dàn yīnwèi gāochéngběn fùzhài ér dǎozhì zhōngguó de duìwài tóuzī shōuyì chángqī wéi fùshù

하지만 고비용의 부채로 인하여 중국의 대외투자수익이 장기적으로 음수〔적자〕가 되도록 초래하다

但(dàn) : 1.접 그러나. 그렇지만. 하지만.
2.부 다만. 단지. 오직. 오로지.

因为(yīnwèi) : 1.개 …때문에. …로 인하여.
2.접 왜냐하면.

高成本(gāochéngběn) : 고비용.

成本(chéngběn) : 비용. 원가. 2-13.

负债(fùzhài) : 1.명 부채.
2.동 빚을 지다.

而(ér) : 접 〔목적 또는 원인 등을 나타내는 성분을 연결시킴〕. 3-13.

导致中国的对外投资收益长期为负数 : 중국의 대외투자수익이 장기적으로 음수(적자)가 되도록 초래하다.

导致(dǎozhì) : 동 (어떤 사태를) 야기하다. 초래하다. 가져오다.

中国的对外投资收益长期为负数 : 중국의 대외투자수익이 장기적으로 음수(적자)가 되다.

负数(fùshù) : 명 음수. 마이너스. → 적자.

b) 去年是-268亿美元,

qùnián shì fù èr bǎi liù shí bā yì měiyuán

작년은 마이너스 268억 달러이다

c) 堪称历史数据之最。

kānchēng lìshǐ shùjù zhī zuì

역사상 데이터의 최고라고 할 만하다

堪称(kānchēng) : 동 …라고 할 만하다. …라고 할 수 있다.

堪(kān) : 1.동 견딜〔참아 낼 · 이겨 낼 · 감당할〕 수 있다.
2.동 …할 수 있다. …할 만하다.

称(chēng) : 1.동 부르다. 칭하다. 일컫다. …(이)라고 부르다.
2.동 (무게를) 측정하다. 재다. 달다.

3.동 말하다.

历史数据之最：역사상 데이터의 최고.

历史(lìshǐ)：역사. → 역사적. 역사상. 1-6.

数据(shùjù)：데이터. 2-7.

最(zuì)：1.명 최고. 으뜸.

2.부 가장. 제일. 아주. 매우.

7) "都是'高成本低收益'中国模式惹的祸。"

dōu shì 'gāo chéngběn dīshōurù' zhōngguó móshì rě de huò

"모두 '고비용 · 저수익'의 중국 모델이 야기한 재앙이다."

都(dōu)：1.부 모두. 다. 전부.

2.부 이미. 벌써.

3.부 심지어. …조차도.

低收益(dīshōuyì)：저수익.

低(dī)：낮다. 3-1.

模式(móshì)：명 모델. 모식. (표준) 양식. 패턴.

惹祸(rěhuò)：동 화를 초래하다. 일을 저지르다.

惹(rě)：1.동 야기하다. 불러일으키다. 초래하다.

2.동 (언행이) 상대방의 기분을 건드리다.

3.동 (사람이나 사물의 특징이) 어떤 감정을 일으키다.

祸(huò)：1.명 화. 재앙. 재난. 사고.

2.동 화를 입히다. 피해〔손해〕를 입히다〔끼치다〕. 해치다.

8) 外管局的国际收支表与投资头寸表泄露了这一秘密：即FDI在中国获取高投资收益，中国对外投资主力军外汇储备收益却较低。

외관국의 국제수지표와 (국제)투자대조표가 이 비밀을 누설했다. 즉 설령 해외직접투자가 중국에서 고투자수익을 획득하더라도, 중국 대외투자의 기둥인 외화보유고 수익은 오히려 비교적 적다.

a) 外管局的国际收支表与投资头寸表泄露了这一秘密：

wàiguǎnjú de guójì shōuzhī biǎo yǔ tóuzī tóucùn biǎo xièlòu le zhè yī mìmì

외관국의 국제수지표와 (국제)투자대조표가 이 비밀을 누설했다

外管局(wàiguǎnjú)：중국 国家外汇管理局(guójiā wàihuì guǎnlǐjú, 국가외환관리국)의 약칭.

外汇(wàihuì)：외화. 외환. 2-12.

国际收支表(guójì shōuzhī biǎo)：국제수지표.

国际收支(guójì shōuzhī)：국제수지. 1-14.

收支(shōuzhī) : 명 수입과 지출. 수지. 1-14.
表(biǎo) : 명 표. 도표.
国际投资头寸表(guójì tóuzī tóucùn biǎo) : 국제투자대조표.
头寸(tóucùn) : 1.명 (은행 등의) 보유 자금.
2.명 금융. 자금 유통.
泄露(xièlòu) : 泄露(xièlù), 泄漏(xièlòu).
泄漏(xièlòu) : 동 (비밀 · 기밀 등을) 누설하다. 폭로하다.
秘密(mìmì) : 1.명 비밀. 기밀.
2.형 비밀의. 비밀하다.

> b) 即FDI在中国获取高投资收益,
> jí FDI zài zhōngguó huòqǔ gāo tóuzī shōuyì
> 설령 해외직접투자가 중국에서 고투자수익을 획득하더라도

即(jí) : 1.접 설령 …하더라도〔할지라도 · 일지라도〕. =即使(jíshǐ).
2.부 곧. 즉. 바로.
3.부 (…하면) 바로. 즉각. 곧.
FDI : Foreign Direct Investment(해외직접투자)의 약칭.
获取(huòqǔ) : 동 얻다. 취득〔획득〕하다.
高投资收益(gāo tóuzī shōuyì) : 고투자수익.

> c) 中国对外投资主力军外汇储备收益却较低。
> zhōngguó duìwài tóuzī zhǔlìjūn wàihuì chǔbèi shōuyì què jiào dī
> 중국 대외투자의 기둥인 외화보유고 수익은 오히려 비교적 적다

主力军(zhǔlìjūn) : 명 주력군. 역군. 기둥. 주요세력. 중심세력.
外汇储备(wàihuì chǔbèi) : 명 외화보유고〔보유액〕.
储备(chǔbèi) : 보유고(保有高). 2-11.
却(què) : 1.부 …(하)지만. 오히려. 〔역접을 나타냄〕
2.동 후퇴하다. 퇴각하다. 물러나다.
3.동 퇴각시키다. 물리치다. 물러나게 하다. 후퇴시키다.
4.동 거절하다. 사양하다.
较(jiào) : 비교적. 2-7.
低(dī) : 낮다. → 적다. 3-1.

9) 而“改变对外净资产收益长期为负的上策是不应主要以官方储备方式去投资，也要鼓励民间‘走出去’，而且对外不光是实业投资，也要包括金融投资。”

그러나 “대외 순자산소득의 장기적 적자를 바꾸는 상책은 주로 공적 외화보유고 방식으로 투자해서는 안 되고, 민간 ‘진출’을 격려해야 할 뿐만 아니라, 게다가 대외적으로 산업투자만이 아니라, 또한 금융투자를 포함해야 한다.”

a) 而“改变对外净资产收益长期为负的上策是不应主要以官方储备方式去投资，

ér gǎibiàn duìwài jìngzīchǎn shōuyì chángqī wéi fù de shàngcè shì bùyīng zhǔyào yǐ guānfāng chǔbèi fāngshì qù tóuzī

그러나 대외 순자산소득의 장기적 적자를 바꾸는 상책은 주로 공적 외화보유고 방식으로 투자해서는 안 되다

而(ér)：그리고. 3-13.

改变对外净资产收益长期为负：대외 순자산소득의 장기적 적자를 바꾸다.

改变(gǎibiàn)：1.[동] 변하다. 바뀌다. 달라지다.
2.[동] 고치다. 바꾸다. 달리 하다.

对外净资产收益长期为负：대외 순자산소득이 장기적으로 마이너스〔적자〕이다.
→ 대외 순자산소득의 장기적 적자.

净资产(jìngzīchǎn)：순자산

资产收益(zīchǎn shōuyì)：자산소득.

上策(shàngcè)：[명] 상책. 상계(上计). 상수(上数).

不应(bùyīng)：…해서는 안 된다. =不应该(bùyīnggaī).

主要(zhǔyào)：주로. 2-8.

以(yǐ)：…(으)로(써). 1-4.

官方储备：공적 외화보유고.

官方(guānfāng)：공(식)적. 4-17.

方式(fāngshì)：방식. 1-13.

去(qù)：[동] …로(써) …하다. 〔동사구나 개사구, 동사나 동사구 사이에 쓰여, 전자는 후자의 방법·방향·태도임을, 후자는 전자의 목적임을 나타냄〕

b) 也要鼓励民间‘走出去’，

yě yào gǔlì mínjiān ‘zǒuchūqù’

민간 ‘진출’을 격려해야 할 뿐만 아니라

也(yě)：1.[부] …도 (하고), …도 (하다). → … 뿐만 아니라, 또한 ….
2.[부] …도 또한. 그리고. 또. 게다가. …조차(…하다).
3.[부] (…하지만, 비록…하더라도) 또한. 그래도. 역시. 그러나.

4.[부] …까지도. …마저도. …이라도 모두.
5.[부] 그래도. …해도.
要(yào) : 마땅히 …해야만 한다. …해야 한다. 3-7
鼓励(gǔlì) : 격려하다. 2-四.
民间(mínjiān) : 1.[명] 민간.
2.[명] 비공식적. 사적(私的).
走出去(zǒuchūqù) : 진출. 1-16.

c) 而且对外不光是实业投资,
érqiě duìwài bùguāng shì shíyè tóuzī
게다가 대외적으로 산업투자만이 아니다

而且(érqiě) : [접] 게다가. 뿐만 아니라. 또한.
对外(duìwài) : 대외적으로. 1-6.
不光(bùguāng) : 1.[부] …만이 아니다. …에 그치지 않다.
2.[접] …일 뿐만 아니라.
实业投资(shíyè tóuzī) : 产业投资(chǎnyè tóuzī), 산업투자.

d) 也要包括金融投资。”
yě yào baōkuò jīnróng tóuzī
또한 금융투자를 포함해야 하다

包括(baōkuò) : 포함하다. 포괄하다. 1-13.
金融(jīnróng) : 금융. 2-2.

10) 4月27日, 一位接近外管局的人士说。
sì yuè èr shí rì, yí wèi jiējìn wàiguǎnjú de rénshì shuō
4월 27일, …라고 외관국과 친근한 한 인사가 말했다.

位(wèi) : 1.[양] 분. 명. 〔공경의 뜻을 내포함〕
2.[명] 자리. 곳. 위치.
3.[명] 직위. 지위.
接近(jiējìn) : 1.[동] 친근하다. 친하다. 접근하다. 가까이하다. 다가가다.
2.[형] 비슷하다. 가깝다. 접근해 있다.
人士(rénshì) : 인사. 2-4.

11) 换言之, 中国急需拓宽对外投资的渠道与方式。
huàn yán zhī, zhōngguó jíxū tuòkuān duìwài tóuzī de qúdào yǔ fāngshì
바꾸어 말하면, 중국은 대외투자 확장의 경로와 방식이 급히 필요로 하다.

换言之(huàn yán zhī)：바꾸어 말하면. 환언하면.
换(huàn)：1.동 바꾸다. 변환하다. 교체하다.
2.동 교환하다.
3.동 환전하다. 바꾸다.
言(yán)：말하다. 2-12.
急需(jíxū)：동 (다)급히〔절박하게〕 필요로 하다.
拓宽对外投资的渠道与方式：대외투자를 확장하는 경로와 방식.
→대외투자 확장의 경로와 방식.
拓宽(tuòkuān)：동 확장하다. 넓히다.
渠道(qúdào)：1.명 경로. 방법.
2.명 관개 수로.

12) 不过，阻力很大。
búguò, zǔlì hěn dà
하지만, 저항이 매우 크다.

不过(búguò)：그러나. 하지만. 3-11.
阻力(zǔlì)：명 저항. 저항력.

13) 上述人士暗示，QFII(合格境外投资者)和RQFII(人民币合格境外投资者)可以很快出政策，但诸如ODI(中国对外直接投资)·国际板等一直待字闺中。
상술한 인사는, QFII(적격외국기관투자자)와 RQFII(인민폐 적격외국기관투자자)가 매우 빨리 정책을 낼 수 있지만, 그러나 예를 들면 ODI(중국 대외직접투자)·국제증권(시장) 등은 줄곧 기회가 성숙되기를 기다린다고 암시했다.

a) 上述人士暗示，
shàngshù rénshì ànshì
상술한 인사는 …라고 암시하다

上述(shàngshù)：형 상술한. 위에서 말한. 앞에서 말한. 전술한.
暗示(ànshì)：1.동 암시하다.
2.명 암시.

b) QFII(合格境外投资者)和RQFII(人民币合格境外投资者)可以很快出政策，
QFII (hégé jìngwài tóuzīzhě) hé RQFII (rénmínbì hégé jìngwài tóuzīzhě) kěyǐ hěn kuài chū zhèngcè
QFII(적격외국기관투자자)와 RQFII(인민폐 적격외국기관투자자)가 매우 빨리 정책을 낼 수 있다

QFII : Qualified Foreign Institutional Investors(合格的境外机构投资者, 적격외국기관투자자)의 약칭.

合格(hégé) : 형 규격〔표준〕에 맞다. 합격이다. →합격. 적격.

境外投资者 : 해외투자자. 1-16.

境外(jìngwài) : 해외. 1-16.

RQFII : RMB Qualified Foreign Institutional Investors(人民币合格境外投资者, 인민폐 적격외국기관투자자)의 약칭.

人民币(rénmínbì) : 런민비. 인민폐. 〔중국의 법정 화폐〕. 1-四.

出政策(chū zhèngcè) : 정책〔조치, 준칙〕을 내다〔발표하다〕.

出(chū) : 1.동 (밖으로) (꺼)내다. 발표하다. 발행하다. 발급하다.
2.동 나가다. 나오다.
3.동 나타나다. 드러나다.
4.동 내다. 발산하다.
5.동 떠나다. 벗어나다.
6.동 생산하다. 산출하다.
7.동 발생하다. (생겨)나다.
8.동 지출하다.
9.동 자라나다. 나(오)다.
10.동 출판하다.
11.동 출석하다. 참가하다.
12.동 출가(出嫁)하다.
13.동 (동사 뒤에 쓰여) 〔안에서 밖으로 향함을 나타냄〕
14.동 (동사 뒤에 쓰여) 〔드러나거나 완성됨을 나타냄〕
15.동 (형용사 뒤에 쓰여) 〔초과를 나타냄〕

政策(zhèngcè) : 명 정책. 2-10.

给政策(gěi zhèngcè) : 정책〔조치, 준칙〕을 제정하다.

c) 但诸如ODI(中国对外直接投资)・国际板等一直待字闺中。
dàn zhūrú ODI(zhōngguó duìwài zhíjiē tóuzī)・guójìbǎn děng yìzhí dàizìguīzhōng
그러나 예를 들면 ODI(중국 대외직접투자)・국제증권(시장) 등은 줄곧 기회가 성숙되기를 기다리다

诸如(zhūrú) : 동 예컨대〔예를 들면・이를테면〕 …이다.
〔여러 개의 예를 들 때 쓰임〕

ODI : Overseas Direct Investment(对外直接投资, 대외직접투자)의 약칭.

直接(zhíjiē) : 직접적인. 2-7.

国际板(guójìbǎn) : 해외기업이 중국 국내 주식시장에 상장하여 인민폐로 거래하며, 해외기업의 발행이라는 특징으로 인해 '국제증권(시장)'으로 구분됨.

创业板(chuàngyèbǎn) : 명 출시 조건이 상대적으로 느슨해 신흥 기업이 성공적으로 창업하는 데 유리한 증권. =차스닥(Chasdaq).

创业板市场(chuàngyèbǎn shìchǎng) : 장외 시장. 〔중국의 차스닥(Chasdaq)〕

主板市场(zhǔbǎn shìchǎng) : 명 증권 거래소 시장.
二板(èrbǎn)市场(장외 시장)과 구별됨.
一直(yìzhí) : 1.부 계속. 줄곧. [동작 혹은 상태가 지속됨을 나타냄]
2.부 곧장. 곧바로. 줄곧.
3.부 [관련되는 범위를 나타냄]
待字闺中(dàizìguīzhōng) : 규중에서 시집가기를 기다리다.
→기회가 성숙되기를 기다리다.

14) 央行国际司前司长・前中国驻IMF执行董事张之骧说，需在外储管理"安全性・流动性・收益性"的框架下，思考外储收益；

중앙은행 국제국 전 국장・전 중국 주IMF 상무이사 장즈샹은, 외화보유고 관리의 '안전성・유동성・수익성'의 구조 하에서, 외화보유고의 수익을 깊이 생각하는 것이 필요하다고 말했다.

a) 央行国际司前司长・前中国驻IMF执行董事张之骧说，
yānghháng guójìsī qián sīzhǎng・qián zhōngguó zhù IMF zhíxíng dǒngshì zhāng zhī xiāng shuō
중앙은행 국제국 전 국장・전 중국 주IMF 상무이사 장즈샹은 …라고 말하다

国际司(guójìsī) : 국제국(局).
司(sī) : 국. 부. 2-10.
司长(sīzhǎng) : 국장. 副司长(fùsīzhǎng) : 부국장. 2-10.
前(qián) : 바로 앞. 앞. 종전. 이전. 1-5.
驻(zhù) : 동 주재하다. 머무르다. 체류하다. 주둔하다. 설치하다.
IMF : International Monetary Fund(국제통화기금)의 약칭.
执行董事(zhíxíng dǒngshì) : 상무이사.
执行(zhíxíng) : 동 집행하다. 수행하다. 실행하다. 실시하다.
董事(dǒngshì) : 명 이사(理事). 중역.
张之骧(zhāng zhī xiāng) : Zhang Zhixiang, 장즈샹[사람 이름].

b) 需在外储管理"安全性・流动性・收益性"的框架下，思考外储收益；
xū zài wàichǔ guǎnlǐ 'ānquánxìng・liúdòngxìng・shōuyìxìng' de kuàngjià xià, sīkǎo wàichǔ shōuyì
외화보유고 관리의 '안전성・유동성・수익성'의 구조 하에서 외화보유고의 수익을 깊이 생각하는 것이 필요하다

需(xū) : 1.동 필요(로) 하다. 요구되다.
2.명 필수품. 수요.
在(zài)…下(xià) : …(아래)에서. …(하)에서.
外储(wàichǔ) : 外汇储备(wàihuì chǔbèi), 외화보유고[보유액].

管理(guǎnlǐ) : 1.동 보관하고 처리하다. 관리하다. 관할하다.
2.동 (어떤 일을) 맡아서 처리하다. 관리하다.
3.동 (사람이나 동물을) 돌보다. 관리하다.
安全性(ānquánxìng) : 명 안전성.
流动性(liúdòngxìng) : 명 유동성.
收益性(shōuyìxìng) : 명 수익성.
框架(kuàngjià) : 명 구조. 구성. 뼈대. 프레임(frame). 골격. 골조.
思考(sīkǎo) : 동 사고하다. 사색하다. 사유하다. 깊이 생각하다.

15) 在此基础上，不妨增加管理的科学性与艺术性。
zài cǐ jīchǔ shang, bùfáng zēngjiā guǎnlǐ de kēxuéxìng yǔ yìshùxìng
이런 기초 위에서, 관리의 과학성과 예술성을 증가하는 것도 무방하다

在(zài)…上(shang) : …(위)에서. 1-8.
此(cǐ) : 1.대 이. 이것. 〔가까운 것을 가리킴〕
2.대 이렇게.
3.대 이 때. 이 곳
基础(jīchǔ) : 명 기초. 바탕. 밑바탕. 기틀. 토대. 기반. 근본. 기본. 기간. 근저.
不妨(bùfáng) : 부 (…하는 것도) 괜찮다. 무방하다.
增加(zēngjiā) : 증가하다. 늘리다. 더하다. 2-7.
科学性(kēxuéxìng) : 명 과학성.
艺术性(yìshùxìng) : 명 예술성.

16) 负收益之问
fù shōuyì zhī wèn
적자 수익의 의문

问(wèn) : 1.동 묻다. 질문하다. →질문. 의문.
2.동 안부를 묻다.
3.동 심문하다. 취조하다.
4.동 책임을 묻다. 추궁하다.

17) -268亿美元！这是2011年国际收支平衡表中经常项目下的"投资收益"数据；
마이너스 268억 달러 ! 이것은 2011년 국제대차대조표 중 경상항목 하의 '투자수익' 데이터이었다.

a) -268亿美元！
fù èr bǎi liù shí bā yì měiyuán
마이너스 268억 달러！

b) 这是2011年国际收支平衡表中经常项目下的"投资收益"数据；
zhè shì èr líng yī yī nián guójì shōuzhī pínghéng biǎo zhōng jīngcháng xiàngmù xià de 'tóuzī shōuyì' shùjù
이것은 2011년 국제대차대조표 중 경상항목 하의 '투자수익' 데이터이었다

国际收支平衡表(guójì shōuzhī pínghéng biǎo)：국제대차대조표(international balance sheet)
国际收支平衡(guójì shōuzhī pínghéng)：국제수지균형(balance of payments equilibrium).
平衡(pínghéng)：평형. 균형. 1-14.
经常项目(jīngcháng xiàngmù)：경상항목. 2-15.
　经常(jīngcháng)：일상. 평소. 평상. 보통. 2-15.
　项目(xiàngmù)：항목. 종목. 사항. 2-15.
数据(shùjù)：데이터. 2-7.

18) 意味着做了十余年资本输出国的中国在国际资本的输入输出中还是没有赚到钱。
yìwèi zhe zuò le shí yú nián zīběn shūchūguó de zhōngguó zài guójì zīběn de shūrù shūchū zhōng háishì méiyǒu zhuàndàoqián
10여 년 동안 자본 수출국을 한 중국이 국제자본의 수입·수출 중에서 아직도 이윤을 남기지 못했음을 의미하고 있다.

意味着：…을 의미하고 있다.
　意味(yìwèi)：1.명 의미. 함축. 내포. 암시. → 의미하다. 1-四.
　　2.명 정취. 운치. 맛. 정조.
　　3.명 기색. 조짐. 동향. 징조.
　着(zhe)：…하고 있다. …하고 있는 중이다. 1-6.
做了十余年资本输出国：10여 년 (동안) 자본 수출국(의 노릇)을 하다.
　做(zuò)：1.동 …를 맡다. …노릇을 하다. 담당하다.
　　2.동 하다. 종사하다.
　　3.동 만들다. 제작하다.
　　4.동 쓰다. 짓다.
　　5.동 거행하다.
　　6.동 (어떤 관계가) 되다. (어떤 관계를) 맺다.
　　7.동 …로 쓰다.

8.동 (어떤 모양을) 짓다.

余(yú) : 1.수 …여. 〔정수(整数) 외의 나머지를 가리킴〕
2.동 남다. 남기다. 남아 있다.
3.형 나머지의. 잔여의. 여분의.
4.명 (어떤 일이나 상황) 이외〔이후〕의 시간.
5.명 잉여 부분.
6.대 나. 〔화자가 자신을 칭할 때 쓰임〕

输出国(shūchūguó) : 명 수출국. 수출국가.

在国际资本的输入输出中 : 국제자본의 수입·수출 중에서.

19) 而2010年的这一投资收益为-77亿美元，2009年·2008年·2007年·2006年·2005年则分别为：1亿美元·113亿美元·35亿美元·-74亿美元·-176亿美元。

그리고 2010년의 이런 투자수익은 마이너스 77억 달러이었고, 2009년·2008년·2007년·2006년·2005년은 바로 각각 1억 달러·113억 달러·35억 달러·마이너스 74억 달러·마이너스 176억 달러이었다.

a) 而2010年的这一投资收益为-77亿美元，
ér èr líng yī líng nián de zhè yì tóuzī shōuyì wéi fù qī shí qī yì měiyuán
그리고 2010년의 이런 투자수익은 마이너스 77억 달러이었다

而(ér) : 그리고. 3-13.

b) 2009年·2008年·2007年·2006年·2005年则分别为：1亿美元·113亿美元·35亿美元·-74亿美元·-176亿美元。
èr líng líng jiǔ nián · èr líng líng bā nián · èr líng líng qī nián · èr líng líng liù nián · èr líng líng wǔ nián zé fēnbié wéi : yī yì měiyuán · yī bǎi yī shí sān yì měiyuán · sān shí wǔ yì měiyuán · fù qī shí sì yì měiyuán · fù yī bǎi qī shí liù yì měiyuán
2009년·2008년·2007년·2006년·2005년은 바로 각각 1억 달러·113억 달러·35억 달러·마이너스 74억 달러·마이너스 176억 달러이었다

则(zé) : 1.부 바로〔곧〕…이다. 〔就(是)에 상당함〕
2.명 규칙. 규정. 제도.
3.명 규범. 모범. 본보기.
4.양 조항. 문제. 편. 토막. 〔条에 상당함〕
5.접 …하자 …하다. 〔두 가지 일이 동시 진행됨을 나타냄〕
6.접 …하면 …하다. 〔인과 관계나 조건을 나타냄〕
7.접 오히려. 그러나. 〔대비·역접을 나타냄〕
8.접 …(하기)는 …(한)데. 〔같은 단어 사이에 쓰여 양보를 나타냄〕

分别(fēnbié) : 각각. 4-4.

20) 上述数据意味着中国的资本输出收益在2007年发生逆转，为正数，而此前的14年(1993年-2007年)均为负数。

상술한 데이터는 중국의 자본 수출 수익이 2007년에 역전이 일어나서 흑자가 됨을 의미하고 있지만, 그러나 이전의 14년(1993년-2007년)은 모두 적자이었다.

a) 上述数据意味着中国的资本输出收益在2007年发生逆转，为正数，
shàngshù shùjù yìwèi zhe zhōngguó de zīběn shūchū shōuyì zài èr líng líng qī nián fāshēng nìzhuǎn, wéi zhèngshù
상술한 데이터는 중국의 자본 수출 수익이 2007년에 역전이 일어나서 흑자가 됨을 의미하고 있다

发生逆转：역전이 일어나다〔발생하다〕.
发生(fāshēng)：발생하다. 생기다. 1-8.
逆转(nìzhuǎn)：역전. 3-3.
正数(zhèngshù)：명 양수. → 흑자.

b) 而此前的14年(1993年-2007年)均为负数。
ér cǐqián de shí sì nián(yī jiǔ jiǔ sān nián-èr líng líng qī nián) jūn wéi fùshù
그러나 이전의 14년(1993년-2007년)은 모두 적자이었다

此前(cǐqián)：명 이전.
均(jūn)：모두. 다. 2-11.

21) 然而，三年转正(即在国际资本的输入输出中终于赚钱)之后，又开始转为负数，如2011年的-268亿美元。

하지만, 3년의 흑자 전환(즉 국제자본의 수입 · 수출 중에서 마침내 이윤을 남긴) 이후, 또 적자로 전환되기 시작하였고, 예로 2011년은 마이너스 268억 달러이었다.

a) 然而，三年转正(即在国际资本的输入输出中终于赚钱)之后，
ránér, sān nián zhuǎn zhèng (jí zài guójì zīběn de shūrù · shūchū zhōng zhōngyú zhuànqián) zhīhòu
하지만, 3년의 흑자 전환(즉 국제자본의 수입 · 수출 중에서 마침내 이윤을 남긴) 이후

然而(ránér)：접 그러나. 하지만. 그렇지만.
转正(zhuǎn zhèng)：플러스로 전환하다. → 흑자로 전환하다. 흑자 전환.
转(zhuǎn)：1. 동 (방향 · 위치 · 형세 · 상황 등이) 바꾸다. 바뀌다. 전환하다.
2. 동 전하다.
正(zhèng)：1. 형 0보다 큰. 정(正)의. 플러스의. → 플러스. 흑자.
2. 형 양(阳)의.

3.[형] 바르다.
4.[형] 표준적인. 표준에 부합하는.
5.[형] 위치가 중간인.
6.[형] 정직하다. 정당하다.
7.[형] (빛깔이나 맛이) 순수하다. 순정하다.
8.[형] 주된. 주체가 되는.
9.[형] 정면의. 앞면의. 겉의.
10.[형] (시간이) 정각이다.
11.[형] 도형의 각 변의 길이와 내각의 크기가 같은.
12.[동] 바르게 하다. 바로잡다. 고치다.
13.[동] 생각이나 행위를 단정하게 하다〔바르게 하다〕.
14.[동] (잘못을) 바르게 하다. 바로잡다. 시정하다. 고치다.
15.[부] 마침. 한창.〔동작 진행이나 상태 지속을 나타냄〕
16.[부] 딱. 꼭. 마침.〔꼭 알맞음을 나타냄〕
17.[부] 긍정을 강조함.

即(jí) : 즉. 곧.
终于(zhōngyú) : [부] 마침내. 결국. 끝내.
之后(zhīhòu) : …뒤. …후. …다음. 2-8.

b) 又开始转为负数，如2011年的-268亿美元。
yòu kāishǐ zhuǎnwéi fùshù, rú èr líng yī yī nián de fù èr bǎi liù shí bā yì měiyuán
또 적자로 전환하기 시작되고, 예로 2011년은 마이너스 268억 달러이었다

开始(kāishǐ) : 개시하다. 시작되다. 2-15.
转为(zhuǎnwéi) : …으로 바꾸다〔바뀌다. 전환하다〕.
2011年的 : 2011년의 것. → 2011년의 투자수익. 2011년.

22) 而且，这一次逆转可谓近20年来最大的负值。

érqiě, zhè yícì nìzhuǎn kěwèi jìn èr shí nián lái zuìdà de fùzhí
게다가, 이번 역전은 최근 20년 동안 최대의 적자 수치라고 말할 수 있다.

这一次(zhè yícì) : 이번 (한 번). 금번.
可谓(kěwèi) : [동] …라고 말할 수 있다. …라고 할 만하다.
近(jìn) : 1.[형] (공간적 · 시간적 거리가) 가깝다. 짧다. → 최근.
2.[형] (관계가) 가깝다. 밀접하다. 친하다.
3.[동] 가까이 가다. 다가가다. 접근하다.
20年来 : 20년 동안.
来(lái) : 1.[명] …동안. …이래.
2.[동] 오다.

3.[동] 동사구〔개사구〕와 동사〔동사구〕 사이에 쓰여 전자가 방법 · 태도, 후자가 목적임을 나타냄.

4.[동] 다른 동사 앞에 쓰여 어떤 일을 하려는 것을 나타냄.

5.[동] 어떤 동작을 하다. 〔의미가 구체적인 동사를 대체함〕

最大(zuìdà) : 최대이다. 제일 크다. 1-12.

负值(fù zhí) : 마이너스 수치. → 적자 수치.

值(zhí) : 1.[명] 수치(数值).

2.[명] 치. 값. 〔양의 표시나 수학 공식의 연산 결과〕

3.[명] 가치. 가격. 값.

4.[동] …한 가치〔값〕에 상당하다. …의 값어치가 나가다〔있다〕.

5.[형] …할 가치〔의의〕가 있다. …할 만하다.

6.[개] …때에. 〔바로 그 시간이나 그 장소를 가리킴. 在에 상당함〕.

5-3 번 역 중국의 대외투자수익은 장기적으로 적자이고, 작년은 마이너스 268억 달러이었다

만약 당신이 1조 7,700억 달러의 채권자라면, 장기적인 적자 수익의 결과를 받아들일 수 있는가? 중국은 바로 이러한 채권자이다. 머지않아 20년이 되지만, 국제자본의 수입・수출 중에서, 중국의 대외 자본은 아직도 이윤을 남기지 못했다.

중국의 중앙은행(중국인민은행)은 전세계의 최대 '중앙은행'일 뿐만 아니라, 중국은 또한 전세계의 최대 채권국이다. 하지만 고비용의 부채로 인하여 중국의 대외투자수익이 장기적으로 적자가 되도록 초래했고, 작년은 마이너스 268억 달러로, 역사상 데이터의 최고라고 할 만하다.

"모두 '고비용・저수익'의 중국 모델이 야기한 재앙이다." 외관국의 국제수지표와 (국제)투자대조표가 이 비밀을 누설했다. 즉 설령 해외직접투자가 중국에서 고투자수익을 획득하더라도, 중국 대외투자의 기둥인 외화보유고 수익은 오히려 비교적 적다.

그러나 "대외 순자산소득의 장기적 적자를 바꾸는 상책은 주로 공적 외화보유고 방식으로 투자해서는 안 되고, 민간 '진출'을 격려해야 할 뿐만 아니라, 게다가 대외적으로 산업투자만이 아니라, 또한 금융투자를 포함해야 한다."고 4월 27일 외관국과 친근한 한 인사가 말했다. 바꾸어 말하면, 중국은 대외투자 확장의 경로와 방식이 급히 필요로 하다.

하지만, 저항이 매우 크다. 상술한 인사는, QFII(적격외국기관투자자)와 RQFII(인민폐 적격외국기관투자자)가 매우 빨리 정책을 낼 수 있지만, 그러나 예를 들면 ODI(중국 대외직접투자)・국제증권(시장) 등은 줄곧 기회가 성숙되기를 기다린다고 암시했다.

중앙은행 국제국 전 국장・전 중국 주IMF 상무이사 장즈샹은, 외화보유고 관리의 '안전성・유동성・수익성'의 구조 하에서, 외화보유고의 수익을 깊이 생각하는 것이 필요하다고 말했다. 이런 기초 위에서, 관리의 과학성과 예술성을 증가하는 것도 무방하다.

적자 수익의 의문

마이너스 268억 달러! 이것은 2011년 국제대차대조표 중 경상항목 하의 '투자수익' 데이터이었고, 10여 년 동안 자본 수출국을 한 중국이 국제자본의 수입・수출 중에서 아직도 이윤을 남기지 못했음을 의미하고 있다.

그리고 2010년의 이런 투자수익은 마이너스 77억 달러이었고, 2009년・2008년・2007년・2006년・2005년은 바로 각각 1억 달러・113억 달러・35억 달러・마이너스 74억 달러・마이너스 176억 달러이었다.

상술한 데이터는 중국의 자본 수출 수익이 2007년에 역전이 일어나서 흑자가 됨을 의미하고 있지만, 그러나 이전의 14년(1993년-2007년)은 모두 적자이었다.

하지만, 3년의 흑자 전환(즉 국제자본의 수입・수출 중에서 마침내 이윤을 남긴) 이후, 또 적자로 전환되기 시작하였고, 예로 2011년은 마이너스 268억 달러이었다. 게다가, 이번 역전은 최근 20년 동안 최대의 적자 수치라고 말할 수 있다.

5-4 练习

这怨谁呢？都怪一直以来的"低收益高成本"模式。原来，中国对外投资以官方的外汇储备资产为主，但此部分的投资收益有限，主要投资美国债券。

专家估计为3%~5%左右；而对外金融负债中，又以FDI为主，其主要投资中国的实体资产，机构预测FDI投资收益率约在18%~20%左右，换言之，中国巨额海外资产收益很低，但对外负债的成本却极高。

最大的秘密是，在-268亿美元净投资收益中，据权威人士证实，中国2011年外储投资收益也"隐藏"其中。但由于-268亿美元是FDI在中国投资所得与中国资本对外输出(涵盖外汇储备对外投资和对外直接投资)所得利润的轧差，因此，难以测算外储去年具体投资收益数据。

不过，从外管局国际投资报告的相关表述中，还是可以窥测出去年外储投资的大致表现。

外管局国际收支报告显示，2011年，中国交易引起的外汇储备由前三季度同比多增888亿美元转为全年少增847亿美元；而比较外管局与央行的数据会发现，2011年由于汇率估值等非交易因素，中国外储缩水540亿美元。

단어 정리

- 怨(yuàn) : 동 원망하다. 증오하다. 미워하다. 책망하다. 나무라다. 비난하다.
- 怪(guài) : 동 책망하다. 원망하다. 훈계하다. 의심쩍다. 형 이상하다. 괴상하다.
- 一直以来(yìzhí yǐlái) : 계속되다. 줄곧 내려오다.
- 原来(yuánlái) : 부 알고 보니. 당초. 원래. 본래. 형 고유의. 원래의. 본래의.
- 以(yǐ)…为(wéi)… : …을 …으로 삼다. …을 …으로 여기다.
- 为主(wéizhǔ) : 동 …을 위주로 하다.
- 有限(yǒuxiàn) : 제한된. 유한한. 2-12.
- 债券(zhàiquàn) : 명 채권. 〔공채나 국채, 회사채나 사채권〕
- 专家(zhuānjiā) : 전문가. 2-四.
- 估计(gūjì) : 동 추측하다. 예측하다. 어림잡다. 헤아리다. 짐작하다.
- 左右(zuǒyòu) : 가량. 4-四.
- 对外金融(duìwài jīnróng) : 대외금융.
- 实体资产(shítǐ zīchǎn) : 실물자산.
- 机构(jīgòu) : (관련이 있는) 기구. 2-四.
- 预测(yùcè) : 동 예측하다. 명 예측. 예상.
- 收益率(shōuyìlǜ) : 명 수익률.
- 巨额(jùé) : 형 액수가 많은. 거액의.
- 对外负责(duìwài fùzé) : 대외부채.
- 成本(chéngběn) : 비용. 원가. 2-13.
- 极(jí) : 부 아주. 극히. 지극히. 몹시. 매우. 〔가장 높은 정도를 나타냄〕
- 净投资收益(jìngtóuzīshōuyì) : 순투자수익.
  净收益(jìngshōuyì) : 명 순수익.
- 据(jù) : …에 따르면. 2-8.
- 权威人士(quánwēi rénshì) : 명 권위자.
  权威(quánwēi) : 명 권위. 권위자. 권위 있는 사물. 형 권위 있다.
- 证实(zhèngshí) : 동 실증하다. 사실을 증명하다.
- 隐藏(yǐncáng) : 동 숨기다. 감추다. 비밀로 하다. 숨다.
- 由于(yóuyú) : …때문에. …(으)로 인하여. 2-5.
- 在中国 : 중국에서. →중국내.
- 所得(suǒdé) : 명 소득. 얻은 것.
- 涵盖(hángài) : 동 포괄하다. 포함하다. 포용하다. 감싸다. 덮다.
- 利润(lìrùn) : 명 이윤.

- 轧差(gáchā) : ≒差额计算(차액계산). 对冲(헤징). 抵消(상계).
  轧(gá) : 통 대조하다. 점검하다. 계산하다.
  差(chā) : 차. 나머지. 3-7.
  差额(chāé) : 차액.
  计算(jìsuàn) : 계산. 산출. 셈.
  对冲(duìchōng) : 헤징(hedging). 연계매매.
  抵消(dǐxiāo) : 명 상계. 상쇄. 획감. 엇셈.
- 因此(yīncǐ) : 접 이로 인하여. 그래서. 이 때문에.
- 难以(nányǐ) : …하기 어렵다. 4-15.
- 测算(cèsuàn) : 통 추산하다. 측량·계산하다. 측정하다.
- 具体(jùtǐ) : 형 실제적. 구체적. 통 구체화하다.
- 国际投资(guójì tóuzī) : 국제투자.
- 相关(xiāngguān) : 관련된. 2-10.
- 表述(biǎoshù) : 통 서술하다. 설명하다. → 서술. 설명.
- 窥测(kuīcè) : 통 엿보다. 꿰뚫어보다. 살피다. 정탐하다.
- 出(chū) : (동사 뒤에 쓰여) 〔드러나거나 완성됨을 나타냄〕. 5-13.
- 大致(dàzhì) : 형 대략적인. 대체적인. 부 대개. 대략. 아마. 대체로. 대강.
- 表现(biǎoxiàn) : 성과. 4-15.
- 显示(xiǎnshì) : 나타내다. 보여주다. 현시하다. 분명하게 표현하다. 2-7.
- 交易(jiāoyì) : 명 교역. 거래. 장사. 통 교역하다. 거래하다. 매매하다.
- 引起(yǐnqǐ) : 통 (주의를) 끌다. 야기하다. 불러일으키다. (사건 등을) 일으키다.
- 由…转为… : …에서 …로 바뀌다.
  由(yóu) : 개 …에서(부터). 〔동작의 기점이나 변화의 출처를 이끌어 냄〕
- 季度(jìdù) : 분기. 4분기. 2-16.
- 同比(tóngbǐ) : 전년도 동기와 대비하다. 2-7.
- 多增 : 훨씬 증가하다.
  多(duō) : 훨씬. 1-12.
  增(zēng) : 통 증가하다. 늘다. 보태다. 첨가하다. 많아지다.
- 全年(quánnián) : 한 해 전체. 연간.
- 少增 : 약간 증가하다.
  少(shǎo) : 부 약간. 잠시. 조금.
- 比较(bǐjiào) : 비교하다. 3-2.
- 会(huì) : …할 가능성이 있다. …할 것이다. 3-四.
- 发现(fāxiàn) : 통 발견하다. 알아차리다. 명 발견.
- 汇率(huìlǜ) : 환율. 1-四.

- 估值(gūzhí) : 명 평가. 동 평가하다. 수량 · 값을 매기다〔치다〕.
- 非交易因素 : 비교역요소.
  非(fēi) : 비(非). …이 아니다. 2-7.
  因素(yīnsù) : 요인. 구성요소. 3-6.
- 缩水(suōshuǐ) : 동 (물에) 담가 줄이다. 젖어 줄어들다. 감축〔축소 · 감소〕하다.

제6과

对中国贸易战

중국에 대한 무역전쟁

6-1 正文 印度欲对华光伏产品反倾销调查

未来针对中国新能源的贸易战可能会更多

欧美对华光伏产品“双反”的连锁反应已经逐渐显现。作为新兴市场的印度也宣布收到国内光伏行业对中国太阳能电池板进行反倾销调查的申请。

虽然中国出口印度的光伏产品数量并不多，但对于目前“四面楚歌”的中国光伏企业来说，一旦反倾销成立，中国企业将失去开拓这一新兴市场的优势和机会，同时对中国光伏产品的反倾销调查可能引发多米诺骨牌效应。

实际上，中国业界对印度提出的光伏反倾销调查申请并没有感到太意外。

厦门大学中国能源研究中心主任林伯强对«第一财经日报»表示，在欧洲市场跟进美国“双反”之后，印度市场也会进行跟风，向欧美看齐。“虽然短期之内印度市场对中国光伏企业的影响有限，但未来针对中国新能源的贸易战会更多。”

早在2011年上半年，印度最大光伏电池制造商印度太阳能公司已于当年6月停产并负债27.5亿卢比(约合3.2亿元人民币)，该公司把问题归咎于中国企业的激烈竞争及欧洲政府减少对新能源补贴导致的需求减少。

接着，2011年12月19日，中国商务部网站上发出预警提示，印度商工部近期已收到国内太阳能电池板产业提交的对原产于中国的太阳能电池板的反倾销调查申请，预计一个月内可能发起反倾销调查。

另据报道，在2012年4月举行的“中印贸易第三次救济合作会议”上，印方代表与江苏省光伏主要出口代表企业举行了一个小型座谈会，而这场闭门会议是印度政府在接到印度光伏企业反倾销调查申请后，前来中国调研了解情况的一次会议。

在美国和欧洲相继提出“双反”调查之后，2012年8月21日，中国机电产品进出口商会也表示，“印度光伏电池制造商很可能也于近期提起对华光伏产品新一轮的反倾销调查申请”。

* 출처: 中国证券网-2012年09月17日
http://news.xinhuanet.com/fortune/2012-09/17/c_123722557.htm

6-2 生词与解释

1) 印度欲对华光伏产品反倾销调查

yìndù yù duì huá guāngfú chǎnpǐn fǎn qīngxiāo diàochá
인도가 곧 중국 태양광제품의 반덤핑에 대해 조사하려고 하다

印度(yìndù) : 명 인도(Inda).
欲(yù) : 1. 부 바야흐로〔곧〕 …하려 하다.
2. 명 욕망.
3. 동 …을 하고자 하다. 원하다. 희망하다. 바라다.
4. 동 …을 해야 한다.
对(duì) : …에 대해(서). 3-8.
华(huá) : 명 중국.
光伏产品 : 태양광제품. 광전기제품.
光伏(guāngfú) : 태양광(photovoltaic). 광전지. 광발전. 광전기.
产品(chǎnpǐn) : 제품. 생산품. 3-13.
反倾销(fǎn qīngxiāo) : 1. 명 반덤핑(Anti-Dumping).
2. 동 반덤핑하다.
调查(diàochá) : 동 (현장에서) 조사하다.

2) 未来针对中国新能源的贸易战可能会更多

wèilái zhēnduì zhōngguó xīnnéngyuán de màoyìzhàn kěnéng huì gèngduō
미래에 중국의 대체에너지에 초점을 맞춘 무역전쟁이 아마도 더 많을 것이다

未来(wèilái) : 미래. 4-12.
针对(zhēnduì) : 초점을 맞추다. 3-10.
新能源(xīnnéngyuán) : 명 대체에너지. 신에너지. 새로운 에너지 자원.
能源(néngyuán) : 명 에너지원(energy源). 에너지.
贸易战(màoyìzhàn) : 명 무역전쟁.
贸易(màoyì) : 무역. 1-1.
战(zhàn) : 1. 명 전투. 전쟁.
2. 명 싸움. 겨룸. 시합. 경쟁.
3. 동 싸우다. 전쟁하다.
可能(kěnéng) : 아마도. 3-3.
会(huì) : …할 것이다. 3-四
更多(gèngduō) : 더 많은 것. 더 많이. 1-18.

3) 欧美对华光伏产品“双反”的连锁反应已经逐渐显现。

ōuměi duì huá guāngfú chǎnpǐn 'shuāng fǎn' de liánsuǒ fǎnyìng yǐjīng zhújiàn xiǎnxiàn

유럽 · 미국의 중국 태양광제품에 대한 '2개 관세'의 연쇄 반응이 이미 점차 나타났다.

欧美对华光伏产品“双反”：유럽 · 미국이 중국 태양광제품에 대해 부과한 '2개 관세'.
→유럽 · 미국의 중국 태양광제품에 대한 '2개 관세'.

欧美(ōuměi)：명 구미. 유럽과 미국.

双反(shuāng fǎn)：双反关税(shuāng fǎn guānshuì, 2개의 반 관세→2개 관세) 약칭으로, ①反倾销关税(반덤핑관세)와 ②反补贴关税(fǎn bǔtiē guānshuì, 상계관세, 반보조금관세)이다.

反补贴关税(fǎn bǔtiē guānshuì)：상계관세. ≒反补贴税(반보조금관세).

连锁(liánsuǒ)：1.형 연쇄적이다. 이어지다. 연결되다. 연속되다. →연쇄.
2.형 쇠사슬처럼 연결되다〔이어지다〕.

反应(fǎnyìng)：명 반응. 반향.

逐渐(zhújiàn)：점차. 2-15.

显现(xiǎnxiàn)：동 분명하게 나타나다. 현현하다. 드러나다. 보이게 되다.

4) 作为新兴市场的印度也宣布收到国内光伏行业对中国太阳能电池板进行反倾销调查的申请。

zuòwéi xīnxīng shìchǎng de yìndù yě xuānbù shōudào guónèi guāngfú hángyè duì zhōngguó tàiyángnéng diànchíbǎn jìnxíng fǎn qīngxiāo diàochá de shēnqǐng

신흥시장으로서의 인도도 국내 태양광산업이 중국 태양전지판에 대해 반덤핑을 조사하는 신청을 수령했다고 발표했다.

作为新兴市场：신흥시장으로서의.

作为(zuòwéi)：…로 여기다. …(의 신분)으로서. 3-7.

新兴(xīnxīng)：신흥의. 3-四.

宣布(xuānbù)：동 발표하다. 선포하다. 공표하다. 선언하다.

收到(shōudào)：동 수령하다. 받다. 얻다.

国内光伏行业对中国太阳能电池板进行反倾销调查：국내 태양광산업이 중국 태양전지판에 대해 반덤핑을 조사하다.

光伏行业(guāngfú hángyè)：태양광산업(photovoltaic industry).

行业(hángyè)：1.명 공업 · 상업의 유별〔종류〕.
2.명 직업. 직종. 업종.

太阳能电池板(tàiyángnéng diànchíbǎn)：태양전지판(solar cell panel).

太阳能(tàiyángnéng)：태양에너지.

太阳能电池(tàiyángnéng diànchí)：태양전지.

进行反倾销调查：반덤핑 조사를 진행하다. →반덤핑을 조사하다.

进行(jìnxíng) : 진행하다. 2-10.
申请(shēnqǐng) : 동 신청하다. → 신청.

5) 虽然中国出口印度的光伏产品数量并不多，但对于目前“四面楚歌”的中国光伏企业来说，一旦反倾销成立，中国企业将失去开拓这一新兴市场的优势和机会，同时对中国光伏产品的反倾销调查可能引发多米诺骨牌效应。

비록 중국이 인도에 수출하는 태양광제품 수량이 별로 많지 않지만, 그러나 현재 ‘사면초가’의 중국 태양광 기업에 대해 말하자면, 만약 반덤핑이 성립되면, 중국 기업은 장차 이 신흥시장을 개척하는 우위와 기회를 상실할 것이고, 동시에 중국 태양광제품에 대한 반덤핑 조사가 아마도 도미노 현상을 야기할 수 있을 것이다.

a) 虽然中国出口印度的光伏产品数量并不多，
suīrán zhōngguó chūkǒu yìndù de guāngfú chǎnpǐn shùliàng bìng bù duō
비록 중국이 인도에 수출하는 태양광제품 수량이 별로 많지 않지만

虽然(suīrán) : 접 비록 …하지만〔일지라도〕. 설령 …일지라도.
出口(chūkǒu) : 수출하다. 수출. 1-14.
数量(shùliàng) : 명 수량. 양. 수효.
并(bìng) : 결코〔전혀 · 조금도 · 그다지 · 별로〕 …하지 않다. 1-3.

b) 但对于目前“四面楚歌”的中国光伏企业来说，
dàn duìyú mùqián ‘sìmiànchǔgē’ de zhōngguó guāngfú qǐyè lái shuō
그러나 현재 ‘사면초가’의 중국 태양광 기업에 대해 말하자면

对于(duìyú) : 개 …에 대해(서). …에 대하여.
目前(mùqián) : 현재. 4-17.
四面楚歌(sìmiànchǔgē) : 사면초가. 사방이 적에게 포위되어 고립되고 위급한 곤경에 처하다.
企业(qǐyè) : 기업. 1-13.
来(lái) : 〔다른 동사 앞에 쓰여 어떤 일을 하려는 것을 나타냄〕. 5-22.

c) 一旦反倾销成立，
yídàn fǎn qīngxiāo chénglì
만약 반덤핑이 성립되면

一旦(yídàn) : 1.부 일단〔만약〕 …한다면.
2.명 하루 아침. 잠시. 잠깐. 삽시간.
3.부 어느 날 갑자기.
成立(chénglì) : 1.동 (의견 · 이론 등이) 성립되다. 근거가 있다.

2.동 (조직 · 기구 등을) 창립하다. 설립하다. 결성하다.

d) 中国企业将失去开拓这一新兴市场的优势和机会，
zhōngguó qǐyè jiāng shīqù kāituò zhè yī xīnxīng shìchǎng de yōushì hé jīhuì
중국 기업은 장차 이 신흥시장을 개척하는 우위와 기회를 상실할 것이다

将(jiāng) : 장차 …일 것이다. 1-4.
失去(shīqù) : 동 잃다. 잃어버리다. 상실하다.
开拓(kāituò) : 동 개척하다. 개간하다. 확장하다.
优势(yōushì) : 우위. 우세. 1-15.
机会(jīhuì) : 명 기회. 시기. 찬스.

e) 同时对中国光伏产品的反倾销调查可能引发多米诺骨牌效应。
tóngshí duì zhōngguó guāngfú chǎnpǐn de fǎn qīngxiāo diàochá kěnéng yǐnfā duōmǐnuò gǔpái xiàoyìng
동시에 중국 태양광제품에 대한 반덤핑 조사가 아마도 도미노 현상을 야기할 수 있을 것이다

同时(tóngshí) : 동시에. 1-11.
引发(yǐnfā) : 동 일으키다. 야기하다. 자아내다.
多米诺骨牌效应(duōmǐnuò gǔpái xiàoyìng) : 명 도미노 현상. 연쇄 반응.
  多米诺骨牌(duōmǐnuò gǔpái) : 명 도미노(domino). 도미노 현상.
  骨牌(gǔpái) : 명 골패.
  效应(xiàoyìng) : 명 효과와 반응. 효응.

6) 实际上，中国业界对印度提出的光伏反倾销调查申请并没有感到太意外。
shíjìshang, zhōngguó yèjiè duì yìndù tíchū de guāngfú fǎn qīngxiāo diàochá shēnqǐng bìng méiyǒu gǎndào tài yìwài
실제로, 중국 업계는 인도가 제기한 태양광 반덤핑 조사의 신청에 대해 너무 의외라고 그다지 느끼지는 않는다.

实际上(shíjìshang) : 1.부 실제로. 사실상.
2.부 실질적으로. 본질적으로.
  实际(shíjì) : 1.명 실제.
  2.형 실제에 부합되다. 현실적이다.
  3.형 실제적이다. 구체적이다.
业界(yèjiè) : 1.명 업계. 기업계.
2.명 기업계 중의 각 업종 혹은 특정의 업종.
提出(tíchū) : 제기하다. 제출하다. 신청히다. 2 4.
并没有感到 : …로 그다지 느끼지는 않다.
  感到(gǎndào) : 동 느끼다. 여기다.

太(tài)：1.부 너무. 지나치게. 몹시. 〔정도가 지나침을 나타냄〕
2.부 대단히. 매우. 아주. 극히. 〔감탄에 쓰임〕
3.부 그다지. 그리. 별로. 과히. 〔부정형으로 쓰임〕
4.형 최고의.
5.형 높다. 크다.
意外(yìwài)：1.형 의외의. 뜻밖의. 뜻하지 않은. → 의외이다. 뜻밖이다.
2.명 의외의 사고. 뜻하지 않은 사고.

7) 厦门大学中国能源研究中心主任林伯强对«第一财经日报»表示，在欧洲市场跟进美国"双反"之后，印度市场也会进行跟风，向欧美看齐。

하문대학교 중국에너지연구센터 주임 린보챵이 〈제일재경일보〉에게 표명한 의견에 의하면, 유로시장이 미국의 '2개 관세'를 따라간 이후에, 인도 시장도 줏대 없이 따라 하여, 유럽・미국을 본받을 수 있다.

a) 厦门大学中国能源研究中心主任林伯强对«第一财经日报»表示，
xiàmén dàxué zhōngguó néngyuán yánjiū zhōngxīn zhǔrèn lín bó qiáng duì 〈dìyī cáijīng rìbào〉 biǎoshì
하문대학교 중국에너지연구센터 주임 린보챵은 〈제일재경일보〉에게 표명한 의견에 의하면

厦门大学(xiàmén dàxué)：하문대학교(Xiamen University).
〔1921년 설립. 국립대학. 복건성 하문시 소재〕
中国能源研究中心(zhōngguó néngyuán yánjiū zhōngxīn)：중국에너지연구센터.
主任(zhǔrèn)：명 주임. 장(长).
林伯强(lín bó qiáng)：Lin Boqiang, 린보챵〔사람 이름〕.
第一财经日报(dìyī cáijīng rìbào)：제일재경일보(China Business News).
〔2004년 창간. 중국 최초 전국 종합 경제 일간지. 월-금 발간〕
财经(cáijīng)：명 재경. 재정과 경제.
日报(rìbào)：1.명 일보.
2.명 일간지. 〔주로 조간 신문을 가리킴〕
3.동 매일 보고하다.
表示(biǎoshì)：나타내다. 표명하다. → (…라고) 표명한 의견에 의하면. 3-2.

b) 在欧洲市场跟进美国"双反"之后，
zài ōuzhōu shìchǎng gēnjìn měiguó 'shuāng fǎn' zhīhòu
유로시장이 미국의 '2개 관세'를 따라간 이후에

在(zài)…之后(zhīhòu)：…이후에.
欧洲市场：유로시장(Euro-market).
欧洲(ōuzhōu)：명 유럽. 유럽 대륙.
市场(shìchǎng)：시장. 1-13.

跟进(gēnjìn) : 동 따라서 나아가다. 앞으로 따라가다.

c) 印度市场也会进行跟风，
yìndù shìchǎng yě huì jìnxíng gēnfēng
인도 시장도 줏대 없이 따라 하다(… 할 수 있다)

进行跟风 : 시류의 영합을 진행하다. → 시류에 영합하다. 줏대 없이 따라 하다.
跟风(gēnfēng) : 동 (자기 주견이 없고) 남이 말하는 대로 따라 하다. 바람에 휩쓸리다. 시대의 조류에 영합하다. 시류에 영합하다.

d) 向欧美看齐。
xiàng ōuměi kànqí
유럽 · 미국을 본받다

向…看齐 : …(누구)를 본받다. …(어느 쪽)으로 정렬하다.
看齐(kànqí) : 1. 동 (어떤 사람을) 모범으로 삼다. 본받다.
2. 동 나란히 하다. 정렬하다.

8) "虽然短期之内印度市场对中国光伏企业的影响有限，但未来针对中国新能源的贸易战会更多。"

"비록 단기간 안에 인도 시장의 중국 태양광 기업에 대한 영향이 제한적이지만, 그러나 미래에 중국의 대체에너지에 초점을 맞춘 무역전쟁이 더 많을 것이다."

a) "虽然短期之内印度市场对中国光伏企业的影响有限，
suīrán duǎnqī zhīnèi yìndù shìchǎng duì zhōngguó guāngfú qǐyè de yǐngxiǎng yǒuxiàn
비록 단기간 안에 인도 시장의 중국 태양광 기업에 대한 영향이 제한적이지만

短期之内 : 단기간 안에.
短期(duǎnqī) : 단기(간). 4-四.
之内(zhīnèi) : 명 …의 안.
影响(yǐngxiǎng) : 영향. 2-13.
有限(yǒuxiàn) : 제한된다. → 제한적이다. 2-12.

b) 但未来针对中国新能源的贸易战会更多。"
dàn wèilái zhēnduì zhōngguó xīnnéngyuán de màoyìzhàn huì gèngduō
그러나 미래에 중국의 대체에너지에 초점을 맞춘 무역전쟁이 더 많을 것이다.

9) 早在2011年上半年，印度最大光伏电池制造商印度太阳能公司已于当年6月停产并负债27.5亿卢比(约合3.2亿元人民币)，该公司把问题归咎于中国企业的激烈竞争及欧洲政府减少对新能源补贴导致的需求减少。

일찍이 2011년 상반기에, 인도 최대 태양전지 제조업체인 인도태양에너지회사는 같은 해 6월에 이미 생산을 중지하고 27억 5천만 루피(대략 인민폐 3억 2천만 위안에 상당함)를 빚졌고, 이 회사는 이 문제를 중국 기업의 치열한 경쟁 및 유럽 정부의 대체에너지 보조금 삭감으로 야기된 수요 감소의 탓으로 돌렸다.

a) 早在2011年上半年，

zǎo zài èr líng yī yī nián shàngbànnián

일찍이 2011년 상반기에

早(zǎo)：1.부 일찍이. 이미. 벌써. 진작에. 일찌감치. 오래 전에.
2.명 아침.
3.형 (때가) 이르다. 빠르다.
4.형 조기의. 초기의. 시간적으로 앞선.

上半年(shàngbànnián)：(1년의) 상반기. 상반년.

b) 印度最大光伏电池制造商印度太阳能公司已于当年6月停产并负债27.5亿卢比(约合3.2亿元人民币)，

yìndù zuìdà guāngfú diànchí zhìzàoshāng yìndù tàiyángnéng gōngsī yǐ yú dàngnián liù yuè tíngchǎn bìng fùzhài èr shí qī yì wǔ qiān wàn lúbǐ(yuēhé sān yì èr qiān wàn yuán rénmínbì)

인도 최대 태양전지 제조업체인 인도태양에너지회사는 같은 해 6월에 이미 생산을 중지하고 27억 5천만 루피(대략 인민폐 3억 2천만 위안에 상당함)를 빚졌다

光伏电池(guāngfú diànchí)：太阳能光伏电池(tàiyángnéng guāngfú diànchí)의 약칭. 태양전지. 광전지. photovoltaic cell.

制造商(zhìzàoshāng)：명 제조상. 제조업체.

公司(gōngsī)：명 회사. 직장.

于(yú)：…에(서). 1-16.

当年(dàngnián)：명 같은 해. 당년.

当年(dāngnián)：1.명 그 해. 그 때. 그 당시.
2.동 한창때이다. 전성기〔황금기〕이다.
3.명 (과일・채소류 작물의) 풍년. 풍작.

停产(tíngchǎn)：동 생산을 중지하다.

负债(fùzhài)：빚지다. 빚을 지다. 부채. 5-6.

亿(yì)：억. 1-9.

卢比(lúbǐ)：명 루피(rupee).
〔인도・파키스탄・미얀마・네팔・스리랑카 등의 화폐 단위〕

约合(yuēhé) : 동 대략 …에 상당하다. 대략 …와 맞먹다.
人民币(rénmínbì) : 인민폐. 1-四.

c) 该公司把问题归咎于中国企业的激烈竞争及欧洲政府减少对新能源补贴导致的需求减少。
gāi gōngsī bǎ wèntí guījiù yú zhōngguó qǐyè de jīliè jìngzhēng jí ōuzhōu zhèngfǔ jiǎnshǎo duì xīnnéngyuán bǔtiē dǎozhì de xūqiú jiǎnshǎo
이 회사는 이 문제를 중국 기업의 치열한 경쟁 및 유럽 정부의 대체에너지 보조금 삭감으로 야기된 수요 감소의 탓으로 돌리다

该(gāi) : 이. 그. 저. 2-3.
公司(gōngsī) : 명 회사. 직장.
把问题归咎于… : (이) 문제를 …의 탓으로 돌리다.
把(bǎ) : …을. 〔목적어를 동사 앞으로 도치시킴〕 1-14.
问题(wèntí) : 명 문제. 숙제. 고장.
归咎(guījiù) : 동 …의 탓으로 돌리다. 잘못을 (…에게로) 돌리다.
激烈(jīliè) : 1.형 (동작·말이) 격렬하다. 치열하다. 극렬하다. 맹렬하다.
2.형 (성격·감정 등이) 꼿꼿하고 강직하다. 격앙하다. 드높이다.
竞争(jìngzhēng) : 경쟁. 경쟁하다. 1-8.
欧洲政府减少对新能源补贴导致的需求减少 : 유럽 정부가 대체에너지에 대한 보조금을 삭감한 것이 야기한 수요 감소. → 유럽 정부의 대체에너지 보조금 삭감으로 야기된 수요 감소.
欧洲政府减少对新能源补贴 : 유럽 정부가 대체에너지에 대한 보조금을 삭감하다.
政府(zhèngfǔ) : 명 정부.
减少(jiǎnshǎo) : 삭감하다. 감소하다. 감소. 3-9.
补贴(bǔtiē) : 1.명 보조금. 수당.
2.동 보조하다. 보태 주다.
导致(dǎozhì) : 야기하다. 초래하다. 5-6.
需求(xūqiú) : 수요. 필요. 3-3.

10) 接着，2011年12月19日，中国商务部网站上发出预警提示，印度商工部近期已收到国内太阳能电池板产业提交的对原产于中国的太阳能电池板的反倾销调查申请，预计一个月内可能发起反倾销调查。

이어서, 2011년 12월 19일, 중국 상무부가 웹사이트에서 조기 경보를 하며 알려 주기를, 인도 상공부는 국내 태양전지판 산업이 제출한 중국 원산의 태양전지판에 대한 반덤핑 조사 신청을 최근 이미 수령했고, 1개월 내에 아마도 반덤핑 조사를 개시할 것으로 예상했다.

a) 接着，2011年12月19日，中国商务部网站上发出预警提示，
jiēzhe, èr líng yī yī nián shí èr yuè shí jiǔ rì, zhōngguó shāngwùbù wǎngzhàn shang fāchū yùjǐng tíshì
이어서, 2011년 12월 19일, 중국 상무부가 웹사이트에서 조기 경보를 하며 알려 주기를

接着(jiēzhe)：1.부 이어서. 연이어. 잇따라. 계속하여. 연속하여.
2.동 (손이나 그릇으로) 받다.
3.동 (뒤)따르다. 따라가다. 좇아가다.
中国商务部网站上：중국 상무부는 웹사이트 (위)에서.
商务部(shāngwùbù)：상무부. 2-7.
网站(wǎngzhàn)：명 (인터넷) 웹사이트.
发出预警提示：조기 경보를 발표하여 …을 알려 주다.
→조기 경보를 하여 알려 주기를.
发出(fāchū)：1.동 발표하다. 발포(发布)하다. 내리다. 선포하다. 알리다.
2.동 (소리 등을) 내다. (의문을) 나타내다.
3.동 (냄새 · 열기를) 발산하다. 내뿜다. 뿜어 내다.
4.동 (화물 · 우편물을) 보내다. 띄우다. 부치다. 발송하다.
预警(yùjǐng)：동 조기 경보하다. 미리 경계하다.
提示(tíshì)：1.동 알려 주다. 힌트를 주다. 일러 주다. 제시하다. 제기하다.
2.명 (독자를 위한) 도움말.

b) 印度商工部近期已收到国内太阳能电池板产业提交的对原产于中国的太阳能电池板的反倾销调查申请，
yìndù shānggōngbù jìnqī yǐ shōudào guónèi tàiyángnéng diànchíbǎn chǎnyè tíjiāo de duì yuánchǎn yú zhōngguó de tàiyángnéng diànchíbǎn de fǎn qīngxiāo diàochá shēnqǐng
인도 상공부는 국내 태양전지판 산업이 제출한 중국 원산의 태양전지판에 대한 반덤핑 조사 신청을 최근 이미 수령했다

商工部(shānggōngbù)：상공부.
近期(jìnqī)：최근. 4-17.
产业(chǎnyè)：산업. 2-8.
提交(tíjiāo)：동 회부(回附)하다. 제출하다. 제기하다. 제안하다.
原产于中国：중국에서 원래 생산되다. →중국 원산.
原产于(yuánchǎn yú)：…에서 원래 생산되다. →…의 원산.

c) 预计一个月内可能发起反倾销调查。
yùjì yíge yuè nèi kěnéng fāqǐ fǎn qīngxiāo diàochá
1개월 내에 아마도 반덤핑 조사를 개시할 것으로 예상하다

预计(yùjì)：예상하다. 예측하다. 3-7.

发起(fāqǐ) : 1.동 (행동을) 개시하다. 발동하다. 시작하다.
2.동 (어떤 일을) 발기하다. 제의하다. 제안하다. 창도〔선도〕하다.

11) 另据报道，在2012年4月举行的“中印贸易第三次救济合作会议”上，印方代表与江苏省光伏主要出口代表企业举行了一个小型座谈会，而这场闭门会议是印度政府在接到印度光伏企业反倾销调查申请后，前来中国调研了解情况的一次会议。

별도로 보도에 따르면, 2012년 4월 거행된 '중국 · 인도 무역 제3차 구제 협력 회의'에서, 인도측 대표와 강소성 태양광 주요 수출 대표 기업이 소형 좌담회를 거행했고, 그리고 이 비공개 회의는 인도 정부가 인도 태양광 기업의 반덤핑 조사 신청을 수령한 후에, 중국을 방문하여 상황을 조사 연구하고 이해하는 한 차례 회의이었다.

a) 另据报道，
lìng jù bàodào
별도로 보도에 따르면

另(lìng) : 1.부 따로. 달리. 별도로.
2.대 다른. 그 밖의. 이외의.
据(jù) : …에 따르면. …에 의거〔근거〕하여. 2-8.
报道(bàodào) : 1.명 (뉴스 등의) 보도.
2.동 (뉴스 등을) 보도하다.

b) 在2012年4月举行的“中印贸易第三次救济合作会议”上，
zài èr líng yī èr nián sì yuè jǔxíng de 'zhōng yìn màoyì dìsān cì jiùjì hézuò huìyì' shang
2012년 4월 거행된 '중국 · 인도 무역 제3차 구제 협력 회의'에서

举行(jǔxíng) : 거행되다. 1-1.
救济(jiùjì) : 동 구제하다.
合作(hézuò) : 협력. 합작. 1-8.
会议(huìyì) : 명 회의.

c) 印方代表与江苏省光伏主要出口代表企业举行了一个小型座谈会，
yìnfāng dàibiǎo yǔ jiāngsū shěng guāngfú zhǔyào chūkǒu dàibiǎo qǐyè jǔxíng le yíge xiǎoxíng zuòtánhuì
인도측 대표와 강소성 태양광 주요 수출 대표기업이 소형 좌담회를 거행했다

印方代表 : 인도측 대표(자).
方(fāng) : 1.명 편. 측.
2.명 사각형. 육면체.

3.명 지방. 곳.
4.명 방(方). 쪽.
5.명 방법. 방식.
代表(dàibiǎo)：1.명 대표. 대표자.
2.동 대표하다. 대신하다. 대리하다. 나타내다. 3-四.
与(yǔ)：…와. 4-13.
江苏省(jiāngsū shěng)：강소성. 장쑤성.
〔중국 화동지구 소재. 성정부 소재지: 남경시〕
主要(zhǔyào)：주요한. 2-8.
代表企业：대표하는 기업. →대표기업.
小型(xiǎoxíng)：형 소형의. 소규모의.
座谈会(zuòtánhuì)：명 좌담회.

d) 而这场闭门会议是印度政府在接到印度光伏企业反倾销调查申请后，前来中国调研了解情况的一次会议。

ér zhè chǎng bìmén huìyì shì yìndù zhèngfǔ zài jiēdào yìndù guāngfú qǐyè fǎn qīngxiāo diàochá shēnqǐng hòu, qiánlái zhōngguó diàoyán liǎojiě qíngkuàng de yícì huìyì

그리고 이 비공개 회의는 인도 정부가 인도 태양광 기업의 반덤핑 조사 신청을 수령한 후에, 중국을 방문하여 상황을 조사 연구하고 이해하는 한 차례 회의이었다

而(ér)：그리고. 3-13.
场(chǎng)：1.양 회(回). 번. 차례.
2.명 장소. 곳.
3.명 어떤 활동의 범위.
4.명 일이 일어난 지점.
闭门会议：비공개 회의.
闭门(bìmén)：동 문을 닫다. 은거하다. 바깥 세계와 왕래하지 않다.
→비공개하다.
在(zài)…后(hòu)：… 뒤〔후〕에.
接到(jiēdào)：동 수령하다. 받다. 접하다.
前来中国：중국을 방문하다.
前来(qiánlái)：동 이쪽으로 오다. 다가오다. →방문하다. 찾아오다.
调研(diàoyán)：동 조사 연구하다.
了解(liǎojiě)：1.동 이해하다. 자세하게 알다.
2.동 조사하다. 알아내다. 알아보다. 진상을 알다.
情况(qíngkuàng)：상황. 정황. 3-2.

12) 在美国和欧洲相继提出"双反"调查之后，2012年8月21日，中国机电产品进出口商会也表示，"印度光伏电池制造商很可能也于近期提起对华光伏产品新一轮的反倾销调查申请"。

미국과 유럽이 '2개 관세'의 조사를 잇따라 제기한 이후, 2012년 8월 21일, 중국 전기기계제품 수출입 상인연합회도, "인도 태양전지 제조업체가 중국 태양광제품에 대한 새로운 한 차례의 반덤핑 조사 신청을 또 최근에 제기할 가능이 크다."고 표명했다.

a) 在美国和欧洲相继提出"双反"调查之后，
zài měiguó hé ōuzhōu xiāngjì tíchū 'shuāng fǎn' diàochá zhīhòu
미국과 유럽이 '2개 관세'의 조사를 잇따라 제기한 이후

相继(xiāngjì)：잇따라. 계속해서. 2-四.

b) 2012年8月21日，中国机电产品进出口商会也表示，
èr líng yī èr nián bā yuè èr shí yī rì, zhōngguó jīdiàn chǎnpǐn jìnchūkǒu shānghuì yě biǎoshì
2012년 8월 21일, 중국 전기기계제품 수출입 상인연합회도 …라고 표명했다

机电产品：전기기계제품.
机电(jīdiàn)：명 전기기계. 동력전기. 기계설비와 전력설비.
进出口(jìnchūkǒu)：수출입. 2-15.
商会(shānghuì)：1.명 (각종 업종의) 상인연합회. 상인단체.
2.명 상인연합회 사무실.
表示(biǎoshì)：나타내다. 표시하다. 표명하다. 3-2.

c) "印度光伏电池制造商很可能也于近期提起对华光伏产品新一轮的反倾销调查申请"。
"yìndù guāngfú diànchí zhìzàoshāng hěnkěnéng yě yú jìnqī tíqǐ duì huá guāngfú chǎnpǐn xīn yì lún de fǎn qīngxiāo diàochá shēnqǐng"
"인도 태양전지 제조업체가 중국 태양광제품에 대한 새로운 한 차례의 반덤핑 조사 신청을 또 최근에 제기할 가능이 크다."

很可能(hěnkěnéng)：…할 가능성이 크다. 아마도.
于近期：최근(에).
提起(tíqǐ)：1.동 제기하다. 제출하다. 제의하다. 신청하다.
2.동 들어올리다.
3.동 말을 꺼내다. 언급하다.
4.동 분발시키다. 분기하다.
对华光伏产品：중국 태양광제품에 대한.
新一轮(xīn yì lún)：새로운 한 차례. → 새로운.
轮(lún)：〔순환하는 사물이나 동작을 세는 단위〕. 4-17. *

6-3 번 역 인도가 곧 중국 태양광제품의 반덤핑에 대해 조사하려고 하다

미래에 중국의 대체에너지에 초점을 맞춘 무역전쟁이 아마도 더 많을 것이다

유럽·미국의 중국 태양광제품에 대한 '2개 관세'의 연쇄 반응이 이미 점차 나타났다. 신흥시장으로서의 인도도 국내 태양광산업이 중국 태양전지판에 대해 반덤핑을 조사하는 신청을 수령했다고 발표했다.

비록 중국이 인도에 수출하는 태양광제품 수량이 별로 많지 않지만, 그러나 현재 '사면초가'의 중국 태양광 기업에 대해 말하자면, 만약 반덤핑이 성립되면, 중국 기업은 장차 이 신흥시장을 개척하는 우위와 기회를 상실할 것이고, 동시에 중국 태양광제품에 대한 반덤핑 조사가 아마도 도미노 현상을 야기할 수 있을 것이다.

실제로, 중국 업계는 인도가 제기한 태양광 반덤핑 조사의 신청에 대해 너무 의외라고 그다지 느끼지는 않는다.

하문대학교 중국에너지연구센터 주임 린보챵이 〈제일재경일보〉에게 표명한 의견에 의하면, 유로시장이 미국의 '2개 관세'를 따라간 이후에, 인도 시장도 줏대 없이 따라하여, 유럽·미국을 본받을 수 있다. "비록 단기간 안에 인도 시장의 중국 태양광 기업에 대한 영향이 제한적이지만, 그러나 미래에 중국의 대체에너지에 초점을 맞춘 무역전쟁이 더 많을 것이다."

일찍이 2011년 상반기에, 인도 최대 태양전지 제조업체인 인도태양에너지회사는 같은 해 6월에 이미 생산을 중지하고 27억 5천만 루피(대략 인민폐 3억 2천만 위안에 상당함)를 빚졌고, 이 회사는 이 문제를 중국 기업의 치열한 경쟁 및 유럽 정부의 대체에너지 보조금 삭감으로 야기된 수요 감소의 탓으로 돌렸다.

이어서, 2011년 12월 19일, 중국 상무부가 웹사이트에서 조기 경보를 하며 알려 주기를, 인도 상공부는 국내 태양전지판 산업이 제출한 중국 원산의 태양전지판에 대한 반덤핑 조사 신청을 최근 이미 수령했고, 1개월 내에 아마도 반덤핑 조사를 개시할 것

으로 예상했다.

별도로 보도에 따르면, 2012년 4월 거행된 '중국 · 인도 무역 제3차 구제 협력 회의'에서, 인도측 대표와 강소성 태양광 주요 수출 대표기업이 소형 좌담회를 거행했고, 그리고 이 비공개 회의는 인도 정부가 인도 태양광 기업의 반덤핑 조사 신청을 수령한 후에, 중국을 방문하여 상황을 조사 연구하고 이해하는 한 차례 회의이었다.

미국과 유럽이 '2개 관세'의 조사를 잇따라 제기한 이후, 2012년 8월 21일, 중국 전기기계제품 수출입 상인연합회도, "인도 태양전지 제조업체가 중국 태양광제품에 대한 새로운 한 차례의 반덤핑 조사 신청을 또 최근에 제기할 가능성이 크다."고 표명했다.

6-4 练习

在此前，印度可再生能源部长卡普尔对媒体曾公开表示，一些印度企业正在加紧向该国政府游说，要求对进口自中国的薄膜太阳能光电板征收15%的反倾销关税。

据了解，印度光伏电池制造商已多次向印度商会提交反倾销申诉书，但由于产品范围界定方面存在问题，印度政府已经让申诉方进行了多次范围修改。

印度在今年7月发生了11年来最大模模的停电事故，电力网络出现问题和能源结构亟待调整折射出太阳能等可再生能源的发展机会。该国也出台各种可再生能源发展标目及补贴计划，把其2020年可再生能源目标从6%提高至15%，并希望对外资敞开国门以引导新能源经济。而中国作为占据大比例电力设备和低价太阳能产品的供应国，将由此获得市场潜力。

传统欧美市场多方围堵，中国光伏业阴云笼罩。虽然印度目前在中国光伏海外市场中所占份额还不大，但作为新兴市场，印度或许是中国企业在亚洲地区的最好选择之一。

对此，阿特斯太阳能政府关系及业务发展总监张谦表示，如果印度对中国企业进行反倾销调查，企业将会像应对欧美“双反”调查一样采取抗辩措施。

단어 정리

- 此前(cǐqián) : 이전. 5-20.
- 可再生能源(kězàishēngnéngyuán) : 재생이 가능한 에너지. → 재생가능에너지.
- 部长(bùzhǎng) : 명 행정부의 장관. 부서의 부장.
- 卡普尔(kǎpǔěr) : 카푸얼〔사람 이름〕.
- 媒体(méitǐ) : 명 대중매체. 매스 미디어(mass media).
- 公开(gōngkāi) : 형 공개적인. 동 공개하다. → 공개적으로.
- 正在(zhèngzài) : 부 지금〔한창〕 …하고 있다. 〔동작 · 행위가 진행 중임을 나타냄〕
- 加紧(jiājǐn) : 동 강화하다. 박차를 가하다. 다그치다. 속도를 내다. 서둘러 하다.
- 向该国政府游说 : 이 국가(인도) 정부에게 유세하다. → 인도 정부에 대한 유세.
  该国(gāi guó) : 이 국가. 그 국가.
  游说(yóushuì) : 동 유세하다. 자기의 의견 · 주장을 펼치다.
- 进口自中国的薄膜太阳能光电板 : 중국으로부터 수입하는 박막 태양전지판.
  薄膜(bómó) : 명 박막(薄膜). 얇은 막.
  光电板(guāngdiànbǎn) : 光伏电池板. 太阳能光伏电池板. 태양전지판.
- 征收(zhēngshōu) : 동 (공출미나 세금을) 징수하다.
- 关税(guānshuì) : 명 관세.
- 据了解(jù liǎojiě) : 조사에 의하면.
- 申诉书(shēnsùshū) : 명 청구서(请求书).
  申诉(shēnsù) : 동 제소(提诉)하다. 상고하다. 호소하다. 하소연하다.
- 界定(jièdìng) : 동 한계를 정하다. 범위를 확정하다. → (한계) 규정. (범위) 확정.
- 存在(cúnzài) : 동 존재하다. 점유하고 있다.
- 让(ràng) : 동 …하게 하다. …하도록 시키다.
- 申诉方(shēnsùfāng) : 청구자(请求者). 제소자(提诉者). 하소연하는 측.
- 进行修改 : 수정을 진행하다. → 수정하다.
  修改(xiūgǎi) : 동 (원고를) 고치다. 수정하다. 수선하다. → 수정. 수선.
- 事故(shìgù) : 명 사고.
- 电力(diànlì) : 명 전력.
- 网络(wǎngluò) : 명 (그물 형태의) 조직. 계통. 망. 시스템. 네트워크. 웹.
- 亟待(jídài) : 동 시급히〔긴급히 · 조속히〕 …해야 하다〔…을 기다리다 · 요하다〕.
- 折射(zhéshè) : 동 (사물의 면모를) 반영〔표현〕하다. (빛이나 음파 등이) 굴절하다.
- 出台(chūtái) : 제기하다. 2-四.
- 其2020年可再生能源目标 : 그 (국가)(→이 국가)의 2020년 재생가능에너지 목표.

- 敞开国门：국경을 활짝 열다. → 대외 개방하다. 대외 개방.
  敞开(chǎngkāi)：동 활짝 열다. 부 한껏. 마음대로. 마음껏. 실컷.
  国门(guómén)：명 변경. 국경. 수도의 성문.
- 以(yǐ)：…함으로써. 1-4.
- 引导(yǐndǎo)：유도하다. 인도하다. 1-16.
- 比例(bǐlì)：명 비. 비례. 비중. 비율.
- 低价(dījià)：명 염가. 저가. 헐값.
- 供应国(gōngyìngguó)：명 공급국. 공급국가.
- 由此(yóucǐ)：〔부사〕 이에 근거하여. 이에 따라. 이로부터. 이 곳으로부터. 여기에서.
- 多方(duōfāng)：명 다방면. 갖은 방법. 다각도. 다자(多者). → 다방면으로.
- 围堵(wéidǔ)：동 주위를 둘러싸다. 봉쇄하다. → 봉쇄되다.
- 光伏业(guāngfúyè)：光伏行业. 태양광산업.
- 阴云(yīnyún)：명 음운. 검은 구름. 무거운 분위기. 명랑하지 못한 기분.
- 笼罩(lóngzhào)：동 덮어씌우다. 뒤덮다. 휩싸이다. 자욱하다.
- 份额(fèné)：명 몫. 배당. 할당. 일부분. (상품의) 시장 점유율.
- 中国企业在亚洲地区的最好选择：중국 기업이 아시아지역에서 갖는 가장 좋은 선택.
  选择(xuǎnzé)：명 선택. 선택하다.
- 阿特斯太阳能(ātèsī tàiyángnéng)：CSI(Canadian Solar Inc). 캐나다 회사의 중국 태양전지 생산공장.
  太阳能(tàiyángnéng)：명 태양에너지.
- 张谦(zhāng qiān)：Zhang Qiān, 쟝〔사람 이름〕.
- 像…一样：마치 …와 같다.
  像(xiàng)：동 (…와) 같다. 비슷하다. 닮다. 부 마치 (…인 것 같다 · 듯하다).
  一样(yíyàng)：형 같다. 동일하다. 한 가지이다.
- 应对(yìngduì)：대응하다. 1-18.
- 采取(cǎiqǔ)：동 채택하다. 취하다. 강구하다. 채취하다. 얻다.
- 抗辩(kàngbiàn)：동 항변하다.
- 措施(cuòshī)：명 조치. 대책.

제7과

中美经贸合作

중국 · 미국 경제무역 협력

7–1 正文　中美换届后首次高层接触受关注

新任中共中央政治局常委·国务院副总理王岐山将赴华盛顿，出席于18到19日举行的中美商贸联委会，预料奥巴马等美国政要将与他会面。分析认为，这是中美两国领导层换届后的首次高层接触，一方面显示了双方有意继续保持已有协商机制的畅通，同时也将就新时期中美合作广泛交换意见，值得高度关注。

中共新领导层首度访美“承上启下”意义凸显

本届商贸联委会由王岐山将与美国商务部代理部长布兰克·贸易代表柯克共同主持。中国国际贸易学会中美欧研究中心主任何伟文表示，此番中美高层互动具有特殊含义，“我相信王岐山副总理会传达一个明确的信号，我们新一届的中共领导人会继续坚持改革开放，欢迎美方前来投资，在中国市场公平竞争，我们对发展中美经贸合作是充满了期待。”

中国商务部新闻发言人沈丹阳也指出，在美国大选结束和中共十八大闭幕之后举行的本届中美商贸联委会，具有承前启后的重要意义。王岐山副总理将率由中国政府有关部门组成的代表团访美，表明了中国政府对中美经贸关系的高度重视，将向美方传递中方进一步发展中美经贸合作的积极愿望。

外交学院副院长秦亚青认为，在领导层换届的背景下，未来一个时期，中美关系能不能保持正常运转并且为今后的工作打开好的局面，中美之间的政策协调更加重要，"在此时期，中美高层也需要及时地进行一些信息的传达和交流。"

其实，除了此次王岐山赴美磋商中美经贸议题，在中共十八大闭幕后的一个月来，美国企业家代表团 · 前财长鲍尔森 · 前总统卡特 · 副财长布雷纳德等相继访华，在中共新领导层履新以来的外事活动中，频繁会见"美国客人"的特点也较为突出。

中美经贸合作竞争并存 分歧摩擦需实务对话

作为中美两国政府在经贸领域最早建立的对话机制之一，中美商贸联委会自1983年举行首届联委会以来，双方已成功举行22届联委会。该机制对扩大双边经贸合作 · 维护中美经贸关系稳定发挥了重要作用，被称为两国贸易摩擦的"灭火器"。

* 출처: 中国新闻网-2012年12月18日
http://news.southcn.com/z/2012-12/18/content_60400142.htm

7-2 生词与解释

1) 中美换届后首次高层接触受关注

zhōng měi huànjiè hòu shǒucì gāocéng jiēchù shòu guānzhù

중국·미국 정권 교체 이후 최초 고위층 접촉이 주목을 받다

中美换届后：중국·미국 정권 교체 이후.
中美：중국·미국. 중미.
换届(huànjiè)：[동] (임원의 임기가 만료되어) 새 임원으로 교체하다.
→(임기 만료에 의한) 교체. 정권 교체.
换(huàn)：교체하다. 바꾸다. 5-11.
届(jiè)：1.[양] 회(回). 기(期). 차(次). 〔정기적 회의 또는 졸업생 등에 쓰임〕
2.[동] (예정된 때에) 이르다. 다다르다.
首次(shǒucì)：[명] 최초. 처음. 첫 번째. 제1회.
高层(gāocéng)：고위층. 1-1.
接触(jiēchù)：1.[동] 접촉〔접근·교제·왕래〕하다. 관계를 갖다. →접촉. 왕래.
2.[동] 닿다. 접촉하다.
3.[동] 교전하다.
受关注：주목을 받다.
受(shòu)：받다. 2-13.
关注(guānzhù)：1.[명] 관심. 중시. 주목.
2.[동] 주시하다. 관심을 가지(고 중시하)다. 배려하다.

2) 新任中共中央政治局常委·国务院副总理王岐山将赴华盛顿，出席于18到19日举行的中美商贸联委会，预料奥巴马等美国政要将与他会面。

신임 중국공산당 중앙정치국 상무위원·국무원 부총리 왕치산은 장차 워싱턴으로 가서, 18일에서 19일까지 거행할 JCCT에 출석하고, 오바마 등 미국 정계 요인이 장차 그와 만날 것으로 예상한다.

a) 新任中共中央政治局常委·国务院副总理王岐山将赴华盛顿，

xīnrèn zhōnggòng zhōngyāng zhèngzhìjú chángwěi · guówùyuàn fùzǒnglǐ wáng qí shān jiāng fù huáshèngdùn

신임 중국공산당 중앙정치국 상무위원·국무원 부총리 왕치산은 장차 워싱턴으로 갈 것이다

※ 将의 시제는 미래형으로, 아래 동사의 시제에 모두 영향을 준다.
新任(xīnrèn)：1.[형] 신임의. 새로 임명된〕부임한〕.
2.[명] 신임. 신임자. 새로 임명된 사람.
中共中央政治局(zhōnggòng zhōngyāng zhèngzhìjú)：中国共产党中央政治局,

중국공산당중앙정치국의 약칭으로, 중공중앙정치국 또는 中央政治局(중앙정치국)으로 칭함.

中共(zhōnggòng) : 中国共产党(zhōngguó gòngchǎndǎng), 중국공산당의 약칭.

中央政治局(zhōngyāng zhèngzhìjú) : 중앙정치국.

常委(chángwěi) : 1.명 상무위원. 상임위원.
2.명 상무위원회(常务委员会).

国务院(guówùyuàn) : 국무원. 2-四.

副总理(fùzǒnglǐ) : 명 부총리.

王岐山(wáng qí shān) : Wang Qishan, 왕치산〔사람 이름〕.

将(jiāng) : 장차 …하게 될 것이다. 장차 …일 것이다. 1-4.

赴(fù) : 1.동 (…로) 가다. 향하다.
2.동 온 힘을 쓰다. 온몸을 던지다.
3.동 헤엄치다.

华盛顿(huáshèngdùn) : 워싱턴(미국의 수도, Washington, D.C.).

b) 出席于18到19日举行的中美商贸联委会,
chūxí yú shí bā dào shí jiǔ rì jǔxíng de zhōng měi shāngmào liánwěihuì
18일에서 19일까지 거행할 JCCT에 출석하다

出席(chūxí) : 출석하다. 참가하다. 참석하다. 1-3.

于(yú) : …에. 1-16.

18到19日举行 : 18일에서 19일까지 거행하다.

举行(jǔxíng) : 거행하다. 1-1.

中美商贸联委会(zhōng měi shāngmào liánwěihuì) : 中美商贸联合委员会, JCCT. (중미상업무역연합위원회. China-US Joint Committee on Commerce and Trade).

商贸(shāngmào) : 1.명 상업과 무역.
2.명 무역.
3.명 상업.

联合(liánhé) : 1.동 연합하다. 결합하다. 단결하다. → 연합. 공동. 합동.
2.형 연합한. 공동의. 여럿의.
3.명 (뼈의) 결합.

委员会(wěiyuánhuì) : 명 위원회.

c) 预料奥巴马等美国政要将与他会面。
yùliào àobāmǎ děng měiguó zhèngyào jiāng yǔ tā huìmiàn
오바마 등 미국 정계 요인이 장차 그와 만날 것으로 예상하다

预料(yùliào) : 예상하다. 예측하다. 전망하다. 3-2.

奥巴马(àobāmǎ) : 버락 오바마(Barack Obama), 미국 대통령.

政要(zhèngyào) : 명 정계 요인.

与(yǔ) : …와. …함께. 4-13.

会面(huìmiàn) : 동 만나다. 대면하다.

3) 分析认为，这是中美两国领导层换届后的首次高层接触，一方面显示了双方有意继续保持已有协商机制的畅通，同时也将就新时期中美合作广泛交换意见，值得高度关注。

분석에 의하면, 이것은 중미 양국 지도부 정권 교체 이후의 최초 고위층 접촉이며, 한편으로 쌍방이 기존 협상 메커니즘의 소통을 계속 유지할 의사가 있음을 나타내었고, 동시에 또한 새 시기의 중미 협력에 대해 의견을 장차 광범하게 교환할 것이기 때문에, 높게 주목할 만한 가치가 있다.

a) 分析认为，
fēnxī rènwéi
분석에 의하면

分析认为：분석은 …라고 생각하다. → 분석에 의하면.
分析(fēnxī)：분석하다. 1-7.
认为(rènwéi)：(…라고) 생각하다. 여기다. 인정하다. 2-10.

b) 这是中美两国领导层换届后的首次高层接触，
zhè shì zhōng měi liǎngguó lǐngdǎocéng huànjiè hòu de shǒucì gāocéng jiēchù
이것은 중미 양국 지도부 정권 교체 이후의 최초 고위층 접촉이다

两国(liǎngguó)：양국.
领导层(lǐngdǎocéng)：명 지도부. 지도층. 영도층.
领导(lǐngdǎo)：1.명 지도자. 영도자. 리더. 보스. 책임자. 우두머리. 대표.
2.동 지도하다. 영도하다. 이끌고 나가다.

c) 一方面显示了双方有意继续保持已有协商机制的畅通，
yìfāngmiàn xiǎnshì le shuāngfāng yǒuyì jìxù bǎochí yǐyǒu xiéshāng jīzhì de chàngtōng
한편으로 쌍방이 기존 협상 메커니즘의 소통을 계속 유지할 의사가 있음을 나타내었다

一方面(yìfāngmiàn)：1.접 한편으로 …하면서 …하다.
2.명 일면. 한 방면. 한 면.
显示(xiǎnshì)：보여주다. 현시하다. 나타내다. 분명하게 표현하다. 2-7.
双方(shuāngfāng)：명 쌍방. 양측. 양쪽. 양자.
有意(yǒuyì)：1.동 …할 마음〔뜻 · 의사〕이 있다. …하고 싶다.
2.부 일부러. 고의로.
3.동 (남녀 사이의) 사랑하는 마음이 있다.
继续(jìxù)：1.동 계속하다. 끊임없이 하다. → 계속해서. 1-16.
保持(bǎochí)：유지하다. 지키다. 3-四
已有(yǐyǒu)：이미 있다. → 기존의. 기성의.

协商机制(xiéshāng jīzhì) : 협상 메커니즘. 협상 기제. 협상 체제. 협상채널.
　协商(xiéshāng) : 동 협상하다. 협의하다. → 협상.
　机制(jīzhì) : 1.명 (기계의) 메커니즘(mechanism). 기제(机制). 체제. 시스템.
　　　　　　2.형 기계로 제조한.
畅通(chàngtōng) : 형 잘 소통되다. 원활하다. 막힘없이 잘 통하다. → 소통.

d) 同时也将就新时期中美合作广泛交换意见,
tóngshí yě jiāng jiù xīn shíqī zhōng měi hézuò guǎngfàn jiāohuàn yìjiàn
동시에 또한 새 시기의 중미 협력에 대해 의견을 장차 광범하게 교환할 것이다

同时(tóngshí) : 동시에. 1-11.
就新时期中美合作 : 새 시기의 중미 협력에 대해.
　就(jiù) : …에 대하여. …에 관하여. 2-12.
　新时期(xīn shíqī) : 새로운 시기. 새 시기.
　合作(hézuò) : 협력. 합작. 1-8.
广泛交换意见 : 의견을 광범하게 교환하다.
　广泛(guǎngfàn) : 형 광범하다. 폭넓다. 두루 미치다. → 광범하게. 폭넓게.
　交换(jiāohuàn) : 1.동 교환하다.
　　　　　　2.동 (상품과 상품을) 교환하다. 매매하다.
　　　　　　3.동 서로 바꾸다.
　意见(yìjiàn) : 의견. 견해. 2-四.

e) 值得高度关注。
zhídé gāodù guānzhù
높게 주목할 만한 가치가 있다

值得(zhídé) : 1.동 …할 만한 가치가 있다. 값에 상응하다. 값이 …할 만하다.
　　　　2.동 (일이) 의의가 있다. 필요성이 있다.
高度(gāodù) : 1.형 정도가 매우 높다. → 높게.
　　　　2.명 고도. 높이.

4) 中共新领导层首度访美"承上启下"意义凸显

중공 새 지도부의 최초 미국 방문은, '과거 계승과 미래 발전'의 의의가 분명하게 나타나다.

a) 中共新领导层首度访美
zhōnggòng xīn lǐngdǎocéng shǒudù fǎngměi
중국공산당 새 지도부가 최초로 미국을 방문하다
→ 중공 새 지도부의 최초 미국 방문

访美(fǎngměi) : 미국을 방문하다.
　访(fǎng) : 1.동 방문하다.

2.동 자문하다. 의견을 구하다.
3.동 조사하다. 탐문하다. 찾다.

b) "承上启下"意义凸显
'chéngshàngqǐxià' yìyì tūxiǎn
'과거 계승과 미래 발전'의 의의가 분명하게 나타나다

承上启下(chéngshàngqǐxià) : 위와 아래를 연결시키다. 중간다리 역할을 하다.
→ 과거의 계승과 미래의 발전.
承(chéng) : 동 계승하다. 잇다.
启(qǐ) : 동 시작하다. 열다. 펼치다.
承前启后(chéngqiánqǐhòu) : 선조의 유업(遗业)을 계승 발전시키다.
继往开来(jìwǎngkāilái) : 이전 사람의 사업을 계승하여 앞길을 개척하다.
意义(yìyì) : 1.명 의의. 의미. 뜻.
2.명 의의. 작용. 가치.
凸显(tūxiǎn) : 동 분명하게 드러나다〔나타나다〕. 부각되다.

5) 本届商贸联委会由王岐山将与美国商务部代理部长布兰克·贸易代表柯克共同主持。
běnjiè shāngmào liánwěihuì yóu wáng qí shān jiāng yǔ měiguó shāngwùbù dàilǐ bùzhǎng bùlánkè · màoyì dàibiǎo kēkè gòngtóng zhǔchí
이번 JCCT는 왕치샨이 장차 미국 상무부 장관대행 블랭크 · 무역대표 커크와 공동으로 주재할 것이다.

本届(běnjiè) : 명 이번. 금회.
由(yóu) : 1.개 …이. …에서. …로부터. 〔동작의 주체를 이끌어 냄〕
2.개 …로부터. …에서. …을 통하여.
〔동작이 경과하는 노선이나 장소를 이끌어 냄〕
3.개 …에서(부터). 〔동작의 기점이나 변화의 출처를 이끌어 냄〕
4.개 …로부터. …에 의해. 〔근거의 대상을 이끌어 냄〕
5.개 …로 인하여. …로 말미암아. …를 통하여.
〔사물이 발생하는 원인 혹은 방식을 이끌어 냄〕
6.명 유래. 원인. 까닭. 이유.
7.동 경과하다. 경유하다. 지나다.
8.동 따르다.
商务部(shāngwùbù) : (미국) 상무부. 2-7.
代理部长(dàilǐ bùzhǎng) : 장관〔부장〕대행. 장관〔부장〕대리.
代理(dàilǐ) : 대리하다. 대신하다. 대행하다. 2-四.
布兰克(bùlánkè) : Rebecca Blank, 레베카 블랭크.
贸易代表(màoyì dàibiǎo) : 〔경〕 무역대표, 통상대표.

柯克(kēkè) : Ron Kirk, 론 커크.
共同(gòngtóng) : 공동의. 공동으로. 함께. 1-8.
主持(zhǔchí) : 1.동 주관하다. 주재하다. 사회를 보다.
2.동 주장하다. 지지하다. 옹호하다.

6) 中国国际贸易学会中美欧研究中心主任何伟文表示，此番中美高层互动具有特殊含义，"我相信王岐山副总理会传达一个明确的信号，我们新一届的中共领导人会继续坚持改革开放，欢迎美方前来投资，在中国市场公平竞争，我们对发展中美经贸合作是充满了期待。"

중국 국제무역학회 중국·미국·유럽연구센터 주임 허웨이원의 의견에 의하면, 이번 중미 고위층의 상호 작용은 특별한 의미를 지니고 있는데, "왕차산 부총리가 명확한 신호를 전달할 것으로 나는 믿으며, 우리의 새 중공 지도자가 개혁개방을 계속 견지하고, 미국측이 방문 투자하여, 중국시장에서 공정하게 경쟁하는 것을 환영할 것이며, 우리는 중미 경제·무역 협력의 발전에 대해 실로 기대가 가득 찼다."

a) 中国国际贸易学会中美欧研究中心主任何伟文表示，
zhōngguó guójì màoyì xuéhuì zhōng měi ōu yánjiū zhōngxīn zhǔrèn hé wěi wén biǎoshì
중국 국제무역학회 중국·미국·유럽연구센터 주임 허웨이원은 …라고 표명하다 → ~ 허웨이원의 의견에 의하면

国际贸易(guójì màoyì) : 명 국제무역.
学会(xuéhuì) : 1.명 학회. 학술상의 단체.
2.동 습득하다. 배워서 알다. 배워서 할 수 있(게 되)다.
中美欧研究中心 : 중국·미국·유럽연구센터.
欧(ōu) : 명 유럽. 유럽 대륙.
研究(yánjiū) : 연구. 4-12.
中心(zhōngxīn) : 센터. 4-12.
主任(zhǔrèn) : 주임. 6-7.
何伟文(hé wěi wén) : He Weiwen, 허웨이원〔사람 이름〕.
表示(biǎoshì) : 표명하다. 나타내다. 표시하다. 3-2.

b) 此番中美高层互动具有特殊含义，
cǐfān zhōng měi gāocéng hùdòng jùyǒu tèshū hányì
이번 중미 고위층의 상호 작용은 특별한 의미를 지니다

此番(cǐfān) : 명 이번.
互动(hùdòng) : 동 상호 작용을 하다. → 상호 작용.
具有(jùyǒu) : 동 지니다. 가지다. 구비하다. 〔주로 추상적인 사물에 쓰임〕

特殊(tèshū) : 형 특수하다. 특별하다.
含义(hányì) : 명 (글자 · 단어 · 말 등의) 함의. 내포된 뜻. 담겨진 의미.

c) "我相信王岐山副总理会传达一个明确的信号,
wǒ xiāngxìn wáng qí shān fùzǒnglǐ huì chuándá yíge míngquè de xìnhào
"왕차산 부총리가 명확한 신호를 전달할 것으로 나는 믿다

相信(xiāngxìn) : 믿다. 신임하다. 신뢰하다. 4-17.
会(huì) : 1.동 …할 가능성이 있다. …할 것이다.
2.동 (배워서) …를 할 수 있다. …할 줄 알다.
3.동 …을 잘하다. …에 뛰어나다[능하다].
4.동 모이다. 모으다. 집중시키다.
5.동 만나다.
6.동 이해하다. 파악하다. 깨닫다.
7.동 능숙하다. 숙달하다. 통달하다. 잘 알다[하다].
8.명 회. 모임. 집회. 회합.
传达(chuándá) : 1.동 전하다. 전달하다.
2.동 입구에서 내빈을 접수하고 안내하다.
3.동 표현하다. 나타내다.
明确(míngquè) : 1.형 명확하다. 확실하다.
2.동 명확하게 하다. 확실하게 하다.
信号(xìnhào) : 명 신호. 사인.

d) 我们新一届的中共领导人会继续坚持改革开放,
wǒmen xīn yí jiè de zhōnggòng lǐngdǎorén huì jìxù jiānchí gǎigé kāifàng
우리의 새 중공 지도자가 개혁개방을 계속 견지하고(할 것이다)

※ 会는 조동사로서, 아래의 동사들 坚持 · 欢迎과 연계되며, 그 번역은 欢迎에서 표현한다.
新一届(xīn yí jiè) : 새로운 기(期). → 새로 들어서는. 새로운.
领导人(lǐngdǎorén) : 명 지도자. 영도자. 리더.
坚持(jiānchí) : 견지하다. 1-4.
改革(gǎigé) : 개혁. 1-6.
开放(kāifàng) : 개방. 1-4.

e) 欢迎美方前来投资, 在中国市场公平竞争,
huānyíng měifāng qiánlái tóuzī, zài zhōngguó shìchǎng gōngpíng jìngzhēng
미국측이 방문 투자하여, 중국시장에서 공정하게 경쟁하는 것을 환영하다(할 것이다)

欢迎(huānyíng) : 환영하다. 환영받다. → 환영. 2-四.
美方(měifāng) : 미국측.
前来投资 : 방문하여 투자하다. → 방문 투자하다.
前来(qiánlái) : 방문하다. 찾아오다. 6-11.

投资(tóuzī) : 투자하다. 1-16.
市场(shìchǎng) : 시장. 1-13.
公平(gōngpíng) : 공정한. 공평한. 공정. 공평. → 공정하게. 1-13.
竞争(jìngzhēng) : 경쟁. 경쟁하다. 1-8.

f) 我们对发展中美经贸合作是充满了期待。"
wǒmen duì fāzhǎn zhōng měi jīngmào hézuò shì chōngmǎn le qīdài
우리는 중미 경제 · 무역 협력의 발전에 대해 실로 기대가 가득 찼다."

对发展中美经贸合作 : 중미 경제 · 무역 협력의 발전에 대해.
对(duì) : …에 대해(서). …에 대하여. 3-8.
发展中美经贸合作 : 중미 경제 · 무역의 협력을 발전시키다.
→ 중미 경제 · 무역 협력의 발전.
发展(fāzhǎn) : 발전시키다. 발전하다. 1-4.
经贸(jīngmào) : 명 경제와 무역.
是(shì) : 동 형용사 · 동사성 술어 앞에서 강한 긍정을 나타냄. 1-7.
→ 확실히, 실로.
充满(chōngmǎn) : 1.동 가득 퍼지다. 가득 채우다.
2.동 충만하다. 넘치다. 가득 차다.
期待(qīdài) : 동 기대하다. 기다리다. 고대하다. 바라다.

7) 中国商务部新闻发言人沈丹阳也指出，在美国大选结束和中共十八大闭幕之后举行的本届中美商贸联委会，具有承前启后的重要意义。
중국 상무부 대변인 션단양도, 미국 대선 종료와 중공 18대 폐막 이후 거행된 이번 중미 JCCT는, 과거 계승과 미래 발전의 중요한 의의를 지니고 있다고 밝혔다.

a) 中国商务部新闻发言人沈丹阳也指出，
zhōngguó shāngwùbù xīnwén fāyánrén shěn dān yáng yě zhǐchū
중국 상무부 대변인 션단양도 …라고 밝히다

新闻发言人(xīnwén fāyánrén) : 대변인. 3-2.
沈丹阳(shěn dān yáng) : Shen Danyang, 션단양〔사람 이름〕. 3-2.
指出(zhǐchū) : 밝히다. 지적하다. 가리키다. 1-5.

b) 在美国大选结束和中共十八大闭幕之后举行的本届中美商贸联委会，
zài měiguó dàxuǎn jiéshù hé zhōnggòng shí bā dà bìmù zhīhòu jǔxíng de běnjiè zhōng měi shāngmào liánwěihuì
미국 대선 종료와 중공 18대 폐막 이후 거행된 이번 중미 JCCT는

在(zài)…之后(zhīhòu) : …이후에. 2-8. 6-7.

大选(dàxuǎn)：대통령 선거. 대선. 4-17.
结束(jiéshù)：종료. 4-18.
中共十八大(zhōnggòng shí bā dà)：中国共产党第十八次全国代表会(중국공산당 제18차 전국대표대회, 2012년 11월 8일 개최)의 약칭(중공 18대).
闭幕(bìmù)：동 폐막하다. 막을 내리다. 끝마치다. → 폐막.

c) 具有承前启后的重要意义。
jùyǒu chéngqiánqǐhòu de zhòngyào yìyì
과거 계승과 미래 발전의 중요한 의의를 지니다

承前启后(chéngqiánqǐhòu)：선조의 유업(遗业)을 계승 발전시키다. 7-4.
→ 과거 계승과 미래 발전. ≒承先启后(chéngxiānqǐhòu).
重要(zhòngyào)：중요한. 1-3.

8) 王岐山副总理将率由中国政府有关部门组成的代表团访美，表明了中国政府对中美经贸关系的高度重视，将向美方传递中方进一步发展中美经贸合作的积极愿望。

왕치산 부총리가 장차 중국 정부의 관련 부서로 구성된 대표단을 인솔하여 미국을 방문할 것이고, 중국 정부의 중미 경제·무역 관계에 대한 매우 높은 관심을 표명했고, 장차 미국측에게 중국측이 중미 경제·무역 협력을 더욱 발전시키려는 적극적인 희망을 전달할 것이다.

a) 王岐山副总理将率由中国政府有关部门组成的代表团访美，
wáng qí shān fùzǒnglǐ jiāng shuài yóu zhōngguó zhèngfǔ yǒuguān bùmén zǔchéng de dàibiǎotuán fǎngměi
왕치산 부총리가 장차 중국 정부의 관련 부서로 구성된 대표단을 인솔하여 미국을 방문할 것이다

率…代表团：대표단을 이끌다〔인솔하다〕.
率(shuài)：1.동 인솔하다. 통솔하다. 거느리다.
2.동 따르다. 의거하다. 그대로 하다.
3.형 경솔하다. 신중하지 않다.
代表团(dàibiǎotuán)：명 대표단.
由中国政府有关部门组成：중국 정부의 관련 부서가 구성하다.
→ 중국 정부의 관련 부서로 구성되다.
有关(yǒuguān)：관련 (있는). 2-15.
部门(bùmén)：명 부서. 부(部). 부문.
组成(zǔchéng)：구성하다. 조성하다. 2-6.

b) 表明了中国政府对中美经贸关系的高度重视,
biǎomíng le zhōngguó zhèngfǔ duì zhōng měi jīngmào guānxi de gāodù zhòngshì
중국 정부의 중미 경제·무역 관계에 대한 매우 높은 관심을 표명했다

表明(biǎomíng) : 분명하게 밝히다. 표명하다. 3-四.
关系(guānxi) : 관계. 1-8.
高度重视 : 매우 높은 중시. →매우 높은 관심.
重视(zhòngshì) : 중시하다. 중요시하다. 1-16.

c) 将向美方传递中方进一步发展中美经贸合作的积极愿望。
jiāng xiàng měifāng chuándì zhōngfāng jìnyíbù fāzhǎn zhōng měi jīngmào hézuò de jījí yuànwàng
장차 미국측에게 중국측이 중미 경제·무역 협력을 더욱 발전시키려는 적극적인 희망을 전달할 것이다

向(xiàng) : …에게. …(으)로. …을 향하여. 1-10.
传递(chuándì) : 동 전달하다. 전하다. 건네다.
中方进一步发展中美经贸合作的积极愿望 : 중국측이 중미 경제·무역 협력을 더욱 발전시키려는 적극적인 희망.
中方进一步发展中美经贸合作 : 중국측이 중미 경제·무역 협력을 더욱 발전시키다.
进一步(jìnyíbù) : (한 걸음 더) 나아가. 진일보하여. →더욱. 1-13.
积极愿望 : 적극적인 희망.
积极(jījí) : 적극적이다. 적극적인. 1-4.
愿望(yuànwàng) : 명 희망. 소망. 바람. 소원.

9) 外交学院副院长秦亚青认为, 在领导层换届的背景下, 未来一个时期, 中美关系能不能保持正常运转并且为今后的工作打开好的局面, 中美之间的政策协调更加重要, "在此时期, 中美高层也需要及时地进行一些信息的传达和交流。"

외교대학 부학장 친야칭에 의하면, 지도부 정권 교체의 배경 하에서, 향후 한 시기에, 중미 관계가 정상적 운행을 유지하고 또한 이후의 업무를 위해 양호한 국면을 타개할 수 있을지, 중미 사이의 정책 조화가 더욱 중요하며, "이 시기에, 중미 고위층도 일부 정보의 전달과 교류를 제때에 진행하는 것이 필요하다."

a) 外交学院副院长秦亚青认为,
wàijiāo xuéyuàn fùyuànzhǎng qín yà qīng rènwéi
외교대학 부학장 친야칭에 의하면

外交学院(wàijiāo xuéyuàn)：외교대학(1955년 개교, 중국 외교부 소속의 대학교육기관, 베이징 소재).

外交(wàijiāo)：1.명 외교.
2.명 외부 교제.

学院(xuéyuàn)：1.명 대학.
2.명 단과 대학.

副院长(fùyuànzhǎng)：부원장. → 부학장. 4-10.

秦亚青(qín yà qīng)：Qin Yaqing, 친야칭〔사람 이름〕.

> b) 在领导层换届的背景下,
> zài lǐngdǎocéng huànjiè de bèijǐng xià
> 지도부 정권 교체의 배경 하에서

在(zài)…下(xià)：…(아래)에서. …(하)에서. 5-14.

背景(bèijǐng)：명 배후 (세력). 백그라운드.

> c) 未来一个时期,
> wèilái yíge shíqī
> 향후 한 시기에

未来(wèilái)：미래. 향후. 머지않은. 4-12.

时期(shíqī)：시기. 3-四.

> d) 中美关系能不能保持正常运转并且为今后的工作打开好的局面,
> zhōng měi guānxi néngbunéng bǎochí zhèngcháng yùnzhuǎn bìngqiě wèi jīnhòu de gōngzuò dǎkāi hǎo de júmiàn
> 중미 관계가 정상적 운행을 유지하고 또한 이후의 업무를 위해 양호한 국면을 타개할 수 있을지

能不能(néngbunéng)：…할 수 있을지. …할 수 있는지? …할 수 없는지?

正常(zhèngcháng)：정상적인. 3-四.

运转(yùnzhuǎn)：1.동 (기구・조직 등이) 운행되다. 돌아가다. → 운행.
2.동 회전하다. 돌다. 운행하다.
3.동 (기계를) 운전하다. (기계가) 돌아가다.

并且(bìngqiě)：또한. 그리고. 동시에. 3-四.

为(wèi)：…을 위하여. 1-7.

今后(jīnhòu)：이후. 금후. 3-四.

工作(gōngzuò)：업무. 작업. 일. 3-四.

打开(dǎkāi)：1.동 타개하다.
2.동 열다. 풀다. 펼치다.
3.동 (스위치 따위를) 넣다. 켜다. 틀다.

局面(júmiàn)：국면. 형세. 양상. 2-四.

e) 中美之间的政策协调更加重要，
zhōng měi zhījiān de zhèngcè xiétiáo gèngjiā zhòngyào
중미 사이의 정책 조화가 더욱 중요하다

之间(zhījiān) : 1.명 (…의) 사이. 지간.
〔두 시간이나 지점 · 수량이 정한 범위 이내를 가리킴〕
2.명 이음절 동사나 부사 뒤에 쓰여 짧은 시간을 나타냄.
政策(zhèngcè) : 정책. 2-10.
协调(xiétiáo) : 조화롭게 하다. 어울리게 하다. 조정하다. → 조화. 1-15.
更加(gèngjiā) : 더욱. 더. 훨씬. 한층 더. 가일층. 더군다나. 1-4.

f) "在此时期，中美高层也需要及时地进行一些信息的传达和交流。"
"zài cǐ shíqī, zhōng měi gāocéng yě xūyào jíshídi jìnxíng yìxiē xìnxī de chuándá hé jiāoliú."
"이 시기에, 중미 고위층도 일부 정보의 전달과 교류를 제때에 진행하는 것이 필요하다."

在此时期 : 이 시기에.
需要(xūyào) : 1.동 필요하다. 요구되다.
2.명 (사물에 대한) 욕망. 요구. 욕구. 수요.
及时地(jíshídi) : 부 제때에. 알맞은 때에. 적시에.
及时(jíshí) : 1.형 시기 적절하다. 때가 맞다.
2.부 즉시. 곧바로. 신속히.
进行(jìnxíng) : 진행하다. 종사하다. 2-10.
信息(xìnxī) : 1.명 정보.
2.명 소식. 편지. 기별. 음신(音信).
交流(jiāoliú) : 1.동 서로 소통하다. 교류하다. (정보 따위를) 교환하다.
2.동 (동시에) 흐르다.

10) 其实，除了此次王岐山赴美磋商中美经贸议题，在中共十八大闭幕后的一个月来，美国企业家代表团 · 前财长鲍尔森 · 前总统卡特 · 副财长布雷纳德等相继访华，在中共新领导层履新以来的外事活动中，频繁会见"美国客人"的特点也较为突出。

사실, 이번 왕치산이 미국을 방문하여 중미 경제 · 무역을 협상하는 의제 이외에, 중공 18대 폐막 이후의 한달 동안, 미국 기업가 대표단 · 전 재무부 장관 폴슨 · 전 대통령 카터 · 재무부 차관 브레이너드 등이 잇따라 중국을 방문하고, 중공 새 지도부 취임 이후의 외교활동에서, '미국 방문객'을 빈번히 회견하는 특징도 비교적 두드러졌다.

a) 其实，除了此次王岐山赴美磋商中美经贸议题，
qíshí, chúle cǐcì wáng qí shān fù měi cuōshāng zhōng měi jīngmào yìtí
사실, 이번 왕치샨이 미국을 방문하여 중미 경제・무역을 협상하는 의제 이외에

其实(qíshí)：사실. 기실. 4-11.
除了(chúle)：1.개 …외에 또. …외에 …도. 〔还・也・只' 등과 연계됨〕
2.개 …을 제외하고(는).
3.개 …(지) 않으면, …(을) 하다. 〔就是…와 호응하여 사용함〕
此次(cǐcì)：이번. 금번. 금회.
王岐山赴美磋商中美经贸议题：왕치샨이 미국을 방문하여 중미 경제・무역을 협상하는 의제.
王岐山赴美：왕치샨이 미국을 방문하다.
磋商中美经贸：중미 경제・무역을 협상하다.
磋商(cuōshāng)：동 협상하다. 협의하다. 상세하게 논의하다. 교섭하다.
议题(yìtí)：명 의제.

b) 在中共十八大闭幕后的一个月来，
zài zhōnggòng shí bā dà bìmù hòu de yíge yuè lái
중공 18대 폐막 이후의 한달 동안

来(lái)：…동안. …이래. 5-22.

c) 美国企业家代表团・前财长鲍尔森・前总统卡特・副财长布雷纳德等相继访华，
měiguó qǐyèjiā dàibiǎotuán・qián cáizhǎng bàoěrsēn・qián zǒngtǒng kǎtè・fùcáizhǎng bùléinàdé děng xiāngjì fǎnghuá
미국 기업가 대표단・전 재무부 장관 폴슨・전 대통령 카터・재무부 차관 브레이너드 등이 잇따라 중국을 방문하다

企业家(qǐyèjiā)：명 기업가.
前财长：전 재무부 장관.
前(qián)：이전의. 종전의. 과거. 종전. 1-5.
财长(cáizhǎng)：财政部长(cáizhèngbùzhǎng), 재무부 장관.
鲍尔森(bàoěrsēn)：Henry Merritt Paulson Jr., 헨리 폴슨.
总统(zǒngtǒng)：명 대통령. 총통.
卡特(kǎtè)：Jimmy Carter, 지미 카터.
副财长布雷纳德：미국 재무부 국제담당 차관 라엘 브레이너드.
副财长(fùcáizhǎng)：财政部副部长(cáizhèngbù fùbùzhǎng), 재무부 차관.
副部长(fùbùzhǎng)：차관. 부부장.
布雷纳德(bùléinàdé)：Lael Brainard, 라엘 브레이너드.
相继(xiāngjì)：잇따라. 연이어. 계속해서. 줄지어. 2-四.

访华(fǎnghuá) : 중국을 방문하다.

d) 在中共新领导层履新以来的外事活动中，
zài zhōnggòng xīn lǐngdǎocéng lǚxīn yǐlái de wàishì huódòng zhōng
중공 새 지도부 취임 이후의 외교활동에서

履新(lǚxīn) : 동 취임하다. 부임하다. → 취임.
以来(yǐlái) : 이래. 동안. → 이후. 1-8.
外事活动 : 외교활동.
外事(wàishì) : 1.명 외사(外事). 외교 사무. 외교에 관계된 일.
2.명 바깥 일. 대외적인 일. 가정이나 개인 이외의 일.
活动(huódòng) : 1.동 활동하다. 행동하다. 움직이다. → 활동.
2.동 (몸을) 움직이다. 운동하다. 놀리다.
3.동 요동하다. 흔들리다. 놀다.

e) 频繁会见"美国客人"的特点也较为突出。
pínfán huìjiàn 'měiguó kèrén' de tèdiǎn yě jiàowéi tūchū
'미국 방문객'을 빈번히 회견하는 특징도 비교적 두드러지다

频繁(pínfán) : 형 빈번하다. 잦다. → 빈번히.
会见(huìjiàn) : 동 회견하다. 접견하다. 만나다.
客人(kèrén) : 1.명 손님. 방문객.
2.명 고객.
3.명 여행객. 길손.
特点(tèdiǎn) : 명 특징. 특색. 특점. 특성.
也 : 〔위의 除了와 연계됨〕. 도, 또한.
较为(jiàowéi) : 비교적. 4-14.
突出(tūchū) : 1.형 돋보이다. 두드러지다. 뛰어나다. 뚜렷하다.
2.형 튀어나오다. 돌출하다.
3.동 돌파하다. 뚫다.

11) 中美经贸合作竞争并存 分歧摩擦需实务对话

중미 경제·무역의 협력과 경쟁이 병존하고, 불일치와 마찰은 실무적 대화가 필요하다

a) 中美经贸合作竞争并存
zhōng měi jīngmào hézuò jìngzhēng bìngcún
중미 경제·무역의 협력과 경쟁이 병존하다

竞争(jìngzhēng) : 경쟁. 경쟁하다. 1-8.
并存(bìngcún) : 동 병존하다. 공존하다.

b) 分歧摩擦需实务对话
fēnqí mócā xū shíwù duìhuà
불일치와 마찰은 실무적 대화가 필요하다

分歧(fēnqí) : 1.명 (의견) 불일치. 상이. 다름. 차이(점).
2.형 (의견) 불일치하다. 어긋나다. 엇갈리다. 갈라지다.
摩擦(mócā) : 마찰. 알력. 불화. 충돌. 3-6.
需(xū) : 필요하다. 요구되다. 5-14.
实务对话 : 실무 대화. 실무적 대화.
实务(shíwù) : 명 실무.
对话(duìhuà) : 1.명 (소설 · 연극 가운데 인물간의) 대화.
2.동 대화하다.
3.동 (양자 혹은 다자 간에) 접촉하다. 담판하다.

12) 作为中美两国政府在经贸领域最早建立的对话机制之一，中美商贸联委会自1983年举行首届联委会以来，双方已成功举行22届联委会。

중미 양국 정부의 경제 · 무역 영역에서 최초로 성립된 대화채널 중 하나로서, 중미 JCCT가 1983년부터 제1회 연합위원회를 거행한 이래로, 쌍방은 이미 22회 연합위원회를 성공적으로 거행했다.

a) 作为中美两国政府在经贸领域最早建立的对话机制之一，
zuòwéi zhōng měi liǎngguó zhèngfǔ zài jīngmào lǐngyù zuìzǎo jiànlì de duìhuà jīzhì zhīyī
중미 양국 정부의 경제 · 무역 영역에서 최초로 성립된 대화채널 중 하나로서

作为(zuòwéi) : …로 여기다〔간주하다〕. …으로 삼다. …로 하다.
…의 신분〔자격〕으로서. 3-7.
政府(zhèngfǔ) : 정부. 6-9.
在经贸领域 : 경제 · 무역 영역에서.
领域(lǐngyù) : 분야. 영역. 1-4.
最早(zuìzǎo) : 최초로. 가장 일찍. 최초의. 가장 이른.
建立(jiànlì) : 1.동 성립하다. 창설하다. 건립하다. 수립하다. 세우다.
2.동 구성하다. 형성하다. 이루다. 만들다. 세우다. 맺다.
对话机制(duìhuà jīzhì) : 대화채널. 대화 메커니즘.

b) 中美商贸联委会自1983年举行首届联委会以来，
zhōng měi shāngmào liánwěihuì zì yī jiǔ bā sān nián jǔxíng shǒujiè liánwěihuì yǐlái
중미 JCCT가 1983년부터 제1회 연합위원회를 거행한 이래로

自(zì) : …에서부터. …에서 시작하여. 2-15.
首届(shǒujiè) : 명 제1회. 제1기. 제1차.

c) 双方已成功举行22届联委会。
shuāngfāng yǐ chénggōng jǔxíng èr shí èr jiè liánwěihuì
쌍방은 이미 22회 연합위원회를 성공적으로 거행했다

成功(chénggōng) : 1.동 성공하다. 이루다. → 성공적으로.
2.형 성공적이다.

13) 该机制对扩大双边经贸合作·维护中美经贸关系稳定发挥了重要作用，被称为两国贸易摩擦的"灭火器"。
이 채널은 쌍방 경제·무역 협력의 확대와 중미 경제·무역 관계의 유지에 대해 중요한 역할을 안정적으로 발휘했고, 양국 무역 마찰의 '소화기'로 불리다.

a) 该机制对扩大双边经贸合作·维护中美经贸关系稳定发挥了重要作用，
gaī jīzhì duì kuòdà shuāngbiān jīngmào hézuò · wéihù zhōngměi jīngmào guānxi wěndìng fāhuī le zhòngyào zuòyòng
이 채널은 쌍방 경제·무역 협력의 확대와 중미 경제·무역 관계의 유지에 대해 중요한 역할을 안정적으로 발휘했다

该机制 : 이 채널. 이 메커니즘.
该(gaī) : 이. 그. 저. 2-3.
对扩大双边经贸合作·维护中美经贸关系 : 쌍방 경제·무역 협력의 확대와 중미 경제·무역 관계의 유지에 대해.
扩大双边经贸合作 : 쌍방 경제·무역 협력을 확대하다.
→ 쌍방 경제·무역 협력의 확대.
扩大(kuòdà) : 확대하다. 넓히다. 키우다. 증대하다. 신장하다. 1-9.
双边(shuāngbiān) : 명 쌍방. 양자. 양국. 쌍무.
维护中美经贸关系 : 중미 경제·무역 관계를 유지하다.
→ 중미 경제·무역 관계의 유지.
维护(wéihù) : 동 유지하고 보호하다. 지키다. 옹호〔수호〕하다.
稳定(wěndìng) : 안정적이다. → 안정적으로. 1-14.
发挥(fāhuī) : 발휘하다. 1-18.
作用(zuòyòng) : 역할. 작용. 1-18.

b) 被称为两国贸易摩擦的"灭火器"。
bèi chēngwéi liǎngguó màoyì mócā de 'mièhuǒqì'
양국 무역 마찰의 '소화기'로 불리다

被称为：…으로 불리다.

被(bèi)：1.개 …당하다. …에게 …당하다.〔피동구에서 주어가 동작의 대상임을 나타내고, 被 뒤의 주체는 생략 가능〕

2.동 당하다. 입다. 받다.

3.동 덮다.

4.명 이불.

称为(chēngwéi)：동 …(이)라고 부르다〔불리다·일컫다·칭하다〕.

灭火器(mièhuǒqì)：명 소화기.

7-3 번 역 중국 · 미국 정권 교체 이후 최초 고위층 접촉이 주목을 받다

신임 중국공산당 중앙정치국 상무위원 · 국무원 부총리 왕치샨은 장차 워싱턴으로 가서, 18일에서 19일까지 거행할 JCCT에 출석하고, 오바마 등 미국 정계 요인이 장차 그와 만날 것으로 예상한다. 분석에 의하면, 이것은 중미 양국 지도부 정권 교체 이후의 최초 고위층 접촉이며, 한편으로 쌍방이 기존 협상 메커니즘의 소통을 계속 유지할 의사가 있음을 나타내었고, 동시에 또한 새 시기의 중미 협력에 대해 의견을 장차 광범하게 교환할 것이기 때문에, 높게 주목할 만한 가치가 있다.

중국공산당 새 지도부의 최초 미국 방문은, '과거 계승과 미래 발전'의 의의가 분명하게 나타나다

이번 JCCT는 왕치샨이 장차 미국 상무부 장관대행 블랭크 · 무역대표 커크와 공동으로 주재할 것이다. 중국 국제무역학회 중국 · 미국 · 유럽연구센터 주임 허웨이원의 의견에 의하면, 이번 중미 고위층의 상호 작용은 특별한 의미를 지니고 있는데, "왕치샨 부총리가 명확한 신호를 전달할 것으로 나는 믿으며, 우리의 새 중공 지도자가 개혁개방을 계속 견지하고, 미국측이 방문 투자하여, 중국시장에서 공정하게 경쟁하는 것을 환영할 것이며, 우리는 중미 경제 · 무역 협력의 발전에 대해 실로 기대가 가득 찼다."

중국 상무부 대변인 션단양도, 미국 대선 종료와 중공 18대 폐막 이후 거행된 이번 중미 JCCT는, 과거 계승과 미래 발전의 중요한 의의를 지니고 있다고 밝혔다. 왕치샨 부총리가 장차 중국 정부의 관련 부서로 구성된 대표단을 인솔하여 미국을 방문할 것이고, 중국 정부의 중미 경제 · 무역 관계에 대한 매우 높은 관심을 표명했고, 장차 미국측에게 중국측이 중미 경제 · 무역 협력을 더욱 발전시키려는 적극적인 희망을 전달할 것이다.

외교대학 부학장 친야칭에 의하면, 지도부 정권 교체의 배경 하에서, 향후 한 시기에, 중미 관계가 정상적 운행을 유지하고 또한 이후의 업무를 위해 양호한 국면을 타개할 수 있을지, 중미 사이의 정책 조화가 더욱 중요하며, "이 시기에, 중미 고위층도 일부 정보의 전달과 교류를 제때에 진행하는 것이 필요하다."

사실, 이번 왕치샨이 미국을 방문하여 중미 경제 · 무역을 협상하는 의제 이외에, 중공 18대 폐막 이후의 한달 동안, 미국 기업가 대표단 · 전 재무부 장관 폴슨 · 전 대통령 카터 · 재무부 차관 브레이너드 등이 잇따라 중국을 방문하고, 중공 새 지도부 취임 이후의 외교활동에서, '미국 방문객'을 빈번히 회견하는 특징도 비교적 두드러졌다.

중미 경제 · 무역의 협력과 경쟁이 병존하고, 불일치와 마찰은 실무적 대화가 필요하다

중미 양국 정부의 경제 · 무역 영역에서 최초로 성립된 대화채널 중 하나로서, 중미 JCCT가 1983년부터 제1회 연합위원회를 거행한 이래로, 쌍방은 이미 22회 연합위원회를 성공적으로 거행했다. 이 채널은 쌍방 경제 · 무역 협력의 확대와 중미 경제 · 무역 관계의 유지에 대해 중요한 역할을 안정적으로 발휘했고, 양국 무역 마찰의 '소화기'로 불리다.

7-4 练习

就中美经贸关系来看，如今中美两国互为第二大贸易伙伴，据中方统计，2011年中美双边贸易额达4466亿美元。但是伴随经贸关系的深化，中美间经贸摩擦的频率也在增加。

北京大学国际关系学院教授朱峰表示，经贸领域中美合作与竞争并存，在这仲情况下务实的对话沟通就更显重要。

朱峰称，王岐山此次访美，一方面是为取得本届中美商贸联委会的既定目标，另一方面也在表明，保持中美已有的协商机制的延续对中美双方经贸关系的积极意义。

时近岁末，王岐山此次美国之行，也是延续了今年以来中美高层频繁互动的趋势。今年2月，习近平成功访美，拉开了今年中美高层互动的序幕，之后中美两国元首分别在出席核安全峰会和G20峰会期间实现两次会晤，此外，美国国务卿希拉里今年里两度来华访问，中美两国防长也在今年实现互访。

对于未来一个时期中美关系的走向，中国国际问题研究所所长曲星认为，除了保证现有的各个层面的沟通机制畅通以外，还要扩大充实机制化的对话渠道，来管控分歧，扩大合作，避免战略误解误判。

단어 정리

- 就(jiù)…来看(láikàn)：…에 대해 보면. …에서 보면. 2-12.
- 如今(rújīn)：명 (비교적 먼 과거에 대하여) 지금. 이제. 오늘날. 현재.
- 互为(hùwéi)：동 서로 …(의 관계)가 되다.
- 第二大(dìèr dà)：두 번째로 큰.
- 伙伴(huǒbàn)：명 동료. 친구. 동반자.
- 据(jù)：…에 의하면. …에 의거하여. 2-8.
- 伴随(bànsuí)：따라가다. → 따라서. 4-17.
- 深化(shēnhuà)：동 심화되다. → 심화.
- 间(jiān)：사이. 2-4.
- 频率(pínlǜ)：명 빈도(수).
- 在增加：증가하고 있다.
  在(zài)：마침 …하고 있다. 1-1.
  增加(zēngjiā)：증가하다. 2-7.
- 北京大学(běijīng dàxué)：베이징대학교.
- 国际关系学院(guójì guānxi xuéyuàn)：국제관계대학.
- 教授(jiàoshòu)：명 교수.
- 朱峰(zhū fēng)：Zhu Feng, 주펑〔사람 이름〕.
- 表示(biǎoshì)：표명하다. → …(의 의견)에 의하면. 3-2.
- 务实(wùshí)：형 실무적인. 실제적인. 실용적인. 실속 있는.
- 沟通(gōutōng)：동 소통하다. 교류하다. 서로 통하게 하다. 의견을 나누다. → 소통.
- 更显重要：중요성을 더욱 나타내다.
  更(gèng)：더욱. 더. 훨씬. 1-4.
  显(xiǎn)：동 드러내다. 보이다. 나타내다.
- 称(chēng)：말하다. → …에 의하면. 5-6.
- 此次(cǐcì)：이번. 7-10.
- 为(wèi)：…때문에. …덕택에. …하기 위하여. 1-7.
- 既定(jìdìng)：형 기정의. 이미 정한.
- 在表明：표명하고 있다.
- 保持(bǎochí)：유지하다. 3-四.
- 中美已有的协商机制的延续对中美双方经贸关系的积极意义：중미 사이 기존 협상 메커니즘의 지속이 중미 쌍방 경제·무역 관계에 대해 갖는 긍정적 의미.

中美已有的协商机制的延续：중미가 이미 가지고 있는 협상 메커니즘의 지속.
→중미 사이 기존 협상 메커니즘의 지속.
延续(yánxù)：[동] 계속하다. 지속하다. 연장하다. →지속.
对中美双方经贸关系：중미 쌍방 경제 · 무역 관계에 대해.
积极意义：긍정적 의미.
积极(jījí)：긍정적. 적극적. 1-4.

• 时近岁末：때가 연말에 접근하다. →연말에 이르러.
  时(shí)：[명] 때. 시기. 시간. 세월. 계절. 시.
  近(jìn)：[동] 가까이 가다. 다가가다. 접근하다. 5-22.
  岁末(suìmò)：[명] 세밑. 연말(年末). 세모.
• 美国之行：미국 방문.
  行(xíng)：[명] 노정. 여정. 길.
• 频繁(pínfán)：빈번하다. 빈번히. 7-10.
• 互动(hùdòng)：상호 작용을 하다. 상호 작용. 7-6.
• 习近平成功访美：시진핑이 성공적으로 미국을 방문하다.
  →시진핑의 성공적인 미국 방문.
  习近平(xí jìn píng)：Xi Jinping, 시진핑〔사람 이름〕.
  (2012년, 중국공산당 총서기. 2013년, 중화인민공화국 국가주석)
• 拉开(lākāi)：[동] 힘껏 당겨서 열다〔나누다〕. 갈라 놓다. 늘리다. 펼치다. 벌리다.
• 序幕(xùmù)：[명] 서막. 도입부. (큰 사건의) 발단. 시작.
• 之后(zhīhòu)：그 후. 그 다음. 2-8.
• 元首(yuánshǒu)：[명] 국가원수. 군주. 임금.
• 分别(fēnbié)：각각. 따로따로. 4-4.
• 在(zài)…期间(qījiān)：… 기간에.
  期间(qījiān)：[명] 기간. 시간.
• 核安全峰会(hé ānquán fēnghuì)：핵안보정상회의(Nuclear Security Summit).
  核(hé)：[명] 핵. 사물의 핵(심). 과일의 씨.
  安全(ānquán)：[형] 안전하다. →안전. 안보.
  峰会(fēnghuì)：[명] 정상회담.
• 会晤(huìwù)：[동] 만나다. 회견하다. →회합. 회견.
• 此外(cǐwài)：이 밖에. 2-13.
• 国务卿(guówùqīng)：[명] (미국의) 국무부 장관. →국무장관.
• 希拉里(xīlālǐ)：Hillary Rodham Clinton, 힐러리 로댐 클린턴〔사람 이름〕.
  (2009.01-2013.02.: 미국 국무부 장관 역임)
• 两度(liǎngdù)：2회. 2차. 두 번.

度(dù) : 양 회(回). 차(次). 2-12.

- 来华访问 : 중국에 와서 방문하다. → 중국을 방문하다.

  来华(láihuá) : 중국에 오다. 중국을 방문하다. 중국 방문.

  访问(fǎngwèn) : 동 방문하다. 구경하다.
- 国防长(guófángzhǎng) : 명 국방부 장관. → 국방장관.
- 互访(hùfǎng) : 동 상호 방문하다. → 상호 방문.
- 对于(duìyú) : …에 대해(서). …에 대하여. 6-5.
- 走向(zǒuxiàng) : 명 (발전적) 추세. 흐름.
- 国际问题研究所(guójì wèntí yánjiūsuǒ) : 국제문제연구소.

  研究所(yánjiūsuǒ) : 명 연구소. 대학원.
- 所长(suǒzhǎng) : 명 (연구소 등의) 소장.
- 曲星(qū xīng) : Qu Xing, 취싱〔사람 이름〕.
- 认为(rènwéi) : (…라고) 생각하다. 2-10.
- 除了(chúle)…以外(yǐwài) : … 이외에, …을 빼고는, ...말고. …없이, …없는. 7-10.
- 保证(bǎozhèng) : 동 보증하다. 담보하다. 확실히 책임지다. 확보하다. 담보(물).
- 现有(xiànyǒu) : 동 현재 있다. 현존하다. 지금 존재하다.
- 层面(céngmiàn) : 명 방면. 영역. 범위. 층면.
- 沟通机制(gōutōng jīzhì) : 소통 메커니즘. 소통 채널. 소통 기제.
- 畅通(chàngtōng) : 형 원활하다. 잘 소통되다. → 원활성. 소통. 7-3.
- 还要 : 또한 …해야 하다.
- 扩大充实机制化的对话渠道 : 메커니즘화된 대화채널을 강화함을 확대하다.

  → 메커니즘화된 대화채널의 강화를 확대하다.

  充实(chōngshí) : 동 강화하다. 충족시키다. 보강하다.

  机制化(jīzhìhuà) : 메커니즘화하다. 기제화하다. 체제화하다. 제도화하다.

  对话渠道(duìhuà qúdào) : 대화채널.

  渠道(qúdào) : 명 경로. 방법. 채널.
- 来(lái) : 〔동사구(개사구)와 동사(동사구) 사이에 쓰여 전자가 방법 · 태도를, 후자가 목적임을 나타냄〕. 5-22.
- 管控(guǎnkòng) : 동 관리하고 통제하다.
- 分歧(fēnqí) : 불일치. 차이(점). 7-11.
- 避免(bímiǎn) : 동 (나쁜 상황을) 방지하다. 피하다. (모)면하다.
- 误解(wùjiě) : 명 오해. 동 오해하다.
- 误判(wùpàn) : 명 오판. 동 오판하다.

제8과

中朝经济特区

중국 · 북한 경제특구

8-1 正文 中朝黄金坪经济区探秘 外媒将其误读为"租界"

在鸭绿江下游有两座静谧而漂亮的岛屿，它们是朝鲜的国土，与岛屿相邻的就是中国的辽宁省丹东市。近来，这两座岛屿正成为全球关注和追逐的焦点。

这里是国际上近来一直在热议和猜测的"中朝特区"，因为其土地租借期为50年不变，有外媒将其误读为"租界"。

按照中朝两国的相关法律和文件，这两个岛屿的官方称谓是"中朝黄金坪·威化岛经济区"；这一称谓也是朝鲜已故国家领导人金正日早在2010年5月访华期间，与中国国家主席胡锦涛就中朝经济区首次达成共识的约定之一。

2012年夏末秋初，中朝经济区进入历史性关键期：筹备期收官，开发建设期启动，中朝黄金坪·威化岛经济区首先从黄金坪岛的开发建设开始。

8月14日，"中朝共同开发和共同管理黄金坪经济区管委会"(下称"黄金坪管委会")在北京宣告成立；9月15日，黄金坪管委会办公楼举行奠基仪式；9月26日，经济区投资说明会在北京举行；10月17日，管委会正式向社会公开招聘中方工作人员。

与此同时，作为中朝两国交通要道·中朝经济区重要基础配套的新鸭绿江大桥--中朝鸭绿江公路大桥，工程已完成近半。新桥由中国政府投资建设，据称投资约22亿元人民币。

作为国际特区，黄金坪经济区的合作模式在全球范围内是首创，无任何相同范本和样本。中朝两国领导人的这一大战略·大智慧，令世人钦佩，令两国人民自豪。

不过，作为国际合作的创新模式，中朝经济区的未来发展之难也是无法回避的现实。尽管按照金正日早先与中国领导人共同确定的“共同开发和共同管理”的合作模式，已经写入«朝鲜黄金坪·威化岛经济区法»，并成为经济区合作的基本原则。但是，实际运作中如何体现这一基本原则，或者说这一基本原则以何种形式体现在实际运作的各个层面，依然需要执行者的大胸怀·大思路，以及高超的技巧和艺术。例如：合作年限为多久，管委会的职能定位与双方人员构成，经济区的产业政策与投资政策，经济区用何种货币来交易和决算，以及劳工的来源·人口管理等等。

* 출처: 人民网-2012年11月27日
http://finance.people.com.cn/n/2012/1127/c1004-19705950.html

8-2 生词与解释

1) 中朝黄金坪经济区探秘 外媒将其误读为"租界"

zhōng cháo huángjīnpíng jīngjìqū tànmì, wàiméi jiāng qí wùdú wéi 'zūjiè'
중국·북한 황금평 경제특구의 비밀을 탐색하다. 외국 대중매체는 이것을 '조계'로 잘못 해석하다.

中(zhōng)：명 중국. 중화인민공화국. 1-6.
朝(cháo)：명 북한. 조선민주주의인민공화국.
黄金坪经济区(huángjīnpíng jīngjìqū)：황금평경제특구.
　黄金坪(huángjīnpíng)：황금평(압록강 하구의 평안북도 신도군에 있는 섬).
　经济区(jīngjìqū)：경제지역(economic region). 경제구역. → 경제특구.
探秘(tànmì)：동 비밀을 탐색하다. 비밀을 캐내다. 매우 깊은 뜻을 탐색하다.
外媒(wàiméi)：外国媒体(wàiguó méitǐ), 외국 대중매체.
将(jiāng)：…을. 1-4.
误读为(wùdú wéi)：…으로 잘못 읽다. → …으로 잘못 해석하다.
　误(wù)：1.부 잘못하여. 실수로. 무심코. 무심결에.
　　2.명 실수. 잘못. 틀림.
　　3.형 틀리다. 잘못되다.
　　4.동 (시간에) 늦다. 늦어지다. 지체하다. 지각하다.
　读(dú)：1.동 글을 소리내어 읽다. 낭독하다.
　　2.동 열람〔열독〕하다. 보다. 읽다.
　　3.동 (…라고) 발음하다.
　为(wéi)：…으로. 1-8.
租界(zūjiè)：명 조계.

2) 在鸭绿江下游有两座静谧而漂亮的岛屿，它们是朝鲜的国土，与岛屿相邻的就是中国的辽宁省丹东市。

압록강 하류에는 조용하고 아름다운 섬 두 개가 있고, 그들은 북한의 영토이며, 섬과 인접한 것은 바로 중국의 랴오닝 성 단둥 시이다.

a) 在鸭绿江下游有两座静谧而漂亮的岛屿，
zài yālǜjiāng xiàyóu yǒu liǎng zuò jìngmì ér piāoliang de dǎoyǔ
압록강 하류에는 조용하고 아름다운 섬 두 개가 있다

鸭绿江(yālǜjiāng)：명 압록강.
下游(xiàyóu)：1.명 하류의 강물이 흘러 지나가는 지역. 하류 지역. → 하류.
　2.명 낙후된 처지. 뒤떨어진 위치.

座(zuò) : 1.양 좌. 동. 채. 〔부피가 크거나 고정된 물체를 세는 단위〕
2.명 (~儿) 좌석. 자리.
3.명 좌. 별자리.
4.명 (~儿) 기물의 기초 부분이나 받침.
静谧(jìngmì) : 형 조용하다. 고요하다. 잠잠하다.
漂亮(piāoliang) : 1.형 예쁘다. 아름답다. 곱다. 어여쁘다. 아리땁다. 미려하다.
2.형 (행동 등이) 멋지다. 훌륭하다. 뛰어나다. 특출하다.
岛屿(dǎoyǔ) : 명 섬. 도서.

b) 它们是朝鲜的国土,
tāmen shì cháoxiān de guótǔ
그들은 북한의 영토이다

朝鲜(cháoxiān) : 1.명 북한. 조선 민주주의 인민 공화국.
2.명 조선 왕조. 조선.
国土(guótǔ) : 명 국토.

c) 与岛屿相邻的就是中国的辽宁省丹东市。
yǔ dǎoyǔ xiānglín de jiù shì zhōngguó de liáoníng shěng dāndōng shì
섬과 인접한 것은 바로 중국의 랴오닝 성 단둥 시이다

相邻(xiānglín) : 동 서로 인접하다. 서로 이웃하다.
辽宁省(liáoníng shěng) : 명 랴오닝 성. 요녕성.
丹东市(dāndōng shì) : 명 단둥 시. 단동시.

3) 近来，这两座岛屿正成为全球关注和追逐的焦点。
jìnlái, zhè liǎng zuò dǎoyǔ zhèng chéngwéi quánqiú guānzhù hé zhuīzhú de jiāodiǎn
근래, 이 두 섬은 전세계가 주시하고 뒤쫓는 관심사의 초점으로 한창 되고 있다.

近来(jìnlái) : 명 근래. 요즘. 최근.
正(zhèng) : 마침. 한창. 5-21.
成为(chéngwéi) : …이 되다. …(으)로 되다. 1-5.
全球(quánqiú) : 전세계. 지구 전체. 온 세상. 1-11.
关注(guānzhù) : 주시하다. 관심을 가지(고 중시하)다. 7-1.
追逐(zhuīzhú) : 1.동 쫓고 쫓기다. 뒤쫓다.
2.동 쫓다. 추구하다. 도모하다. 꾀하다. 탐하다. 취하다.
焦点(jiāodiǎn) : 명 (문제나 관심사의) 초점. 집중.

4) 这里是国际上近来一直在热议和猜测的"中朝特区"，因为其土地租借期为50年不变，有外媒将其误读为"租界"。

여기는 국제적으로 근래 줄곧 뜨겁게 논의되고 추측되고 있는 '중북 특구'인데, 왜냐하면 그 토지 조차기간이 50년 불변이고, 일부 외국 대중매체가 그것을 '조계'로 잘못 해석하기 때문이다.

a) 这里是国际上近来一直在热议和猜测的"中朝特区"，
zhèli shì guójìshang jìnlái yìzhí zài rèyì hé cāicè de 'zhōng cháo tèqū',
여기는 국제적으로 근래 줄곧 뜨겁게 논의되고 추측되고 있는 '중북 특구'이다

国际上(guójìshang)：국제적으로.
　国际(guójì)：국제. 1-8.
一直(yìzhí)：계속. 줄곧. 5-13.
在(zài)：마침 …하고 있(는 중이)다. 1-1.
热议(rèyì)：광범위하고 열렬하게 토론하다. → 뜨겁게 논의하다.
猜测(cāicè)：[동] 추측하다. 추정하다. 짐작하다.
中朝特区(zhōng cháo tèqū)：중국 · 북한 특구. → 중북 특구.
　特区(tèqū)：1.[명] (정치 · 경제 등에서의) 특구. 특별 구역.
　　2.특별행정구(特别行政区)의 약칭.

b) 因为其土地租借期为50年不变，有外媒将其误读为"租界"。
yīnwèi qí tǔdì zūjièqī wéi wǔ shí nián búbiàn, yǒu wàiméi jiāng qí wùdú wéi 'zūjiè'
왜냐하면 그 토지 조차기간이 50년 불변이고, 일부 외국 대중매체가 그것을 '조계'로 잘못 해석하기 때문이다

因为(yīnwèi)：왜냐하면. 5-6.
土地(tǔdì)：1.[명] 토지. 전답. 전지. 농토. 땅.
　2.[명] 영토. 국토. 강토. 강역.
租借期(zūjièqī)：조차기간.
　租借(zūjiè)：1.[동] 조차하다. 차용하다. 세를 내다. 임차하다.
　　2.[동] 빌려주다. 세를 놓다. 임대하다.
　期(qī)：1.[명] 일정한 기간. 시기(时期).
　　2.[명] 기한(期限).
　　3.[동] 바라다. 기다리다. 기대하다.
　　4.[동] 시일을 정하다. 기간을 약정하다.
　　5.[양] 기(期). [일정 시기를 몇 개로 구분한 것 중의 하나]
为(wéi)：…이다. 1-8.
不变(búbiàn)：[동] 변하지 않다. 불변하다.
有外媒：외국 대중매체가 있다. → 어느 외국 대중매체. 일부 외국 대중매체.

有(yǒu) : 1.동 어느. 모(某). 〔명시되지 않은 사람 · 날짜 · 사물 등을 나타냄〕
2.동 어떤. 〔사람 · 때 · 장소 앞에 쓰여 일부분을 나타냄〕
3.동 있다. 〔존재를 나타냄〕
4.동 가지고 있다. 소유하다. 〔소유를 나타냄〕
5.동 생기다. 나타나다. 〔발생 · 출현을 나타냄〕
6.동 …만큼 되다. …만하다. …이다. 〔계량이나 비교를 나타냄〕

5) 按照中朝两国的相关法律和文件，这两个岛屿的官方称谓是"中朝黄金坪 · 威化岛经济区"；

중북 양국의 관련 법률과 문건에 따라, 이 두 섬의 공식 명칭은 '중북 황금평 · 위화도 경제특구'이다.

a) 按照中朝两国的相关法律和文件，
ànzhào zhōng cháo liǎngguó de xiāngguān fǎlǜ hé wénjiàn
중북 양국의 관련 법률과 문건에 따라

按照(ànzhào) : 1.개 …에 의해. …에 따라.
2.동 …에 따르다. …의거하다.
相关(xiāngguān) : 관련 (있는). 2-10.
法律(fǎlǜ) : 1.명 법률.
2.명 형법.
文件(wénjiàn) : 1.명 (정치 이론 · 정책 등 방면의) 문건. 문장. 문헌.
2.명 공문 · 서류 · 서신 등의 총칭.
3.명 파일. 기록철.

b) 这两个岛屿的官方称谓是"中朝黄金坪 · 威化岛经济区"；
zhè liǎngge dǎoyǔ de guānfāng chēngwèi shì 'zhōng cháo huángjīnpíng · wēihuàdǎo jīngjìqū'
이 두 섬의 공식 명칭은 '중북 황금평 · 위화도 경제특구'이다

官方(guānfāng) : 공식의. 공식적인. 4-17.
称谓(chēngwèi) : 명 명칭. 호칭. 칭호.
威化岛(wēihuàdǎo) : 위화도(압록강 하류의 평안북도 신의주시에 딸린 섬).

6) 这一称谓也是朝鲜已故国家领导人金正日早在2010年5月访华期间，与中国国家主席胡锦涛就中朝经济区首次达成共识的约定之一。

zhè yī chēngwèi yě shì cháoxiān yǐgù guójiā lǐngdǎorén jīn zhèng rì zǎo zài èr líng yī líng nián wǔ yuè fǎnghuá qījiān, yǔ zhōngguó guójiā zhǔxí hú jǐn tāo jiù zhōng cháo jīngjìqū shǒucì dáchéng gòngshí de yuēdìng zhīyī

이 명칭은 또한 북한 국가지도자 고 김정일이 일찍이 2010년 5월 중국 방문 기간에, 중국 국가주석 후진타오와 중북 경제특구에 대해 처음으로 공통 인식에 달성한 약속 중 하나이다.

朝鲜已故国家领导人金正日：북한 국가지도자 고 김정일.
 已故(yǐgù)：동 이미 세상을 떠나다. 이미 서거하다. → 사망한. 고(故).
 领导人(lǐngdǎorén)：지도자. 7-6.
 金正日(jīn zhèng rì)：김정일(1942-2011, 북한 최고지도자).
早(zǎo)：일찍이. 오래 전에. 6-9.
在2010年5月访华期间：2010년 5월 중국 방문 기간에.
 访华(fǎnghuá)：중국을 방문하다. 7-10.
 期间(qījiān)：기간. 시간. 7-四.
与中国国家主席胡锦涛：중국 국가주석 후진타오와.
 国家主席(guójiāzhǔxí)：국가주석. 1-3.
 胡锦涛(hú jǐn tāo)：후진타오. 1-3.
就中朝经济区：중북 경제특구에 대해.
 就(jiù)：…에 대하여. …에 관하여. 2-12
首次达成共识：처음으로 공통 인식에 달성하다.
 首次(shǒucì)：처음. 최초. 첫 번째. → 처음으로. 최초로. 7-1.
 达成(dáchéng)：동 달성하다. 도달하다. 얻다.
 共识(gòngshí)：공통(된) 인식. 1-四.
约定(yuēdìng)：동 약정하다. 약속하여 정하다. 약속하다. → 약속. 약정.

7) 2012年夏末秋初，中朝经济区进入历史性关键期：筹备期收官，开发建设期启动，中朝黄金坪·威化岛经济区首先从黄金坪岛的开发建设开始。

2012년 8월 말 9월 초에, 중북 경제특구는 역사적인 주요 시기에 진입했다. 즉 준비 시기가 끝나고, 개발·건설 시기가 시작되었으며, 중북 황금평·위화도 경제특구는 우선 황금평 섬의 개발·건설부터 착수했다.

a) 2012年夏末秋初，
èr líng yī èr nián xiàmò qīuchū
2012년 8월 말 9월 초에

夏末(xiàmò) : 늦여름. →8월 말.
秋初(qīuchū) : 초가을. →9월 초.

b) 中朝经济区进入历史性关键期：筹备期收官，开发建设期启动，
zhōng cháo jīngjìqū jìnrù lìshǐxìng guānjiànqī : chóubèiqī shōuguān, kāifā jiànshèqī qǐdòng
중북 경제특구는 역사적인 주요 시기에 진입하다. 즉 준비 시기가 끝나고, 개발·건설 시기가 시작되다

中朝经济区进入历史性关键期 : 중북 경제특구는 역사적인 주요 시기에 진입하다.
进入(jìnrù) : 진입하다. 1-6.
历史性(lìshǐxìng) : 명 역사(성). 역사적. 1-6.
关键期(guānjiànqī) : 주요 시기. 중요 기간. 관건이 되는 시기〔기간〕.
关键(guānjiàn) : 1.명 관건. 열쇠. 키포인트.
2.형 결정적인 작용을 하는. 매우 중요한.
3.명 빗장, 또는 빗장의 역할과 같은 것.
筹备期收官 : 준비 시기가 끝나다.
筹备期(chóubèiqī) : 준비 시기.
筹备(chóubèi) : 동 기획하고 준비하다. 준비하다. 장만하다.
收官(shōuguān) : 명 (바둑의) 끝내기. →끝내기하다. 〔바둑 시합의 3단계 즉 布局(포석), 中盘(중반), 官子(끝내기) 중에서 마지막 단계〕
开发建设期启动 : 개발·건설 시기가 시작되다.
开发建设期(kāifājiànshèqī) : 개발·건설 시기.
开发(kāifā) : 동 개발하다. 개간하다. 개척하다. 처음으로 제작하다.
建设(jiànshè) : 건설. 건설하다. 1-13.
启动(qǐdòng) : 1.동 (기계 등의) 작동을 시작하다. 시동을 걸다. →시작되다.
2.동 (법령이나 장기적인 계획 등을) 시작〔시행〕하다.
3.동 개척하다. 개시하다.

c) 中朝黄金坪·威化岛经济区首先从黄金坪岛的开发建设开始。
zhōng cháo huángjīnpíng · wēihuàdǎo jīngjìqū shǒuxiān cóng huángjīnpíng dǎo de kāifā jiànshè kāishǐ
중북 황금평·위화도 경제특구는 우선 황금평 섬의 개발·건설부터 착수하다

首先(shǒuxiān) : 우선. 맨 먼저. 2-四.
开始(kāishǐ) : 착수하다. 개시하다. 2-15.

8) 8月14日，"中朝共同开发和共同管理黄金坪经济区管委会"(下称"黄金坪管委会")在北京宣告成立；

bā yuè shí sì rì, 'zhōng cháo gòngtóng kāifā hé gòngtóng guǎnlǐ huángjīnpíng jīngjìqū guǎnwěihuì'(xià chēng 'huángjīnpíng guǎnwěihuì') zài běijīng xuāngào chénglì

8월 14일, '중북 공동개발과 공동관리 황금평 경제특구 관리위원회'(이하 '황금평 관리위원회'라고 칭함)가 베이징에서 설립을 선포했다.

共同(gòngtóng)：공동의. 공통의. 1-8.
管理(guǎnlǐ)：관리. 5-14.
管委会(guǎnwěihuì)：管理委员会(guǎnlǐ wěiyuánhuì), 관리위원회의 약칭.
下称(xià chēng)：이하 …(이)라고 부르다.
称(chēng)：…(이)라고 부르다. 칭하다. 일컫다. 5-6.
宣告(xuāngào)：[동] 선포하다. 선고하다. 발표하다. 선언하다.
成立(chénglì)：설립. 창립. 결성. 6-5.

9) 9月15日，黄金坪管委会办公楼举行奠基仪式；

jiǔ yuè shí wǔ rì, huángjīnpíng guǎnwěihuì bàngōnglóu jǔxíng diànjī yíshì

9월 15일, 황금평 관리위원회 행정동이 정초식을 거행했다.

办公楼(bàngōnglóu)：[명] 행정동. 사무동. 사무실 빌딩.
举行(jǔxíng)：거행하다. 1-1.
奠基仪式(diànjī yíshì)：정초식(定础式).
奠基(diànjī)：1.[동] 정초(定础)하다. 기초를 잡다〔닦다〕.
2.[명] (큰 사업의) 창시. 기초.
仪式(yíshì)：[명] 의식.

10) 9月26日，经济区投资说明会在北京举行；

jiǔ yuè èr shí liù rì, jīngjìqū tóuzī shuōmínghuì zài běijīng jǔxíng

9월 26일, 경제특구 투자설명회가 베이징에서 거행되었다.

投资(tóuzī)：투자. 1-16.
说明会(shuōmínghuì)：설명회.
说明(shuōmíng)：1.[동] 설명하다. 해설하다.
2.[명] 설명. 해설.
3.[동] 증명하다. 입증하다. 분명하게 말하다.
会(huì)：회. 모임. 집회. 회합. 7-6.

11) 10月17日，管委会正式向社会公开招聘中方工作人员。

shí yuè shí qī rì, guǎnwěihuì zhèngshì xiàng shèhuì gōngkāi zhāopìn zhōngfāng gōngzuò rényuán

10월 17일, 관리위원회는 사회에서 중국측 근로자를 공개적으로 모집했다.

正式(zhèngshì)：정식으로. 1-5.
向(xiàng)：…에(게). …을 향해. 1-10.
公开招聘(gōngkāi zhāopìn)：1.동 공개적으로 모집〔채용〕하다.
2.명 공모. 공채.
招聘(zhāopìn)：동 (공모의 방식으로) 모집하다. 초빙〔초청〕하다. 채용하다.
中方(zhōngfāng)：명 중국측.
工作人员(gōngzuò rényuán)：명 근로자. 직원. 일꾼. 종업원. 스태프. 실무자.

12) 与此同时，作为中朝两国交通要道 · 中朝经济区重要基础配套的新鸭绿江大桥--中朝鸭绿江公路大桥，工程已完成近半。

yǔcǐ tóngshí, zuòwéi zhōng cháo liǎngguó jiāotōng yàodào · zhōng cháo jīngjìqū zhòngyào jīchǔ pèitào de xīn yālǜjiāng dàqiáo--zhōng cháo yālǜjiāng gōnglù dàqiáo, gōngchéng yǐ wánchéng jìn bàn

이와 동시에, 중북 양국의 교통 요로이며 중북 경제특구의 중요 기반시설인 신압록강대교--중북 압록강 도로 대교는, 대공사가 이미 절반 가까이 완성되었다.

与此同时(yǔcǐ tóngshí)：이와 동시에. 아울러.
同时(tóngshí)：동시에. 1-11.
作为中朝两国交通要道 · 中朝经济区重要基础配套：
중북 양국의 교통 요로이며 중북 경제특구의 중요 기반시설로 여기다.
→ ~의 중요 기반시설이다.
作为(zuòwéi)：…로 여기다〔간주하다〕. …으로 삼다. …로 하다. 3-7.
交通要道(jiāotōng yàodào)：교통 요로.
交通(jiāotōng)：교통. 4-12.
要道(yàodào)：명 요로. 요도. 중요한 길.
重要(zhòngyào)：중요한. 1-3.
基础配套(jīchǔ pèitào)：基础配套设施(jīchǔ pèitào shèshī), 기반시설.
基础(jīchǔ)：기초. 바탕. 근본. 기본. 5-15.
配套(pèitào)：1.명 세트. 조립. 결합체
2.동 하나의 세트로 만들다. 조립하다. 결합하다. 짜 맞추다.
3.동 부설하다. 부대(附带)하다. 곁달아 덧붙이다
配套设备(pèitào shèbèi)：부대 설비. 부대 시설.
设施(shèshī)：명 시설.
大桥(dàqiáo)：명 대교. 큰 다리.

公路(gōnglù)：명 도로. 고속 도로. 지방도. 국도. 공로. 큰길.
工程(gōngchéng)：1.명 공사. 대공사.
2.명 프로젝트. 사업. 프로그램. 계획. 공정.
3.명 공학.
完成(wánchéng)：완성하다. 완수하다. 4-15.
近半(jìn bàn)：절반에 다가가다. 접근하다. →절반 가까이.
近(jìn)：가까이 가다. 다가가다. 접근하다. 5-22.
半(bàn)：1.수 절반. 2분의 1.
2.부 불완전하게. 반쯤.
3.형 중간의. 가운데의. 반쯤의.

13) 新桥由中国政府投资建设，据称投资约22亿元人民币。
새 다리는 중국 정부가 투자하여 건설하고, 전하는 바에 의하면 투자는 인민폐 약 22억 위안이다.

a) 新桥由中国政府投资建设，
xīn qiáo yóu zhōngguó zhèngfǔ tóuzī jiànshè
새 다리는 중국 정부가 투자하여 건설하다

由(yóu)：1.개 …이〔가〕. …에서. …(으)로부터.〔동작의 주체를 이끌어 냄〕
2.개 …(으)로부터. …에서. …을 통하여.
〔동작이 경과하는 노선이나 장소를 이끌어 냄〕
3.개 …에서(부터).〔동작의 기점이나 변화의 출처를 이끌어 냄〕
4.개 …(으)로부터. …에 의해.〔근거의 대상을 이끌어 냄〕
5.개 …로 인하여. …로 말미암아. …를 통하여.
〔사물이 발생하는 원인 혹은 방식을 이끌어 냄〕
6.명 유래. 원인. 까닭. 이유.
7.동 경과하다. 경유하다. 지나다.
政府(zhèngfǔ)：정부. 6-9.

b) 据称投资约22亿元人民币。
jùchēng tóuzī yuē èr shí èr yì yuán rénmínbì
전하는 바에 의하면 투자는 인민폐 약 22억 위안이다

据称(jùchēng)：동 전해지는〔들리는〕 말에 의하면 …라 한다. 전언에 의하면.
约(yuē)：1.부 대개. 대략. 약.
2.동 약속하다. 조약하다. 약정하다. 협정하다. 계약하다.
3.동 제한하다. 한정하다. 제약하다. 규제하다.
4.형 검약하다. 절약하다.
亿(yì)：억. 1-9.
人民币(rénmínbì)：인민폐. 1-四.

14) 作为国际特区，黄金坪经济区的合作模式在全球范围内是首创，无任何相同范本和样本。

국제 특구로서, 황금평 경제특구의 합작모델은 세계적으로 처음 만든 것이고, 어떤 똑같은 본보기와 견본도 없다.

a) 作为国际特区，

zuòwéi guójì tèqū

국제 특구가 되다 → 국제 특구로서

b) 黄金坪经济区的合作模式在全球范围内是首创，

huángjīnpíng jīngjìqū de hézuò móshì zài quánqiú fànwéi nèi shì shǒuchuàng

황금평 경제특구의 합작모델은 세계적으로 처음 만든 것이다

合作模式(hézuò móshì) : 합작모델.

合作方案(hézuò fāngàn) : 합작방안.

合作(hézuò) : 합작. 협력. 1-8.

经济合作 : 경제합작. 合作生产 : 공동생산. 国际合作 : 국제협력.

模式(móshì) : 모델. 양식. 5-7.

在全球范围内 : 세계적 범위에서. → 세계적으로.

范围(fànwéi) : 범위. 1-8.

是首创 : 처음 만든 것이다. 최초이다.

首创(shǒuchuàng) : 동 창시하다. 처음으로 만들다.

c) 无任何相同范本和样本。

wú rènhé xiāngtóng fànběn hé yàngběn

어떤 똑같은 본보기와 견본도 없다

无(wú) : 1.동 없다.

2.부 …이〔가〕 아니다. …하지 않다.

3.부 …하지 마라. …해서는 안 된다. 〔금지나 말리는 것을 나타냄〕

4.접 …을〔를〕 막론하고. …하든 간에.

任何(rènhé) : 대 어떠한〔무슨〕 …(도).

相同(xiāngtóng) : 형 서로 같다. 똑같다. 일치하다.

范本(fànběn) : 명 본. 본보기. 체본. 모델.

样本(yàngběn) : 1.명 견본. 샘플.

2.명 카탈로그.

15) 中朝两国领导人的这一大战略·大智慧，令世人钦佩，令两国人民自豪。

zhōng cháo liǎngguó lǐngdǎorén de zhè yī dà zhànlüè · dà zhìhuì, lìng shìrén qīnpèi, lìng liǎngguó rénmín zìháo

중북 양국 지도자의 이런 큰 전략과 큰 지혜는, 세상 사람들로 하여금 탄복하게 만들고, 양국 국민으로 하여금 긍지를 느끼게 만들었다.

战略(zhànlüè)：전략. 1-4.
智慧(zhìhuì)：명 지혜.
令世人钦佩，令两国人民自豪：세상 사람들로 하여금 탄복하게 만들고, 양국 국민으로 하여금 긍지를 느끼게 만들다.
令(lìng)：1.동 …하게 하다〔만들다〕. …을 시키다.
2.동 명령하다. 지시하다. → 명령.
3.형 좋다. 훌륭하다. 아름답다.
世人(shìrén)：명 세인. 세상 사람. 일반 사람.
钦佩(qīnpèi)：동 탄복하다. 경복(敬服)하다.
自豪(zìháo)：형 스스로 긍지를 느끼다. 스스로 자랑스럽게 생각하다.
→ 긍지. 자부심.

16) 不过，作为国际合作的创新模式，中朝经济区的未来发展之难也是无法回避的现实。

하지만 국제협력의 혁신적 모델로서, 중북 경제특구의 미래 발전의 어려움은 또한 피할 수 없는 현실이다.

a) 不过，作为国际合作的创新模式，
búguò, zuòwéi guójì hézuò de chuàngxīn móshì
하지만, 국제협력의 혁신적 모델로서

不过(búguò)：그러나. 그런데. 하지만. 3-11.
国际合作(guójì hézuò)：국제협력.
创新(chuàngxīn)：혁신. 창의(성). → 혁신적. 창의적. 1-4.

b) 中朝经济区的未来发展之难也是无法回避的现实。
zhōng cháo jīngjìqū de wèilái fāzhǎn zhī nán yě shì wúfǎ huíbì de xiànshí
중북 경제특구의 미래 발전의 어려움은 또한 피할 수 없는 현실이다

未来(wèilái)：미래. 향후. 4-12.
发展之难：발전의 어려움.
发展(fāzhǎn)：발전. 1-4.
之(zhī)：1.조 …의. …한. …은〔는〕.

2.대 이. 그. 이것. 그것.
3.대 그. 그것.
4.동 가다.
难(nán) : 1.형 어렵다. 힘들다. 곤란하다. → 어려움. 곤난.
2.형 좋지 않다. 나쁘다. 흉하다.
3.형 …하기 어렵다〔힘들다〕. 가능성이 희박하다.
4.동 어렵게〔힘들게〕 하다. 난처하게〔곤란하게〕 하다.
难(nàn) : 1.명 재난. 불행. 환난. 재앙.
2.동 힐문하다. 책문하다.
无法(wúfǎ) : 동 할 수 없다. 방법이〔방도가〕 없다.
回避(huíbì) : 동 피하다. 회피하다. 비켜가다.
现实(xiànshí) : 1.명 현실.
2.형 현실적이다.

17) 尽管按照金正日早先与中国领导人共同确定的"共同开发和共同管理"的合作模式，已经写入«朝鲜黄金坪·威化岛经济区法»，并成为经济区合作的基本原则。

비록 김정일이 이전에 중국 지도자와 공동으로 확정한 '공동개발과 공동관리'의 합작모델에 따라서, 〈북한 황금평·위화도 경제특구 법〉을 이미 작성하고, 또한 이 법이 경제특구 합작의 기본 원칙으로 되었다고 하더라도,

a) 尽管按照金正日早先与中国领导人共同确定的"共同开发和共同管理"的合作模式，

jǐnguǎn ànzhào jīn zhèng rì zǎoxiān yǔ zhōngguó lǐngdǎorén gòngtóng quèdìng de 'gòngtóng kāifā hé gòngtóng guǎnlǐ' de hézuò móshì

비록 김정일이 이전에 중국 지도자와 공동으로 확정한 '공동개발과 공동관리'의 합작모델에 따라서

尽管(jǐnguǎn) : 비록〔설령〕 …라 하더라도. …에도 불구하고. 4-15.
〔뒤 글의 但是와 호응하여 쓰임〕
早先(zǎoxiān) : 명 이전. 옛날.
确定(quèdìng) : 1.동 확정하다. 확실히 결정을 내리다.
2.형 확정적이다. 확고하다.

b) 已经写入«朝鲜黄金坪·威化岛经济区法»，

yǐjīng xiěrù 〈cháoxiān huángjīnpíng · wēihuàdǎo jīngjìqū fǎ〉

〈북한 황금편·위화도 경제특구 법〉을 이미 작성하나

写入(xiěrù) : 동 쓰다. 기입하다. → 작성하다.

法(fǎ) : 1.명 법. 법령. 법률.
2.명 방법. 방식.
3.동 모방하다. 본받다. 본보기로 삼다. 좋은 점을 배우다.
4.형 합법적인. 적법한. 법을 지키는. 〔부정 부사 뒤에 쓰임〕
5.명 모범. 본보기. 표준.

c) 并成为经济区合作的基本原则。
bìng chéngwéi jīngjìqū hézuò de jīběn yuánzé
또한 (이 법이) 경제특구 합작의 기본 원칙으로 되다(…고 하더라도)

经济区合作 : 경제특구 합작.
基本(jīběn) : 기본. 1-14.
原则(yuánzé) : 1.명 원칙.
2.부 원칙적으로.

18) 但是，实际运作中如何体现这一基本原则，或者说这一基本原则以何种形式体现在实际运作的各个层面，依然需要执行者的大胸怀·大思路，以及高超的技巧和艺术。

그렇지만 실제 운용 중에 이 기본 원칙을 어떻게 구현하는가, 말하자면 이 기본 원칙이 어떤 형식으로써 실제 운용의 각 방면에서 구현되는지에는, 여전히 집행자의 넓은 마음·큰 생각 및 뛰어난 기교와 기술이 필요하다.

a) 但是，实际运作中如何体现这一基本原则，
dànshì, shíjì yùnzuò zhōng rúhé tǐxiàn zhè yī jīběn yuánzé
그렇지만, 실제 운용 중에 이 기본 원칙을 어떻게 구현하는가

但是(dànshì) : 접 그러나. 그렇지만. 〔주로 虽然·尽管 등과 호응하여 쓰임〕
实际运作 : 실제 운용. 실제 운영. 실제 운행. 실제 작동.
实际(shíjì) : 실제. 실제적. 현실적. 구체적. 6-6.
运作(yùnzuò) : 동 (기구·조직 등이) 활동〔운행〕하다. → 운영. 운용. 작동.
如何(rúhé) : 1.대 어떻게. 어떤. 어쩌면. 어찌하면.
2.대 어떠한가. 어떠하냐.
3.대 왜. 어째서.
体现(tǐxiàn) : 1.동 구현하다. 체현하다. 구체적으로 드러내다.
2.명 구현. 구체적인 표현.

b) 或者说这一基本原则以何种形式体现在实际运作的各个层面，
huòzhě shuō zhè yī jīběn yuánzé yǐ hézhǒng xíngshì tǐxiàn zài shíjì yùnzuò de gègè céngmiàn
말하자면 이 기본 원칙이 어떤 형식으로써 실제 운용의 각 방면에서 구현되는지(에는)

或者说(huòzhě shuō) : 말하자면. 이를테면. 즉.
　或者(huòzhě) : 1.부 아마. 어쩌면. 혹시(…인지 모른다).
　　2.접 …이던가 아니면 …이다. 〔선택 관계를 나타냄〕
　　3.접 …를 하든지 아니면 …을 한다.
　　　〔상황들이 동시에 혹 교차적으로 발생함을 나타냄〕
　　4.접 …이든 간에 …을 한다. 〔선택의 여지가 없음을 나타냄〕
　　5.접 …이거나 혹은 …이다. 〔동등 관계를 나타냄〕
何种(hé zhǒng) : 어떤 종류. → 어떤.
　种(zhǒng) : 1.명 종. 종류. 갈래.
　　2.명 종자. 열매. 씨(앗).
　　3.양 종류. 부류. 가지.
　　4.명 인종.
形式(xíngshì) : 1.명 형식. 형태.
　　2.명 형식. 〔내용을 표현하는 방식. 内容과 구별됨〕
各个(gègè) : 1.대 각개의. 개개의. 각각의.
　　2.부 하나하나(씩). 차례차례(로).
层面(céngmiàn) : 방면. 영역. 범위. 층면. 7-四.

c) 依然需要执行者的大胸怀 · 大思路，以及高超的技巧和艺术。
yīrán xūyào zhíxíngzhě de dà xiōnghuái · dà sīlù, yǐjí gāochāo de jìqiǎo hé yìshù
여전히 집행자의 넓은 마음 · 큰 생각 및 뛰어난 기교와 기술이 필요하다

依然(yīrán) : 여전히. 3-2.
需要(xūyào) : 필요하다. 요구되다. 7-9.
执行者(zhíxíngzhě) : 명 집행자.
　执行(zhíxíng) : 집행하다. 수행하다. 실행하다. 실시하다. 5-14.
大胸怀 : 넓은 마음.
　胸怀(xiōnghuái) : 1.명 마음. 가슴. 심정. 품은 생각.
　　2.명 가슴. 흉부.
　　3.명 포부. 흉금. 도량. 지향.
　　4.동 가슴〔마음〕에 품다.
大思路 : 큰 생각.
　思路(sīlù) : 명 사고의 맥락. 사고의 방향. 생각의 실마리〔갈래, 갈피〕.
高超(gāochāo) : 형 출중하다. 특출나다. 뛰어나다.
技巧(jìqiǎo) : 1.명 기교. 기예. 테크닉.
　　2.명 곡예 체조. 텀블링. 아크로바틱.
艺术(yìshù) : 1.명 기술. 기능. 기교.
　　2.명 예술.
　　3.형 예술적이다. 미적(美的)이다.

19) 例如：合作年限为多久，管委会的职能定位与双方人员构成，经济区的产业政策与投资政策，经济区用何种货币来交易和决算，以及劳工的来源·人口管理等等。

예를 들면, 합작 연한이 얼마 동안인지, 관리위원회의 직능 자리매김과 쌍방 인원의 구성, 경제특구의 산업정책과 투자정책, 경제특구는 어떤 종류의 화폐로써 교역하고 결산하는지, 그리고 노동자의 공급처와 인원 관리 따위이다.

a) 例如：
lìrú
예를 들면

例如(lìrú)：[동] 예를 들면. 2-四.

b) 合作年限为多久，
hézuò niánxiàn wéi duōjiǔ
합작 연한이 얼마 동안인지

年限(niánxiàn)：[명] 연한.
为(wéi)：…이다. 1-8.
多久(duōjiǔ)：1.[대] 얼마나 오래. 얼마 동안.
〔주로 시간의 정도를 물을 때 쓰임〕
2.[대] 오랫동안. 아주 오래. 장기간. 한참 동안.
3.[대] 얼마가 지나든 간에〔지나더라도〕. 제아무리 오래 되어도.
4.[대] 얼마 되지 않아.〔没와 함께 쓰임〕

c) 管委会的职能定位与双方人员构成，
guǎnwěihuì de zhínéng dìngwèi yǔ shuāngfāng rényuán gòuchéng
관리위원회의 직능 자리매김과 쌍방 인원의 구성

职能(zhínéng)：[명] 직능. 직책과 기능. 직업·직무의 고유한 기능이나 역할.
定位(dìngwèi)：1.[동] 자리를 정하다. 매기다. 자리매김하다.
2.[동] 위치를 측정하다. 사물의 자리를 정하다.
3.[동] 객관적으로 평가하다.
4.[명] (측량 후) 확정된 위치. 정해진 자리. 자리매김.
构成(gòuchéng)：1.[동] 구성하다. 짜다. 이루다. 형성하다.
2.[명] 구성. 형성.

d) 经济区的产业政策与投资政策，
jīngjìqū de chǎnyè zhèngcè yǔ tóuzī zhèngcè
경제특구의 산업정책과 투자정책

产业(chǎnyè) : 산업. 2-8.

e) 经济区用何种货币来交易和决算,
jīngjìqū yòng hézhǒng huòbì lái jiāoyì hé juésuàn
경제특구는 어떤 종류의 화폐로써 교역하고 결산하는지

用(yòng) : 1.개 …로써.
2.동 쓰다. 사용하다. 고용하다. 임용하다.
3.동 (…하는 것이) 필요하다. 〔주로 부정형으로 쓰임〕
4.명 쓸모. 용도. 효용. 효율. 효과. 기능.
货币(huòbì) : 화폐. 2-10.
来(lái) : 〔동사구(개사구)와 동사(동사구) 사이에 쓰여 전자가 방법 · 태도를, 후자가 목적임을 나타냄〕. 5-22.
交易(jiāoyì) : 교역하다. 거래하다. 교역. 거래. 5-四.
决算(juésuàn) : 명 결산. → 결산하다.

f) 以及劳工的来源 · 人口管理等等。
yǐjí láogōng de láiyuán · rénkǒu guǎnlǐ děngděng
그리고 노동자의 공급처와 인원 관리 따위(이다)

劳工(láogōng) : 1.명 노동자.
2.명 강제 노역을 당하는〔받는〕 사람.
来源(láiyuán) : 1.명 공급처. 공급지. 원산지. 생산지.
2.명 (사물의) 내원. 근원. 출처.
3.명 수원(水源).
4.명 (상품의) 출하. 공급.
5.동 (사물이) 기원하다. 유래하다. 생겨나다.
人口(rénkǒu) : 1.명 사람. 인신. → 인원.
2.명 인구.
3.명 식구.
4.명 사람의 입.
等等(děngděng) : 조 기타. 등등. 따위.

8-3 번 역 중국 · 북한 황금평 경제특구의 비밀을 탐색하다 외국 대중매체는 이것을 '조계'로 잘못 해석하다

압록강 하류에는 조용하고 아름다운 섬 두 개가 있고, 그들은 북한의 영토이며, 섬과 인접한 것은 바로 중국의 랴오닝 성 단둥 시이다. 근래, 이 두 섬은 전세계가 주시하고 뒤쫓는 관심사의 초점으로 한창 되고 있다.

여기는 국제적으로 근래 줄곧 뜨겁게 논의되고 추측되고 있는 '중북 특구'인데, 왜냐하면 그 토지 조차기간이 50년 불변이고, 일부 외국 대중매체가 그것을 '조계'로 잘못 해석하기 때문이다.

중북 양국의 관련 법률과 문건에 따라, 이 두 섬의 공식 명칭은 '중북 황금평 · 위화도 경제특구'이다. 이 명칭은 또한 북한 국가지도자 고 김정일이 일찍이 2010년 5월 중국 방문 기간에, 중국 국가주석 후진타오와 중북 경제특구에 대해 처음으로 공통 인식에 달성한 약속 중 하나이다.

2012년 8월 말 9월 초에, 중북 경제특구는 역사적인 주요 시기에 진입했다. 즉 준비 시기가 끝나고, 개발 · 건설 시기가 시작되었으며, 중북 황금평 · 위화도 경제특구는 우선 황금평 섬의 개발 · 건설부터 착수했다.

8월 14일, '중북 공동개발과 공동관리 황금평 경제특구 관리위원회'(이하 '황금평 관리위원회'라고 칭함)가 베이징에서 설립을 선포했다. 9월 15일, 황금평 관리위원회 행정동이 정초식을 거행했다. 9월 26일, 경제특구 투자설명회가 베이징에서 거행되었다. 10월 17일, 관리위원회는 사회에서 중국측 근로자를 공개적으로 모집했다.

이와 동시에, 중북 양국의 교통 요로이며 중북 경제특구의 중요 기반시설인 신압록강대교--중북 압록강 도로 대교는, 대공사가 이미 절반 가까이 완성되었다. 새 다리는 중국 정부가 투자하여 건설하고, 전하는 바에 의하면 투자는 인민폐 약 22억 위안이다.

국제 특구로서, 황금평 경제특구의 합작모델은 세계적으로 처음 만든 것이고, 어떤 똑같은 본보기와 견본도 없다. 중북 양국 지도자의 이런 큰 전략과 큰 지혜는, 세상 사람들로 하여금 탄복하게 만들고, 양국 국민으로 하여금 긍지를 느끼게 만들었다.

하지만 국제협력의 혁신적 모델로서, 중북 경제특구의 미래 발전의 어려움은 또한 피할 수 없는 현실이다. 비록 김정일이 이전에 중국 지도자와 공동으로 확정한 '공동개발과 공동관리'의 합작모델에 따라서, 〈북한 황금평·위화도 경제특구 법〉을 이미 작성하고, 또한 이 법이 경제특구 합작의 기본 원칙으로 되었다고 하더라도, 그렇지만 실제 운용 중에 이 기본 원칙을 어떻게 구현하는가, 말하자면 이 기본 원칙이 어떤 형식으로써 실제 운용의 각 방면에서 구현되는지에는, 여전히 집행자의 넓은 마음·큰 생각 및 뛰어난 기교와 기술이 필요하다. 예를 들면, 합작 연한은 얼마 동안인지, 관리위원회의 직능 자리매김과 쌍방 인원의 구성, 경제특구의 산업정책과 투자정책, 경제특구는 어떤 종류의 화폐로써 교역하고 결산하는지, 그리고 노동자의 공급처와 인원 관리 따위이다.

8-4 练习

黄金坪经济区位于朝鲜平安北道鸭绿江下游，面积约为14.4平方公里，西北与中国辽宁省丹东市新城区相连，距在建的新的中朝鸭绿江公路大桥约4公里，具有沿边·沿江·沿海的独特区位优势。经济区至朝鲜新义州的水上航线，则是连接朝鲜半岛和欧亚大陆的重要通道。

朝鲜经济区的设立，被媒体解读为是朝鲜对外开放的重要举措和历史性标志。在朝鲜颁布的经济区法中，对经济区的定义是："经济区是在经济领域中实施优惠政策的朝鲜人民共和国特殊经济区。"

经济区的"特殊"体现在很多方面，但绝不是西方媒体所谓的"租界"。这种误读的原因之一，可能是因为经济区的土地开发方式和土地出让年限，即经济区内的土地"采用开发企业受让全部土地面积进行成片开发和经营"，出让期限或土地租借期限为50年。

外界更感兴趣的话题还有：特区谁来管·怎么管？是朝方独自管理，还是委托中方全权管理？

随着8月14日特区管委会在北京宣布正式成立，谜底终于揭开：管委会作为两国政府共同设立和任命的管理机构，是经济区的权力机构，对经济区统一领导·统一管理。

* http://finance.people.com.cn/n/2012/1127/c1004-19705950-2.html

단어 정리

- 位于(wèiyú) : 동 …에 위치하다.
- 平安北道(píngānběidào) : 평안북도.
- 面积(miànjī) : 명 면적.
- 平方公里(píngfānggōnglǐ) : 양 제곱〔평방〕킬로미터.
- 城区(chéngqū) : 명 시내(지역).
- 相连(xiānglián) : 동 접하다. 연결〔연속〕되다. 연접되다. 이어지다. 서로 잇닿다.
- 距(jù) : 동 떨어지다. 사이를 두다.
- 在建(zàijiàn) : 동 건설 중이다.
- 沿江(yánjiāng) : 명 강가 인근 지대. 강기슭. → 강과 인접한.
- 独特(dútè) : 형 독특하다. 특별하다. 특수하다. 특이하다.
- 区位(qūwèi) : 명 지역의 위치.
- 优势(yōushì) : 우위. 우세. → 장점. 1-15.
- 新义州(xīnyìzhōu) : 신의주시〔평안북도 도청 소재지〕.
- 水上(shuǐshàng) : 명 수상. 물 위. 수면 위.
- 航线(hángxiàn) : 명 배의 항로. 비행기의 항(공)로.
- 连接(liánjiē) : 동 연결하다. 연접시키다. 잇다. 잇대다. 연접하다. 연결되다.
- 朝鲜半岛(cháoxiān bàndǎo) : 한반도.
  半岛(bàndǎo) : 명 반도.
- 欧亚大陆(ōuyà dàlù) : 유라시아 대륙.
  欧亚(ōuyà) : 유럽과 아시아.
  大陆(dàlù) : 대륙. 중국대륙.
- 通道(tōngdào) : 명 통로. 큰길. 채널. 경로.
- 设立(shèlì) : 동 (기구 · 조직 등을) 설립하다. 건립하다. → 설치.
- 解读(jiědú) : 해독하다. → 해석하다. 4-8.
- 举措(jǔcuò) : 명 조치. 거동.
- 标志(biāozhì) : 상징. 1-6.
- 颁布(bānbù) : 동 공포하다. 반포하다. 포고하다.
- 定义(dìngyì) : 명 정의(定义).
- 优惠(yōuhuì) : 형 특혜의. 우대의.
- 朝鲜人民共和国(cháoxiān rénmín gònghéguó) : 북한. 조선민주주의인민공화국.
- 特殊(tèshū) : 형 특수하다. → 특수성. 7-6.
- 决(jué) : 부 결코. 절대로. 반드시. 기필코. 꼭. 〔부정사 앞에 쓰임〕

- 所谓(suǒwèi) : 소위. 이른바. …라는 것은. …란.
- 可能是(kěnéngshì) : 아마(도). 3-3.
- 出让(chūràng) : 동 양도하다. 매도하다. 판매하다. 매출하다.
- 采用开发企业受让全部土地面积进行成片开发和经营 : 개발 기업이 전체 토지 면적을 넘겨받아 대단위 개발과 경영을 진행하는 것을 채용하다.
  →～ 대단위 개발과 경영의 진행 방식을 채용하다.
  采用(cǎiyòng) : 동 채용하다. 채택되다. 적합한 것을 골라 쓰다. 응용하다.
  受让(shòuràng) : 동 넘겨받다. 양수(让受)하다. 명 양수. 넘겨받음.
  全部土地面积 : 전체 토지 면적.
  成片(chéngpiàn) : 형 대단위의. 광활한. 드넓은.
  经营(jīngyíng) : 동 운영하다. 경영하다. 기획하고 관리하다. 계획・조직하다.
- 期限(qīxiàn) : 명 기한. 시한.
- 外界(wàijiè) : 명 외부. 외계. 바깥 세계〔세상〕. 국외(国外).
- 感兴趣(gǎn xìngqù) : 관심이 있다, 흥미가 있다, 좋아하다.
  感(gǎn) : 동 느끼다. 여기다. 감동하다. 감동시키다. 감사하다. 고맙게 여기다.
  兴趣(xìngqù) : 명 흥미. 흥취. 취미.
- 话题(huàtí) : 명 화제. 논제. 이야기의 주제.
- 管(guǎn) : 동 관리하다. 관할하다. 지키다. (업무를) 맡다. 담당하다.
- 朝方(cháofāng) : 북한측.
- 独自(dúzì) : 부 독자적으로. 혼자서. 홀로. 단독으로.
- 委托(wěituō) : 동 위탁하다. 의뢰하다.
- 全权(quánquán) : 명 전권.
- 谜底(mídǐ) : 명 수수께끼의 답. 사건〔일〕의 진상(真相).
- 揭开(jiēkāi) : 동 드러내다. 폭로하다. (덮은 것을) 떼다. 벗기다. 열다. 젖히다.
- 任命(rènmìng) : 동 임명하다.
- 权力(quánlì) : 명 권력. 권한.
- 统一(tǒngyī) : 동 통일하다. 형 일치된. 단일한. 집중된. 통일된. →통일적으로.

제9과

中国外资西进

중국서부의 외자유치

9-1 正文 "外资西进"使西部地区加快融入世界经济舞台

11月下旬第二届陕奥港澳经济合作周举办期间，西安高新区在深圳签约12个电子信息项目，包括为三星电子西安芯片项目配套的两个外资项目，总投投2.65亿美元。

经济界人士认为，前不久在西安开工建设的韩国三星电子高端存储芯片项目，带动新一轮"外资西进"热潮，加速了西部地区融入世界经济舞台的新趋势。

三星电子的存储芯片产业已连续20年保持世界领先，9月中旬在西安开工建设的项目，一期投资70亿美元，生产20纳米以下级的闪存芯片，这是改革开放以来中国电子信息产业最大外资项目。

韩国驻华大使李揆亨说，以前韩中合作主要在中国沿海地区，以加工贸易和制造业为中心进行产业分工。此次三星半导体工厂在中国西部地区投资，以尖端技术为基础，开创了产业内分工的韩中合作新视角。

"三星电子分享中国市场机遇的项目落户西部省份陕西，进一步凸显了'外资西进'的新格局。"陕西省社科院金融投资专家谷孟宾说，长期以来，中国东部地区是吸引外资的主战场。近几年惠普·富士康·三星等企业巨头先后将"超大"项目落户重庆·成都·西安等地，显示了西部地区吸引外资能力的明显改观。

陕西省省长赵正永说，吸引三星项目落户，反映了陕西吸引外资的产业基础·资源优势·交通条件·政府服务得到了明显改善，这一项目也将有力提升陕西的对外开放度和经济外向度，推进陕西乃至西部地区产业结构优化升级。

中国西部地区涵盖12个省区市，面积占全国的70%，发展潜力巨大。2010年的统计显示，西部地区累计利用外资量仅占全国的5%左右，这一情形在“十二五”开局之年有了明显的变化，四川·重庆两省市2011年合计利用外资额就超过200亿美元，占到全国总量的六分之一。

谷孟宾认为，西部地区经过1999年以来的大开发，交通设施·能源供应·生态环境·政府服务等基础条件已能满足大规模吸引外资的需要。随着跨国公司将研发设计等高端产业向中国转移，西部地区的科技潜力·人才资源开始形成现实的竞争优势。

* 출처: 中国网-2012年12月05日
http://news.china.com.cn/live/2012-12/05/content_17518981.htm

9-2 生词与解释

1) "外资西进"使西部地区加快融入世界经济舞台

'wàizī xī jìn' shǐ xībù dìqū jiākuài róngrù shìjiè jīngjì wǔtái

'외자의 중국서부 진출'이 중국서부로 하여금 세계 경제 무대로 빠르게 유입되게 만들다

→'외자의 중국서부 진출'로 인해 중국서부가 세계 경제 무대로 빠르게 유입되다

外资西进(wàizī xī jìn) : 외자가 중국서부로 들어가다. →외자의 중국서부 진출.

外资(wàizī) : 명 외자. 외국 자본.

外(wài) : 1.명 외국.
2.명 겉. 밖. 바깥.
3.명 …이외. …밖에. …외에.
4.형 딴 데의. 딴 고장의. 다른 곳의.

资(zī) : 1.명 자금. 자본. 비용. 금전.
2.명 자질. 소질.
3.명 자격. 경력.
4.명 재료.

西(xī) : 1.명 중국서부.
2.명 서쪽.

进(jìn) : 1.동 (밖에서 안으로) 들다.
2.동 나아가다. 전진하다. 올라가다.
3.동 제출하다. 올리다. 드리다. 바치다.
5.동 〔동사 뒤에 쓰여 동작이 밖에서 안으로 행해짐을 나타냄〕

使(shǐ) : (…에게) …하게 하다. 1-18.

西部地区(xībù dìqū) : 1.명 중국서부(지역).
〔중국의 서북지구(섬서성·감숙성·영하회족자치구·청해성·신강위구르자치구), 서남지구(사천성·중경직할시·귀주성·운남성·광서장족자치구·서장자치구), 동북지구(내몽고자치구 서부)를 내포함〕
2.명 서부지역. 서부지구.

加快(jiākuài) : 빠르게. 1-7.

融入(róngrù) : 동 유입되다. 진출하다. 융합되어 들어가다. 나아가다.

舞台(wǔtái) : 1.명 무대.
2.명 사회 활동 영역〔무대〕.

2) 11月下旬第二届陕粤港澳经济合作周举办期间，西安高新区在深圳签约12个电子信息项目，包括为三星电子西安芯片项目配套的两个外资项目，总投投2.65亿美元。

11월 하순 제2차 산시·광둥·홍콩·마카오 경제 협력 주간의 개최 기간에, 시안 첨단과학기술산업개발구는 선전 시에서 12개의 전자정보 프로젝트를 계약했고, 삼성전자 시안 마이크로칩 프로젝트와 결합된 2개의 외자 프로젝트를 포함하여, 총투자는 2억 6천 5백만 달러이었다.

a) 11月下旬第二届陕粤港澳经济合作周举办期间，
shí yī yuè xiàxún dièr jiè shǎn yuè gǎng ào jīngjì hézuò zhōu jǔbàn qījiān
11월 하순 제2차 산시·광둥·홍콩·마카오 경제 협력 주간의 개최 기간(에)

下旬(xiàxún)：명 하순. 한 달 가운데 21일에서 말일까지의 동안.
第二届(dièr jiè)：제2차. 제2회.
届(jiè)：회(回). 기(期). 차(次). 7-1.
陕(shǎn)：명 산시(성). 섬서(성)(陕西省, shǎnxīshěng).
粤(yuè)：명 광둥(성). 광동(성)(广东省, guǎngdōngshěng).
港(gǎng)：1.명 홍콩(Hong Kong). 중화인민공화국 홍콩 특별행정구.
2.명 항만. 항구.
3.명 비행장. 공항.
澳(ào)：1.명 마카오(Macao). 중화인민공화국 마카오 특별행정구.
2.명 오스트레일리아(Australia). 호주.
经济合作周(jīngjì hézuò zhōu)：경제 협력 주간.
经济合作(jīngjì hézuò)：경제 협력. 1-8.
周(zhōu)：1.명 주간. 주. 주일.
2.양 바퀴.
3.명 주변. 주위. 둘레.
举办(jǔbàn)：동 거행하다. 개최하다. →개최. 거행.
期间(qījiān)：기간. 시간. 7-四.

b) 西安高新区在深圳签约12个电子信息项目，
xī`ān gāoxīn qū zài shēnzhèn qiānyuē shí èr ge diànzǐ xìnxī xiàngmù
시안 첨단과학기술산업개발구는 선전시에서 12개의 전자정보 프로젝트를 계약하다

西安高新区(xī`ān gāoxīn qū)：西安高新技术产业开发区(시안 첨단과학기술산업개발구)의 약칭.
西安(xī`ān)：명 시안(시). 서안(시). 〔지명〕
高新技术产业开发区(gāoxīn jìshù chǎnyè kāifā qū)：첨단과학기술산업개발구. 하이테크산업개발구.
高新区(gāoxīn qū)：첨단기술지구.
高新技术(gāoxīn jìshù)：명 첨단기술. 고급기술. 하이테크.

高新技术产业(gāoxīn jìshù chǎnyè) : 첨단산업.
高新技术企业(gāoxīn jìshù qǐyè) : 벤처기업.
在(zài) : …에(서). 1-1.
深圳(shēnzhèn) : 선전(시). 심천(시). 〔광둥성 소재의 경제특구〕
签约(qiānyuē) : 동 (조약 · 계약서 등에) 서명하다. 계약하다.
电子信息(diànzǐ xìnxī) : 전자정보.
电子(diànzǐ) : 명 전자. 일렉트론.
信息(xìnxī) : 정보. 7-9.
项目(xiàngmù) : 프로젝트. 사업. 항목. 2-15.

c) 包括为三星电子西安芯片项目配套的两个外资项目,
baōkuò wéi sānxīng diànzǐ xī`ān xīnpiàn xiàngmù pèitào de liǎngge wàizī xiàngmù
삼성전자 시안 마이크로칩 프로젝트와 결합된 2개의 외자 프로젝트를 포함하다

包括(baōkuò) : 포함하다. 1-13.
为三星电子西安芯片项目配套 : 삼성전자 시안 마이크로칩 프로젝트에 의해 결합되다.
→ ~ 프로젝트와 결합되다.
为(wéi) : 개 …에 의하여 …하게 되다. …당하다. 1-8.
三星电子(sānxīng diànzǐ) : 삼성전자(주식회사).
〔Samsung Electronics Co., Ltd., 三星电子(株)〕
芯片(xīnpiàn) : 명 칩(chip). 마이크로칩. 집적회로(IC). 극미(极微) 박편.
配套(pèitào) : 결합하다. 하나의 세트로 만들다. 조립하다. 짜 맞추다. 8-12.
外资项目(wàizī xiàngmù) : 외자 프로젝트.

d) 总投资2.65亿美元。
zǒngtóuzī èr yì liù qiān wǔ bǎi wàn měiyuán
총투자는 2억 6천 5백만 달러이다

总投资(zǒngtóuzī) : 총투자.
投资(tóuzī) : 투자. 1-16.
亿(yì) : 억. 1-9.
美元(měiyuán) : 미국 달러. 2-7.

3) 经济界人士认为, 前不久在西安开工建设的韩国三星电子高端存储芯片项目, 带动新一轮"外资西进"热潮, 加速了西部地区融入世界经济舞台的新趋势。

경제계 인사에 의하면, 얼마 전에 시안에서 건설을 착공한 한국 삼성전자의 첨단 메모리칩 프로젝트가, 새로운 '외자의 중국서부 진출'의 붐을 선도하고, 중국서부가 세계 경제 무대로 유입되는 새로운 추세를 가속시켰다.

a) 经济界人士认为，
jīngjìjiè rénshì rènwéi
경제계 인사에 의하면

经济界(jīngjìjiè) : 경제계.
人士(rénshì) : 인사. 2-4.
认为(rènwéi) : (…라고) 생각하다. 여기다. 인정하다. 2-10.

b) 前不久在西安开工建设的韩国三星电子高端存储芯片项目，
qiánbùjiǔ zài xī`ān kāigōng jiànshè de hánguó sānxīng diànzǐ gāoduān cúnchǔ xīnpiàn xiàngmù
얼마 전에 시안에서 건설을 착공한 한국 삼성전자의 첨단 메모리칩 프로젝트

(가)
前不久(qiánbùjiǔ) : 부 일전에. 얼마 전에.
开工(kāigōng) : 1.동 (토목 공사에서) 공사를 시작하다. 착공하다.
2.동 일을 시작하다.
3.동 (공장이) 생산에 들어가다. 가동하다. 조업하다.
建设(jiànshè) : 건설. 건설하다. 1-13.
高端(gāoduān) : 형 첨단의. 고(위)급의.
存储芯片(cúnchǔ xīnpiàn) : 메모리칩.
存储(cúnchǔ) : 1.동 (자료를 기억 장치에) 저장하다. → 저장.
2.동 저장하다. 저축하다.
3.명 비축 자금. 저장품. 예비 인원.

c) 带动新一轮"外资西进"热潮，
dàidòng xīn yì lún 'wàizī xī jìn' rècháo
새로운 '외자의 중국서부 진출'의 붐을 선도하다

带动(dàidòng) : (이끌어) 움직이다. 이끌어 나가다. 선도하다. 4-四.
新一轮(xīn yì lún) : 새로운 (한 차례). 6-12.
热潮(rècháo) : 명 열기. 붐.

d) 加速了西部地区融入世界经济舞台的新趋势。
jiāsù le xībù dìqū róngrù shìjiè jīngjì wǔtái de xīn qūshì
중국서부가 세계 경제 무대로 유입되는 새로운 추세를 가속시켰다

加速(jiāsù) : 가속시키다. 빨리 하다. 2-10
趋势(qūshì) : 추세. 3-四

4) 三星电子的存储芯片产业已连续20年保持世界领先，9月中旬在西安开工建设的项目，一期投资70亿美元，生产20纳米以下级的闪存芯片，这是改革开放以来中国电子信息产业最大外资项目。

삼성전자의 메모리칩산업은 이미 연속해서 20년 동안 세계적 선두를 유지하고 있으며, 9월 중순 시안에서 건설을 착공한 프로젝트는, 제1기 투자가 70억 달러이고, 20나노미터 이하 급의 플래시 기억장치를 생산하며, 이것은 개혁개방 이래로 중국 전자정보산업의 최대 외자 프로젝트이다.

a) 三星电子的存储芯片产业已连续20年保持世界领先，
sānxīng diànzǐ de cúnchǔ xīnpiàn chǎnyè yǐ liánxù èr shí nián bǎochí shìjiè lǐngxiān
삼성전자의 메모리칩산업은 이미 연속해서 20년 동안 세계적 선두를 유지하고 있다

产业(chǎnyè)：산업. 2-8.
连续(liánxù)：연속하다. → 연속해서. 3-8.
保持(bǎochí)：(지속적으로) 유지하다. 3-四.
世界领先：세계의 선두. 세계적 선두.
领先(lǐngxiān)：동 (함께 나아갈 때) 앞장서다. 선두〔맨 앞〕에 서다. 앞서다. 리드하다. → 선두.

b) 9月中旬在西安开工建设的项目，一期投资70亿美元，生产20纳米以下级的闪存芯片，
jiǔ yuè zhōngxún zài xī`ān kāigōng jiànshè de xiàngmù, yì qī tóuzī qī shí yì měiyuán, shēngchǎn èr shí nàmǐ yǐxià jí de shǎncún xīnpiàn
9월 중순 시안에서 건설을 착공한 프로젝트는, 제1기 투자가 70억 달러이고, 20나노미터 이하 급의 플래시 기억장치를 생산하다

中旬(zhōngxún)：명 중순.
一期(yì qī)：1기. 제1기.
期(qī)：양 기(期). 〔일정 시기를 몇 개로 구분한 것 중의 하나〕. 8-4.
生产(shēngchǎn)：1.동 생산하다.
2.동 출산하다. 몸풀다. 해산하다.
纳米(nàmǐ)：양 나노미터(nanometer). 〔1纳米는 10억 분의 1미터임〕
以下级(yǐxià jí)：이하급.
级(jí)：1.양 급. 층. 계단. 〔층계 · 계단 · 탑 등의 층을 세는 단위〕
2.명 등급. 계급.
3.명 층계. 계단. 섬돌.
4.명 학년.
闪存(shǎncún)：명 플래시 기억장치(flash memory).

闪(shǎn) : 1.동 (재빨리) 피하다. 비키다.
2.동 갑자기 나타나다. 번뜩이다. 떠오르다.
3.동 반짝이다. 번쩍이다.
4.명 번개.

c) 这是改革开放以来中国电子信息产业最大外资项目。
zhè shì gǎigé kāifàng yǐlái zhōngguó diànzǐ xìnxī chǎnyè zuìdà wàizī xiàngmù
이것은 개혁개방 이래로 중국 전자정보산업의 최대 외자 프로젝트이다

改革(gǎigé) : 개혁. 1-6.
开放(kāifàng) : 개방. 1-4.
以来(yǐlái) : 이래. 동안. 1-8.
电子信息产业(diànzǐ xìnxī chǎnyè) : 전자정보산업.

5) 韩国驻华大使李揆亨说，以前韩中合作主要在中国沿海地区，以加工贸易和制造业为中心进行产业分工。
한국 주중 대사 이규형은, 이전 한중 합작이 주로 중국 연해지구에서, 가공무역과 제조업을 중심으로 산업적 분업을 진행했다고 말했다.

a) 韩国驻华大使李揆亨说，
hánguó zhùhuá dàshǐ lǐ kuí hēng shuō
한국 주중 대사 이규형은 …라고 말하다

驻华(zhùhuá) : 중국 주재. 주중(驻中). 재화(在华).
驻(zhù) : 주재하다. 5-14.
华(huá) : 중국. 6-1.
大使(dàshǐ) : 명 대사.
李揆亨(lǐ kuí hēng) : 이규형〔사람 이름〕.

b) 以前韩中合作主要在中国沿海地区，以加工贸易和制造业为中心进行产业分工。
yǐqián hán zhōng hézuò zhǔyào zài zhōngguó yánhaǐ dìqū, yǐ jiāgōng màoyì hé zhìzàoyè wéi zhōngxīn jìnxíng chǎnyè fēngōng
이전 한중 합작이 주로 중국 연해지구에서, 가공무역과 제조업을 중심으로 산업적 분업을 진행하다

以前(yǐqián) : 명 과거. 이전. 예전.
主要(zhǔyào) : 주로. 대부분. 2-8.
以(yǐ)…为(wéi)… : …을 …으로 삼다. …을 …으로 여기다. 5-四.
加工贸易(jiāgōng màoyì) : 명 가공무역.

加工(jiāgōng)：가동하다. 3-10.
制造业(zhìzàoyè)：명 제조업.
中心(zhōngxīn)：중심. 4-12.
进行(jìnxíng)：진행하다. 2-10.
产业分工(chǎnyè fēngōng)：산업의 분업. 산업적 분업.
分工(fēngōng)：분업하다. 1-15.

6) 此次三星半导体工厂在中国西部地区投资，以尖端技术为基础，开创了产业内分工的韩中合作新视角。

cǐcì sānxīng bàndǎotǐ gōngchǎng zài zhōngguó xībù dìqū tóuzī, yǐ jiānduān jìshù wéi jīchǔ, kāichuàng le chǎnyè nèi fēngōng de hán zhōng hézuò xīn shìjiǎo

이번 삼성 반도체 공장의 중국서부 투자는, 첨단기술을 기초로 삼아, 산업 내 분업을 위한 한중 합작의 새 시각을 열었다.

此次(cǐcì)：이번. 7-10.
三星半导体工厂在中国西部地区投资：삼성 반도체 공장이 중국서부에서 투자하다.
→삼성 반도체 공장의 중국서부 투자.
半导体(bàndǎotǐ)：1.명 반도체.
2.명 半导体收音机(shōuyīnjī)(트랜지스터 라디오)의 약칭.
工厂(gōngchǎng)：명 공장.
以尖端技术为基础：첨단기술을 기초로 삼다.
以(yǐ)…为(wéi)…：…을 …으로 삼다. 5-四.
尖端技术(jiānduān jìshù)：첨단기술.
尖端(jiānduān)：1.형 첨단의.
2.명 첨단. 물체의 뾰족한 끝.
技术(jìshù)：기술. 1-13.
基础(jīchǔ)：기초. 5-15.
开创(kāichuàng)：동 (새로) 열다. 창립〔창업·창건〕하다. 시작하다. 일으키다.
→창조. 창의.
产业内分工的韩中合作新视角：산업 내 분업의 한중 합작의 새 시각.
→산업 내 분업을 위한 한중 합작의 새 시각.
产业内分工：산업 안에서 분업하다. →산업 내 분업.
视角(shìjiǎo)：1.명 시각.
2.명 카메라의 앵글.

7) "三星电子分享中国市场机遇的项目落户西部省份陕西，进一步凸显了'外资西进'的新格局。"

"삼성전자가 중국 시장의 기회를 공유하는 프로젝트는 서부의 성 산시에 자리잡았고, '외자의 중국서부 진출'의 새 방식을 더욱 분명히 나타내었다."

a) 三星电子分享中国市场机遇的项目落户西部省份陕西，
sānxīng diànzǐ fēnxiǎng zhōngguó shìchǎng jīyù de xiàngmù luòhù xībù shěngfèn shǎnxī
삼성전자가 중국 시장의 기회를 공유하는 프로젝트는 서부의 성 산시에 자리잡다

三星电子分享中国市场机遇的项目 : 삼성전자가 중국 시장의 기회를 공유하는 프로젝트(는)
分享(fēnxiǎng) : 함께 나누다〔누리다〕. 공유하다. 1-18.
机遇(jīyù) : (좋은) 기회. 찬스. 시기. 호기. 1-8.
落户西部省份陕西 : 서부의 성 산시에 자리잡다.
落户(luòhù) : 1.동 자리잡다. (타지에) 정착하다. 거처를 정하다. →정착.
2.동 호적에 올리다. 입적하다.
省份(shěngfèn) : 명 성(省). 〔고유 명사와 함께 쓰이지 않고, 단독으로 쓰임〕
陕西(shǎnxī) : 명 산시(성). 섬서(성).

b) 进一步凸显了'外资西进'的新格局。"
jìnyíbù tūxiǎn le 'wàizī xī jìn' de xīn géjú
'외자의 중국서부 진출'의 새 방식을 더욱 분명히 나타내었다

进一步(jìnyíbù) : (한 걸음 더) 나아가. 진일보하여. →더욱. 1-13.
凸显(tūxiǎn) : 분명하게 드러나다〔나타나다〕. 부각되다. 7-4.
格局(géjú) : 방식. 양식. 1-4.

8) 陕西省社科院金融投资专家谷孟宾说，长期以来，中国东部地区是吸引外资的主战场。

산시 성 사회과학원 금융투자 전문가 구멍빈은, 오랫동안 중국 동부지역이 외자 유치의 주요 현장이었다고 말했다.

a) 陕西省社科院金融投资专家谷孟宾说，
shǎnxī shěng shèkēyuàn jīnróng tóuzī zhuānjiā gǔ mèng bīn shuō
산시성 사회과학원 금융투자 전문가 구멍빈은 …라고 말하다

社科院(shèkēyuàn) : 社会科学院(shèhuì kēxuéyuàn, 사회과학원)의 약칭.
金融(jīnróng) : 금융. 2-2.

专家(zhuānjiā) : 전문가. 2–四.
谷孟宾(gǔ mèng bīn) : Gu Mengbin, 구멍빈〔사람 이름〕.

b) 长期以来，中国东部地区是吸引外资的主战场。
chángqī yǐlái, zhōngguó dōngbù dìqū shì xīyǐn wàizī de zhǔzhànchǎng
오랫동안, 중국 동부지역이 외자 유치의 주요 현장이었다

长期以来(chángqī yǐlái) : 오랫동안. 1–四.
东部地区(dōngbù dìqū) : 1.명 중국동부(지역).
〔중국의 동북지구(내몽고자치구 동부 · 흑룡강성 · 길림성 · 요녕성), 화북지구 동쪽(하북성 · 북경직할시 · 천진직할시), 화동지구(산동성 · 강소성 · 안휘성 · 절강성 · 강서성 · 상해직할시), 동남지구(광동성 · 복건성 · 대만성 · 해남성 · 홍콩특별행정구 · 마카오특별행정구) 및 발해 · 황해 · 동해 · 남해를 총칭함〕
2.명 동부지역. 동부지구.
吸引外资 : 외자를 유치하다. → 외자 유치.
吸引(xīyǐn) : 유치〔유인〕하다. 흡인하다. 빨아〔끌어〕당기다. 2–四.
主战场(zhǔzhànchǎng) : 명 주요 현장. 주전장. 주된 싸움터.
主(zhǔ) : 형 가장 기본적인. 가장 중요한.
战场(zhànchǎng) : 1.명 (작업이 긴박하거나 분투 노력하고 있는) 현장.
2.명 전장. 전쟁터.

9) 近几年惠普 · 富士康 · 三星等企业巨头先后将"超大"项目落户重庆 · 成都 · 西安等地，显示了西部地区吸引外资能力的明显改观。
최근 몇 년 동안 HP · Foxconn · 삼성 등 기업계 거두가 잇따라 '초대형' 프로젝트를 충칭 · 청두 · 시안 등 지역에 자리잡아서, 중국서부 외자 유치 능력의 뚜렷한 변모를 나타내었다.

a) 近几年惠普 · 富士康 · 三星等企业巨头先后将"超大"项目落户重庆 · 成都 · 西安等地，
jìnjǐnián huìpǔ · fùshìkāng · sānxīng děng qǐyè jùtóu xiānhòu jiāng 'chāodà' xiàngmù luòhù chóngqìng · chéngdū · xī`ān děng dì
최근 몇 년 동안 HP · Foxconn · 삼성 등 기업계 거두가 잇따라 '초대형' 프로젝트를 충칭 · 청두 · 시안 등 지역에 자리잡다

近几年(jìnjǐnián) : 최근 몇 년 (동안). 근년. 요즘. 최근.
惠普(huìpǔ) : 惠普公司(huìpǔ gōngsī, Hewlett-Packard, 약칭 HP), 휴렛팩커드.
公司(gōngsī) : 회사. 6–9.
富士康(fùshìkāng) : Foxconn. 본점은 타이완 타이뻬이 소재.
等(děng) : 1.조 등. 따위.

2.명 등급.
3.동 기다리다.
4.동 (…까지) 기다리다.
5.형 (정도 또는 수량이) 같다. 대등하다.
6.명 종류.
7.조 〔인칭대명사 · 사람을 가리키는 명사 뒤에 쓰여 복수를 나타냄〕

企业巨头 : 기업계 거두.
企业(qǐyè) : 기업. 1-13.
巨头(jùtóu) : 명 거두. 우두머리. 거물. 거인.
先后(xiānhòu) : 1.부 연속하여. 잇따라. 차례로. 전후하여.
2.명 앞과 뒤. 전과 후.
将(jiāng) : 개 …을. 1-4.
超大(chāodà) : 超大型(chāodàxíng), 초대형.
重庆(chóngqìng) : 명 충칭. 중경. 충칭(중경)직할시.
成都(chéngdū) : 명 청두(시). 성도(시). 〔쓰촨(사천)성의 성도〕
地(dì) : 1.명 지방. 지역. 구역. 지구. 장소.
2.명 육지. 땅.
3.명 바닥.
4.명 장소. 곳. 자리. 부위.
5.〔명사〕 지점.
6.명 (중앙에 대하여) 지방. 〔각 급 행정 구역의 총칭〕

b) 显示了西部地区吸引外资能力的明显改观。
xiǎnshì le xībù dìqū xīyǐn wàizī nénglì de míngxiǎn gǎiguān
중국서부 외자 유치 능력의 뚜렷한 변모를 나타내다

显示(xiǎnshì) : 나타내다. 보여주다. 2-7.
西部地区吸引外资能力 : 중국서부가 외자를 유치하는 능력.
→중국서부의 외자 유치 능력.
能力(nénglì) : 능력. 1-16.
明显(míngxiǎn) : 뚜렷하다. 분명하다. 3-12.
改观(gǎiguān) : 동 변모하다. 면모를 일신하다. →변모.

10) 陕西省省长赵正永说，吸引三星项目落户，反映了陕西吸引外资的产业基础·资源优势·交通条件·政府服务得到了明显改善，这一项目也将有力提升陕西的对外开放度和经济外向度，推进陕西乃至西部地区产业结构优化升级。

산시 성 성장 자오정융이 말하길, 삼성 프로젝트 정착의 유치가, 산시는 외자를 유치하는 산업기반·자원우위·교통조건·정부서비스가 뚜렷하게 개선되었음을 반영했으며, 이 프로젝트는 또한 장차 산시의 대외개방도와 경제외향성을 유력하게 상승시키고, 산시 심지어 중국서부 산업구조조정의 향상을 추진할 것이다.

a) 陕西省省长赵正永说，
shǎnxī shěng shěngzhǎng zhào zhèng yǒng shuō
산시 성 성장 자오정융이 …라고 말하다 → ~이 말하길

省长(shěngzhǎng)：명 성장. 한 성의 최고 행정 장관.
赵正永(zhào zhèng yǒng)：Zhao Zhengyong, 자오정융〔사람 이름〕.

b) 吸引三星项目落户，反映了陕西吸引外资的产业基础·资源优势·交通条件·政府服务得到了明显改善，
xīyǐn sānxīng xiàngmù luòhù, fǎnyìng le shǎnxī xīyǐn wàizī de chǎnyè jīchǔ · zíyuán yōushì · jiāotōng tiáojiàn · zhèngfǔ fúwù dédào le míngxiǎn gǎishàn
삼성 프로젝트 정착의 유치가, 산시는 외자를 유치하는 산업기반·자원우위·교통조건·정부서비스가 뚜렷하게 개선되었음을 반영했다

吸引三星项目落户：삼성 프로젝트의 정착을 유치하다.
→ 삼성 프로젝트 정착의 유치.
反映(fǎnyìng)：1.동 반영하다.
2.동 (사람이나 물체의 형상을) 되비치다. 반사하다.
3.동 (상급 기관이나 부서에) 보고하다. 전달하다. 알게 하다.
4.명 반영.
陕西吸引外资的产业基础·资源优势·交通条件·政府服务得到了明显改善：
산시는 외자를 유치하는 산업기반·자원우위·교통조건·정부서비스가 뚜렷하게 개선되었다.
陕西吸引外资：산시가 외자를 유치하다.
产业基础(chǎnyè jīchǔ)：산업기반.
资源优势(zīyuán yōushì)：자원우위.
优势(yōushì)：우위. 우세. → 장점. 1-15.
交通(jiāotōng)：교통. 4-12
条件(tiáojiàn)：명 조건. 기준. 표준.
政府(zhèngfǔ)：정부. 6-9.

服务(fúwù) : 서비스. 복무. 봉사. 1-13.
得到了明显改善 : 뚜렷한 개선을 얻다. → 뚜렷하게 개선되었다.
得到(dédào) : 1.동 얻다. 받다. 획득하다. 취득하다. 거두다. 차지하다.
2.동 (말미암아) …(하게) 되다.
明显(míngxiǎn) : 뚜렷하다. 분명하다. 확연히 드러나다. 3-12.
改善(gǎishàn) : 개선. 개량. 1-16.

c) 这一项目也将有力提升陕西的对外开放度和经济外向度，推进陕西乃至西部地区产业结构优化升级。
zhè yí xiàngmù yě jiāng yǒulì tíshēng shǎnxī de duìwài kāifàng dù hé jīngjì wàixiàng dù, tuījìn shǎnxī nǎizhì xībù dìqū chǎnyè jiégòu yōuhuà shēngjí
이 프로젝트는 또한 장차 산시의 대외개방도와 경제외향성을 유력하게 상승시키고, 산시 심지어 중국서부 산업구조조정의 향상을 추진할 것이다

有力(yǒulì) : 형 힘이 있다. 힘이 세다.
提升(tíshēng) : 상승시키다. → 제고하다. 1-四.
对外开放度(duìwài kāifàng dù) : 대외개방도.
对外开放(duìwài kāifàng) : 대외개방. 1-6.
度(dù) : (사물의 어떤 성질이 도달한) 정도. 2-12.
经济外向度(jīngjì wàixiàng dù) : 경제의 수출 지향적인 정도. → 경제외향성.
经济(jīngjì) : 경제. 1-4.
外向(wàixiàng) : 1.형 대외 지향적인. 외국〔국제〕 시장을 겨냥한.
→ 수출 지향적인.
2.형 (성격이) 외향적이다.
推进(tuījìn) : 추진하다. 1-7.
乃至(nǎizhì) : 접 더 나아가서. 심지어.
产业结构优化 : 산업구조의 최적화. → 산업구조조정.
产业结构(chǎnyè jiégòu) : 산업구조. 2-8. 1-13.
优化(yōuhuà) : 동 최적화하다. 가장 능률적으로 조절〔활용〕하다.
→ 조정. 조절. 최적화.
升级(shēngjí) : 향상. 격상. 2-10.

11) 中国西部地区涵盖12个省区市，面积占全国的70%，发展潜力巨大。
중국서부는 12개 성 · 자치구 · 직할시를 포함하고, 면적은 전국의 70%를 점하며, 발전 잠재력이 아주 크다.

a) 中国西部地区涵盖12个省区市，
zhōngguó xībù dìqū hángài shí èr ge shěng qū shì
중국서부는 12개 성 · 자치구 · 직할시를 포함하다

涵盖(hángài) : 포함하다. 포괄하다. 5–四.
省区市(shěng qū shì) : 성 · 자치구 · 직할시.
省(shěng) : 1.명 성. 〔현대 중국의 최상급 지방 행정 단위〕
2.명 성도(省都).
3.동 아끼다. 절약하다.
4.동 덜다. 줄이다. 빼다. 생략하다.
5.명 준말. 줄임말.
区(qū) : 자치구(自治区, zìzhìqū)의 약칭. 4–13.
市(shì) : 1.명 직할시(直辖市, zhíxiáshì)의 약칭.
2.명 도시.
3.명 시장. 장(场). 저자.
4.명 시장 거래 가격. 시가. 시세.

b) 面积占全国的70%,
miànjī zhàn quánguó de bǎifēnzhī qī shí
면적은 전국의 70%를 점하다

面积(miànjī) : 면적. 8–四.
占(zhàn) : 점하다. 2–7.

c) 发展潜力巨大。
fāzhǎn qiánlì jùdà
발전 잠재력이 아주 크다

发展(fāzhǎn) : 발전. 1–4.
潜力(qiánlì) : 잠재력. 1–10.
巨大(jùdà) : 아주 크다. 거대하다. 1–10.

12) 2010年的统计显示，西部地区累计利用外资量仅占全国的5%左右，这一情形在“十二五”开局之年有了明显的变化，四川 · 重庆两省市2011年合计利用外资额就超过200亿美元，占到全国总量的六分之一。

2010년의 통계에 의하면, 중국서부의 누계 이용 외자량은 전국의 5% 가량을 겨우 차지했고, 이런 상황은 ‘12 · 5’의 시작 연도에 뚜렷한 변화가 생겼으며, 쓰촨 성 · 충칭 직할시 두 성 · 직할시의 2011년 합계 이용 외자액은 바로 200억 달러를 초과했고, 전국 총량의 6분의 1까지 차지했다.

a) 2010年的统计显示，西部地区累计利用外资量仅占全国的5%左右，
èr líng yī líng nián de tǒngjì xiǎnshì, xībù dìqū lèijì lìyòng wàizīliàng jǐn zhàn quánguó de bǎifēnzhī wǔ zuǒyòu
2010년의 통계에 의하면, 중국서부의 누계 이용 외자량은 전국의 5% 가량을 겨우 차지했다

统计显示 : 2010년의 통계는 …라고 나타내다 → ~ 통계에 의하면
统计(tǒngjì) : 통계. 2-7.
显示(xiǎnshì) : 나타내다. 보여주다. 2-7.
累计(lèijì) : 누계. 합계. 2-16.
利用(lìyòng) : 이용. 활용. 2-10.
外资量(wàizīliàng) : 외자량. 외자분량.
量(liàng) : 1.명 수량. 양. 분량.
2.명 용량. 한도.
3.동 짐작하다. 헤아리다. 가늠하다. 무게를 달다.
量(liáng) : 1.동 (무게 · 길이 · 크기 · 양 따위를) 재다. 측정하다. 달다. 되다.
2.동 짐작하다. 추측하다.
仅(jǐn) : 부 겨우. 가까스로. 근근이. 다만. 단지. …뿐.
占(zhàn) : 점유하다. 차지하다. 점령하다. 2-7.
左右(zuǒyòu) : 1.명 가량. 안팎. 만큼. 내외. 쯤.
2.명 좌와 우. 왼쪽과 오른쪽.
3.명 주위. 옆. 곁.
4.명 측근. 시종. 주변 사람.
5.동 통제하다. 좌우하다. 지배하다.
6.부 어쨌든. 좌우지간에. 결국. 어차피.

b) 这一情形在"十二五"开局之年有了明显的变化，
zhè yì qíngxíng zài 'shí èr wǔ' kāijú zhī nián yǒu le míngxiǎn de biànhuà
이런 상황은 '12 · 5'의 시작 연도에 뚜렷한 변화가 생겼다

情形(qíngxíng) : 명 상황. 정황. 형편.
十二五(shí èr wǔ) : 12 · 5. 중국은 1953년부터 5년을 한 단위로 국가의 중 · 단기 경제계획을 수립했다. 제1차 경제개발 5개년 계획은 '一五'로 약칭한다.
'十二五'은 제12차 경제개발 5개년 계획을 뜻하고, 그 기간은 2011년부터 2015년까지이며, 그 정식명칭은 '中华人民共和国国民经济和社会发展第十二个五年规划纲要(중국 국민경제와 사회발전 제12차 5개년 계획 강령)'이다.
开局之年 : 시작 연도.
开局(kāijú) : 1.명 시작 단계.
2.동 시작하다.
年(nián) : 1.명 년. 연도.
2.양 년. 해.
3.명 매년〔매해〕의 것.

4.명 나이. 연령.
5.명 (나이에 따라 나눈) 일생의 한 시기.
6.명 시기. 시대.
7.명 새해. 설.

明显(míngxiǎn)：뚜렷하다. 명백하다. 3-12.
变化(biànhuà)：변화. 1-8.

c) 四川·重庆两省市2011年合计利用外资额就超过200亿美元，
sìchuān·chóngqìng liǎng shěng shì èr líng yī yī nián héjì lìyòng wàizīé jiù chāoguò èr bǎi yì měiyuán
쓰촨성·충칭직할시 두 성·직할시의 2011년 합계 이용 외자액은 바로 200억 달러를 초과했다

四川(sìchuān)：명 쓰촨(성). 사천(성).
省市(shěng shì)：성·직할시.
合计(héjì)：동 합계하다. 합치다.
合计(héji)：1.동 의논〔토의·상의〕하다.
2.동 타산하다. 따져 보다. 계산하다.
外资额(wàizīé)：외자액.
额(é)：1.명 일정 수량. 액수.
2.명 이마.
3.명 물체의 꼭대기에 가까운 부분.
超过(chāoguò)：1.동 초과하다. 넘다.
2.동 추월하다. 앞지르다.

d) 占到全国总量的六分之一。
zhàn dào quánguó zǒngliàng de liù fēnzhī yī
전국 총량의 6분의 1까지 차지하다

占到(zhàn dào)：…까지 차지하다.
到(dào)：〔동사 뒤에서 동작의 목적 달성이나 결과 발생을 나타냄〕. 5-4.
总量(zǒngliàng)：총(수)량. 1-四
分之(fēnzhī)：…분의.

13) 谷孟宾认为，西部地区经过1999年以来的大开发，交通设施·能源供应·生态环境·政府服务等基础条件已能满足大规模吸引外资的需要。

구멍빈에 의하면, 중국서부는 1999년 이래의 서부대개발을 거쳐, 교통시설·에너지공급·생태환경·정부서비스 등 기초 조건이 대규모 외자 유치의 요구를 이미 만족시킬 수 있다.

a) 谷孟宾认为，
gǔ mèng bīn rènwéi
구멍빈에 의하면

b) 西部地区经过1999年以来的大开发，交通设施·能源供应·生态环境·政府服务等基础条件已能满足大规模吸引外资的需要。
xībù dìqū jīngguò yī jiǔ jiǔ jiǔ nián yǐlái de dàkāifā, jiāotōng shèshī · néngyuán gōngyìng · shēngtài huánjìng · zhèngfǔ fúwù děng jīchǔ tiáojiàn yǐ néng mǎnzú dàguīmó xīyǐn wàizī de xūyào
중국서부는 1999년 이래의 서부대개발을 거쳐, 교통시설 · 에너지공급 · 생태환경 · 정부서비스 등 기초 조건이 대규모 외자 유치의 요구를 이미 만족시킬 수 있다

经过(jīngguò) : 거치다. 경우하다. 통과하다. 1-12.
以来(yǐlái) : 이래. 동안. 1-8.
大开发(dàkāifā) : 대개발. 西部大开发(xībù dàkāifā, 서부대개발)의 약칭. 중국 동부연해지역의 경제발전 능력을 활용하여, 중국서부의 경제와 사회의 발전수준을 제고하고 국방을 공고히 하는 데 목적이 있으며, 2000년 3월 정식으로 활동 개시하다.
设施(shèshī) : 시설. 8-12.
能源(néngyuán) : 에너지. 6-2.
供应(gōngyìng) : 동 제공하다. 공급하다. 보급하다. → 공급.
生态(shēngtài) : 생태. 1-13.
环境(huánjìng) : 환경. 1-17.
满足(mǎnzú) : 1. 동 만족시키다.
2. 동 만족하다. 흡족하다.
大规模吸引外资的需要 : 대규모로 외자를 유치하는 요구.
→ 대규모 외자 유치의 요구.
大规模(dàguīmó) : 형 대규모의. 대량의. → 대규모로.
需要(xūyào) : 요구. 수요. 욕망. 욕구. 7-9.

14) 随着跨国公司将研发设计等高端产业向中国转移，西部地区的科技潜力·人才资源开始形成现实的竞争优势。
다국적기업이 연구개발 · 설계 등 첨단산업을 중국으로 이동시킴에 따라, 중국서부의 과학기술 잠재력 · 인력자원은 현실적 경쟁 우위를 형성하기 시작했다.

a) 随着跨国公司将研发设计等高端产业向中国转移，
suízhe kuàguó gōngsī jiāng yánfā shèjì děng gāoduān chǎnyè xiàng zhōngguó zhuǎnyí
다국적기업이 연구개발 · 설계 등 첨단산업을 중국으로 이동시킴에 따라

随着(suízhe) : …에 따라. …따라서. …뒤이어. 4-12.
跨国公司(kuàguó gōngsī) : 명 다국적기업.
　跨国(kuàguó) : 국제적의, 다국적의.
将(jiāng) : …을. 1-4.
研发(yánfā) : 동 연구개발하다. → 연구개발.
设计(shèjì) : 1.명 설계. 디자인.
　　2.동 설계하다. 디자인하다. 짜다. 계획하다.
　　3.동 계책을 꾸미다. 흉계를 꾸미다.
高端产业(gāoduān chǎnyè) : 명 첨단산업.
　产业(chǎnyè) : 산업. 2-8
转移(zhuǎnyí) : 1.동 (방향이나 위치를) 전이하다. 옮기다. 이동시키다.
　　2.동 바꾸다. 변경하다.

b) 西部地区的科技潜力・人才资源开始形成现实的竞争优势。
xībù dìqū de kējì qiánlì・réncái zīyuán kāishǐ xíngchéng xiànshí de jìngzhēng yōushì
중국서부의 과학기술 잠재력・인력자원은 현실적 경쟁 우위를 형성하기 시작하다

科技(kējì) : 명 과학기술.
人才资源(réncái zīyuán) : 명 인력자원.
　人才(réncái) : 1.명 (재덕을 겸비한) 인재. (한 방면에 뛰어난) 인재.
　　2.명 곱고 단정한 모습.
开始(kāishǐ) : 개시하다. 시작되다. 2-15.
形成(xíngchéng) : 형성하다〔되다〕. 1-4.
现实(xiànshí) : 현실. 8-16.
竞争(jìngzhēng) : 경쟁. 1-8.
优势(yōushì) : 우위. 우세. 1-15.

9-3 번 역 '외자의 중국서부 진출'로 인해 중국서부가 세계 경제 무대로 빠르게 유입되다

11월 하순 제2차 산시·광둥·홍콩·마카오 경제 협력 주간의 개최 기간에, 시안 첨단과학기술산업개발구는 선전 시에서 12개의 전자정보 프로젝트를 계약했고, 삼성전자 시안 마이크로칩 프로젝트와 결합된 2개의 외자 프로젝트를 포함하여, 총투자는 2억 6천 5백만 달러이었다.

경제계 인사에 의하면, 얼마 전에 시안에서 건설을 착공한 한국 삼성전자의 첨단 메모리칩 프로젝트가, 새로운 '외자의 중국서부 진출'의 붐을 선도하고, 중국서부가 세계 경제 무대로 유입되는 새로운 추세를 가속시켰다.

삼성전자의 메모리칩산업은 이미 연속해서 20년 동안 세계적 선두를 유지하고 있으며, 9월 중순 시안에서 건설을 착공한 프로젝트는, 제1기 투자가 70억 달러이고, 20나노미터 이하 급의 플래시 기억장치를 생산하며, 이것은 개혁개방 이래로 중국 전자정보산업의 최대 외자 프로젝트이다.

한국 주중 대사 이규형은, 이전 한중 합작이 주로 중국 연해지구에서, 가공무역과 제조업을 중심으로 산업적 분업을 진행했다고 말했다. 이번 삼성 반도체 공장의 중국서부 투자는, 첨단기술을 기초로 삼아, 산업 내 분업을 위한 한중 합작의 새 시각을 열었다.

"삼성전자가 중국 시장의 기회를 공유하는 프로젝트는 서부의 성 산시에 자리잡았고, '외자의 중국서부 진출'의 새 방식을 더욱 분명히 나타내었다." 산시 성 사회과학원 금융투자 전문가 구멍빈은, 오랫동안 중국 동부지역이 외자 유치의 주요 현장이었다고 말했다. 최근 몇 년 동안 HP·Foxconn·삼성 등 기업계 거두가 잇따라 '초대형' 프로젝트를 충칭·청두·시안 등 지역에 자리잡아서, 중국서부 외자 유치 능력의 뚜렷한 변모를 나타내었다.

산시 성 성장 자오정융이 말하길, 삼성 프로젝트 정착의 유치가, 산시는 외자를 유치하는 산업기반·자원우위·교통조건·정부서비스가 뚜렷하게 개선되었음을 반영했으며, 이 프로젝트는 또한 장차 산시의 대외개방도와 경제외향성을 유력하게 상승시키고, 산시 심지어 중국서부 산업구조조정의 향상을 추진할 것이다.

중국서부는 12개 성・자치구・직할시를 포함하고, 면적은 전국의 70%를 점하며, 발전 잠재력이 아주 크다. 2010년의 통계에 의하면, 중국서부의 누계 이용 외자량은 전국의 5% 가량을 겨우 차지했고, 이런 상황은 '12・5'의 시작 연도에 뚜렷한 변화가 생겼으며, 쓰촨 성・충칭 직할시 두 성・직할시의 2011년 합계 이용 외자액은 바로 200억 달러를 초과했고, 전국 총량의 6분의 1까지 차지했다.

구멍빈에 의하면, 중국서부는 1999년 이래의 서부대개발을 거쳐, 교통시설・에너지공급・생태환경・정부서비스 등 기초 조건이 대규모 외자 유치의 요구를 이미 만족시킬 수 있다. 다국적기업이 연구개발・설계 등 첨단산업을 중국으로 이동시킴에 따라, 중국서부의 과학기술 잠재력・인력자원은 현실적 경쟁 우위를 형성하기 시작했다.

9-4 练习

今年以来，国际企业巨头在西部地区的"重磅"投资接连不断。4月份，惠普公司决定将其全球打印及成像产品项目落户重庆，建设3000万台喷墨打印机制造基地；5月，一期投资20亿元人民币的大众汽车生产制造项目在新疆乌鲁木齐奠基；9月，联合利华签约四川眉山，建设全球生产基地。

截至目前，西部地区已利用外商直接投资557亿美元，批准外商投资企业约2万家。重庆·成都·西安·昆明等内陆型经济开放高地正在崛起，新疆喀什·霍尔果斯等经济开发区和广西东兴·云南瑞丽·内蒙古满洲里等重点开发开放试验区也初具规模。

"中国对外开放的'外资西进'新格局，正在使西部地区加快融入世界经济舞台"，西安高新区管委会主任赵红专说，"近年来西安已吸引81家世界500强企业设立了128家企业和办事处。三星项目和配套企业的进驻，有望形成年产值1000亿元的产业集群，不仅会使西安成为中国又一个半导体产业基地城市，也将直接影响世界信息电子产业发展。"

"外资西进"同样加快了西部地区参与全球产业分工。在四川，已落户世界500强企业243家，全球超过七成的苹果IPAD电脑在成都制造并销往全球，全球每两台电脑中，就有一台的芯片是在这里生产。在重庆，落户的世界500强企业也已超过200家，去年重庆生产笔记本电脑2547万台，占全球产量的7%，今年产量有望再翻一番，成为全球最大的笔记本电脑生产基地。

단어 정리

- 重磅(zhòngbàng) : 형 중량의. → 중요한.
- 接连不断(jiēlián búduàn) : 끝없이 이어지다. 끊임없다.
  接连(jiēlián) : 부 연거푸. 연이어. 잇달아. 연달아. 끊임없이. 연속하여. 계속해서.
  不断(búduàn) : 끊임없이. 1-11.
- 将(jiāng) : 개 …을. 1-4.
- 其全球打印及成像产品项目 : 그(HP의→자신의) 프린트와 이미지처리 제품의 국제 프로젝트. → 프린트와 이미지처리 제품에 관한 자신의 국제 프로젝트.
  打印(dǎyìn) : 동 (프린터로) 인쇄하다. 프린트하다. 도장을 찍다. 날인하다.
  成像(chéngxiàng) : 동 영상을 형성하다. 이미지를 처리하다.
  产品(chǎnpǐn) : 제품. 생산품. 3-13.
- 台(tái) : 양 (기계 · 설비 등을 세는) 대. (연극 · 공연 따위를 세는) 편. 회. 차례.
- 喷墨打印机(pēnmò dǎyìnjī) : 잉크젯프린터.
- 制造基地(zhìzào jīdì) : 제조 기지. 基地(jīdì) : 명 기지. 근거지. 본거지. 거점.
- 大众汽车(dàzhòng qìchē) : Volkswagen. 폭스바겐. 〔독일 자동차 회사〕
- 新疆(xīnjiāng) : 명 新疆维吾尔自治区. 신장(신강)위구르자치구. 신장(신강)자치구.
- 乌鲁木齐(wūlǔmùqí) : 명 우루무치(시). 〔신장(新疆)위구르자치구의 성도〕
- 奠基(diànjī) : 정초(定础)하다. 기초를 잡다〔닦다〕. 8-9.
- 联合利华(liánhé lìhuá) : Unilever. 유니레버. 〔식품 · 세제용품 회사〕
- 眉山(méishān) : 명 메이산(시). 미산. 〔지명〕
- 全球生产基地(quánqiú shēngchǎn jīdì) : 국제적 생산기지.
- 截至(jiézhì) : 동 (시간적으로) …까지 마감이다. …에 이르다.
- 外商(wàishāng) : 명 외국 상인. 외국 상사(商社).
- 直接投资(zhíjiē tóuzī) : 명 직접투자.
- 批准(pīzhǔn) : 동 비준하다. 허가하다. 승인하다. 재가하다.
- 约(yuē) : 대략. 약. 8-13.
- 家(jiā) : 양 〔집 · 점포 · 공장 등을 세는 단위〕
- 昆明(kūnmíng) : 명 쿤밍(시). 곤명. 〔윈난(云南)성의 성도〕
- 内陆型(nèilùxíng) : 내륙형.
- 经济开放高地(jīngjì kāifàng gāodì) : 경제개방고지.
  高地(gāodì) : 명 고지. 고원.
- 正在(zhèngzài) : 지금〔한창〕 …하고 있다. 6-四.
- 崛起(juéqǐ) : 동 (산봉우리 등이) 우뚝 솟다. 흥기하다. 우뚝 일어나다. 굴기하다.

• 喀什(kāshí) : 명 카스(시). 〔신장위구르자치구의 서남부 도시〕
• 霍尔果斯(huòěrguǒsī) : 훠얼궈스(시). 〔신장위구르자치구의 서북쪽 도시〕
• 经济开发区(jīngjì kāifāqū) : 经济技术开发区(경제기술개발구역)의 약칭. 경제개발구.
• 广西(guǎngxī) : 명 广西壮族自治区. 광시좡족(광서장족)자치구. 광시. 광서.
• 东兴(dōngxīng) : 명 둥싱(시). 동흥. 〔지명〕
• 云南(yúnnán) : 명 윈난(성). 운남(성).
• 瑞丽(ruìlì) : 명 루이리(시). 서려. 〔지명〕
• 内蒙古(nèiménggǔ) : 명 内蒙古自治区. 네이멍구(내몽고)자치구.
• 满洲里(mǎnzhōulǐ) : 명 만저우리(시). 만주리. 〔몽고와 러시아 국경부근 소재 도시〕
• 重点(zhòngdiǎn) : 명 중점. 형 중요한. 주요한. 부 중점적으로.
• 开放试验区(kāifàng shìyànqū) : 개방실험구역.
  试验(shìyàn) : 동 시험하다. 실험하다. 테스트하다. 명 실험. 시험.
• 初具(chūjù) : 동 대강 갖추다.
• 格局(géjú) : 구성. 구조. 1-4.
• 管委会(guǎnwěihuì) : 관리위원회. 8-8.
• 赵红专(zhào hóng zhuān) : Zhao Hongzhuan. 쟈오홍좐〔사람 이름〕.
• 近年来(jìnniánlái) : 최근 몇 해〔년〕 동안〔사이〕. 요 몇 년 사이. 최근(에).
• 500强企业(qiáng qǐyè) : 500대(大) 기업.
• 设立(shèlì) : 설립〔건립〕하다. 8-四.
• 办事处(bànshìchù) : 명 (정부 · 군대 · 단체 등이 파견한) 사무소. 동사무소.
• 配套企业(pèitào qǐyè) : 부설 기업.
  配套(pèitào) : 부설하다. 부대(附带)하다. 8-12.
• 进驻(jìnzhù) : 동 (군대가) 진주(进驻)하다. (작업반을) 투입하다. → 입주(入住)하다.
• 有望(yǒuwàng) : 동 유망하다. 가능성이 있다. 희망적이다.
• 年产值(niánchǎnzhí) : 명 연간 생산액.
• 产业集群(chǎnyè jíqún) : 산업클러스터.
  集群(jíqún) : 명 클러스터. 동 무리를 이루다. 떼를 짓다.
• 不仅(bùjǐn) : 접 …뿐만 아니라. 2-3.
• 信息电子产业(xìnxī diànzǐ chǎnyè) : 정보전자산업. 9-4.
• 同样(tóngyàng) : 마찬가지로. 다름없이. 똑같이. 1-四.
• 加快(jiākuài) : 재촉하다. 속도를 올리다. 빠르게 하다. 1-7.
• 西部地区参与全球产业分工 : 중국서부가 국제 산업분업에 참여하다.
  → 중국서부의 국제 산업분업 참여.
  参与(cānyǔ) : 참여하다. 참가하다. 가담하다. 개입하다. 1-8.
  分工(fēngōng) : 분업하다. 분담하다. → 분업. 1-15.

• 七成(qī chéng) : ㊀수 10분의 7. 70%. 7할.
• 苹果(píngguǒ) : 명 사과. 사과나무. Apple Inc. 애플사(社).
• 销往(xiāowǎng) : 널리 팔다. 널리 팔리다.
• 笔记本电脑(bǐjìběn diànnǎo) : 노트북 컴퓨터.
• 再(zài) : 부 또. 재차. 다시. 더. 그 위에. 동 다시 나타나다. 계속되다. 수 두 번.
• 翻一番(fānyìfān) : 수량이 곱으로〔배로〕 늘다. 갑절〔곱절〕이 되다. 두 배가 되다.

제10과

中国进出口商品交易会

광저우 무역박람회

10-1 正文 外贸全年保十落空 广交会人气与成交双下滑

11月4日，112届广交会正式落下帷幕。据统计，本届广交会无论是采购商到会人数还是最终成交额均出现了比较明显的下滑。其中，采购商与会总人数比上届减少10.26%，成交比上届下降9.3%。广交会素有"外贸晴雨表"之称，到会人数与成交额的双下滑凸显出当前外贸形势依然严峻。业内人士分析，目前来看，全年外贸完成"保十"目标已经基本无望。

广交会新闻发言人·中国对外贸易中心副主任刘建军在4日下午的广交会闭幕新闻发布会上介绍说，截至11月3日，第112届广交会境外采购商与会188145人，来自211个国家和地区，与会人数比第111届同期减少10.26%，比第110届同期减少10.05%。

刘建军表示，截至11月3日，本届广交会出口成交326.8亿美元，比上届下降9.3%。受欧债危机·美国经济复苏乏力和中日关系影响，对欧盟·美国·日本成交分别下降10.5%·9.4%·36.6%。对新兴市场成交降幅较小，对东盟·中东·金砖四国成交降幅分别为7.9%·5.7%·0.7%，均低于总成交降幅，对澳大利亚成交增长0.4%。

此外，成交的中短订单较多，6个月以内的中短订单占比达86.6%，增加了0.3个百分点；包括食品·医药等在内的生活必需品成交增长，机电商品·纺织服装等成交则出现了下降。

"从目前的数据看，人数和成交额的'双下滑'反映出今年外贸'保十'任务艰巨，我国外贸仍面临严峻的形势，想企稳回升仍不容易。"刘建军说。

广交会期间，参加广交会的各交易团及各进出口商会均对«经济参考报»记者表示，由于国际需求仍在持续萎缩萎之中，我国外贸实现"保十"难度极大。从地域看，占据全国进出口规模八成左右的广东·江苏·浙江等传统贸易大省完成全年目标也基本成为"不可能的任务"。以广东为例，如外贸要"保十"，则第4季度进出口值需达到2892亿美元，比上年同期增长20.9%；如要完成7.5%的增幅，则第4季度进出口值也要达到2664亿美元，月均要实现进出口888亿美元，超过历史最高纪录，难度可想而知。山东交易团负责人也分析认为，该省1至9月2.6%的外贸实际增长难以兑现全年10%的既定增长目标。

* 출처: 经济参考报-2012年11月05日
http://news.xinhuanet.com/fortune/2012-11/05/c_123912395.htm

10-2 生词与解释

1) 外贸全年保十落空 广交会人气与成交双下滑

wàimào quánnián bǎo shí luòkōng, guǎngjiāohuì rénqì yǔ chéngjiāo shuāng xiàhuá
대외무역 연간 10% 성장의 유지가 물거품 되고, 광저우 무역박람회의 인기와 거래성사 두 가지가 하락하다

外贸(wàimào)：대외무역. 3-1.
全年(quánnián)：연간. 3-1.
保十(bǎo shí)：10을 유지하다. → 10% 성장을 유지하다. 10% 성장의 유지.
　→ 연간 10%의 대외무역 성장 목표를 유지하다.
　연간 10% 대외무역 성장의 유지.
　保(bǎo)：1.[동] 유지하다. 보존하다.
　2.[동] 보호하다. 보위하다.
　3.[동] 보장하다. 보증하다. 책임지다.
　4.[동] 담보하다. 보증하다.
　十(shí)：10. 십. → 10%.
落空(luòkōng)：[동] 수포로 돌아가다. 허사이다〔가 되다〕. 물거품이 되다.
广交会(guǎngjiāohuì)：광저우 무역박람회. 广州交易会의 약칭.
　中国进出口商品交易会((China Import and Export Fair, 广州交易会)의 약칭으로, 영문 명칭은 칸톤 페어(Canton Fair)이다. 1957년 봄 처음 개설되어, 매년 봄과 가을 광저우시에서 개최된다. 현재 중국에서 역사가 가장 오래되고, 수준이 가장 높고, 규모가 가장 크며, 상품 종류가 가장 많으며, 거래성사 효과가 가장 좋은 종합적인 국제 무역박람회이다. 2006년까지 이 박람회를 통해 중국 전체 수출액 20% 가량의 거래계약이 달성되었다.
　进出口(jìnchūkǒu)：수출입. 2-15.
　商品交易会(shāngpǐn jiāoyìhuì)：[명] 상품박람회.
　交易(jiāoyì)：교역. 거래. 장사. 5-四.
　交易会(jiāoyìhuì)：[명] 박람회. 트레이드 페어.
人气(rénqì)：1.[명] 인기.
　2.[명] 열기. 분위기. 기분.
　3.[명] 인품.
成交(chéngjiāo)：[동] 거래가 성립〔성사〕하다. 매매가 성립〔성사〕되다.
　→ 거래성사. 거래성립.
双(shuāng)：1.[형] 두 개의. 쌍의. 양쪽의. 쌍방의. → 두 가지.
　2.[양] 짝. 켤레. 쌍. 매.
　3.[형] 2배의. 갑절의. 두 몫의.
　4.[형] 짝수의. 우수의.
下滑(xiàhuá)：[동] 아래로 미끄러지다. 하락하다. 하향(下向)하다. 쇠퇴하다.

2) 11月4日，112届广交会正式落下帷幕。

shí yī yuè sì rì, yī bǎi yī shí èr jiè guǎngjiāohuì zhèngshì luòxià wéimù

11월 4일, 112회 광저우 무역박람회가 공식적으로 막을 내렸다.

届(jiè) : 회. 기. 차. 7-1.
正式(zhèngshì) : 공식(적)으로. 정식으로. 1-5.
落下(luòxià) : 동 떨어지다. 내리다. 낙하하다.
帷幕(wéimù) : 명 막. 휘장. 장막.

3) 据统计，本届广交会无论是采购商到会人数还是最终成交额均出现了比较明显的下滑。

jù tǒngjì, běnjiè guǎngjiāohuì wúlùn shì cǎigòushāng dàohuì rénshù háishì zuìzhōng chéngjiāoé jūn chūxiàn le bǐjiào míngxiǎn de xiàhuá

통계에 의하면, 이번 광저우 무역박람회는 바이어 참가 인원수 또는 최후 거래액을 막론하고 모두 비교적 명확한 하락을 나타내었다.

据(jù) : …에 의하면. 2-8.
统计(tǒngjì) : 통계. 2-7.
本届(běnjiè) : 이번. 금회. 7-5.
无论(wúlùn) : 접 …을 막론하고. …에도 불구하고. …에 관계없이. …든지.
采购商到会人数 : 바이어가 회의에 참가한 인원수. → 바이어 참가 인원수.
  采购商(cǎigòushāng) : 명 바이어(buyer). 구매상.
  到会(dàohuì) : 동 회의〔모임〕에 참가하다〔나가다〕. → 회의 참가.
  人数(rénshù) : 명 사람 수. 인원수.
还是(háishì) : 접 또는. 아니면. 5-4.
最终(zuìzhōng) : 1.형 최종의. 최후의. 맨 마지막의. 궁극의.
  2.명 최후. 최종. 맨 마지막. 끝.
成交额(chéngjiāoé) : 명 거래액.
均(jūn) : 모두. 2-11.
出现(chūxiàn) : 출현하다. 나타나다. 3-3.
比较(bǐjiào) : 비교적. 3-2.
明显(míngxiǎn) : 명확하다. 뚜렷하다. 3-12.

4) 其中，采购商与会总人数比上届减少10.26%，成交比上届下降9.3%。

그 중에, 바이어 참가 총 인원수가 앞 회보다 10.26% 감소하고, 거래성사가 앞 회보다 9.3% 하락했다.

a) 其中，采购商与会总人数比上届减少10.26%，
qízhōng, cǎigòushāng yǔhuì zǒngrénshù bǐ shàngjiè jiǎnshǎo bǎifēnzhī shí diǎn èr liù
그 중에, 바이어 참가 총 인원수가 앞 회보다 10.26% 감소하다

其中(qízhōng)：그 중에. 그 안에. 2-7.
与会(yǔhuì)：(회의) 참가〔참석〕. 2-4.
比(bǐ)：…보다. …에 비해. 2-7.
上届(shàngjiè)：명 앞 회. 전번. 전회. 지난번.
减少(jiǎnshǎo)：감소하다. 3-9.

b) 成交比上届下降9.3%。
chéngjiāo bǐ shàngjiè xiàjiàng bǎifēnzhī jiǔ diǎn sān
거래성사가 앞 회보다 9.3% 하락하다

下降(xiàjiàng)：하락하다. 낮아지다. 2-11.

5) 广交会素有"外贸晴雨表"之称，到会人数与成交额的双下滑凸显出当前外贸形势依然严峻。

광저우 무역박람회는 평소 '대외무역 척도'라는 칭호가 있고, 참가 인원수와 거래액의 두 가지 하락은 현재 대외무역 상황이 여전히 심각함을 분명히 나타내었다.

a) 广交会素有"外贸晴雨表"之称，
guǎngjiāohuì sùyǒu 'wàimào qíngyǔbiǎo' zhī chēng
광저우 무역박람회에는 평소에 '대외무역 척도'라는 칭호가 있다

素有(sùyǒu)：원래부터 있다. 평소에 있다.
素(sù)：1.부 원래. 이전. 평소.
2.형 본래의. 원래의.
外贸晴雨表(wàimào qíngyǔbiǎo)：대외무역 척도.
晴雨表(qíngyǔbiǎo)：1.명 청우계(晴雨计, 기상 관측에 쓰는 기압계).
2.명 척도. 기준. 바로미터(barometer).
称(chēng)：칭호. 호칭. 명칭. 5-6.

b) 到会人数与成交额的双下滑凸显出当前外贸形势依然严峻。
dàohuì rénshù yǔ chéngjiāoé de shuāng xiàhuá tūxiǎnchū dāngqián wàimào xíngshì yīrán yánjùn
참가 인원수와 거래액의 두 가지 하락은 현재 대외무역 상황이 여전히 심각함을 분명히 나타내었다

凸显出(tūxiǎnchū) : 분명히 나타내었다.
  凸显(tūxiǎn) : 분명하게 드러나다〔나타나다〕. 7-4.
  出(chū) : 동 (동사 뒤에 쓰여) 〔안에서 밖으로 향함을 나타냄〕. 5-13.
当前(dāngqián) : 현재. 2-11.
形势(xíngshì) : 상황. 정세. 1-4.
依然(yīrán) : 여전히. 3-2.
严峻(yánjùn) : 심각하다. 엄숙하다. 3-2.

6) 业内人士分析，目前来看，全年外贸完成“保十”目标已经基本无望。

업계 인사는, 현재 보면 연간 대외무역이 '10% 성장 유지'의 목표를 완성하는 것은 이미 기본적으로 희망이 없다고 분석한다.

a) 业内人士分析，
yènèi rénshì fēnxī
업계 인사는 …라고 분석하다

业内人士(yènèi rénshì) : 업계 인사. 2-4.
分析(fēnxī) : 분석하다. 1-7.

b) 目前来看，全年外贸完成“保十”目标已经基本无望。
mùqián láikàn, quánnián wàimào wánchéng 'bǎo shí' mùbiāo yǐjīng jīběn wúwàng
현재 보면, 연간 대외무역이 '10% 성장 유지'의 목표를 완성하는 것은 이미 기본적으로 희망이 없다

目前来看(mùqián láikàn) : 현재에서 보면. → 현재 보면.
  目前(mùqián) : 현재. 지금. 4-17.
  来看(láikàn) : 에서 보면. …에게 있어서.
全年外贸完成“保十”目标 : 연간 대외무역이 '10% 성장의 유지' 목표를 완성하다.
→ 연간 대외무역이 '10% 성장 유지'의 목표를 완성하는 것.
  完成(wánchéng) : 완성하다. 완수하다. 4-15.
  目标(mùbiāo) : 목표. 3-四.
基本(jīběn) : 기본적으로. 1-14.
无望(wúwàng) : 동 희망〔가망〕이 없다. 희망을 걸지 않다.

7) 广交会新闻发言人·中国对外贸易中心副主任刘建军在4日下午的广交会闭幕新闻发布会上介绍说，截至11月3日，第112届广交会境外采购商与会188145人，来自211个国家和地区，与会人数比第111届同期减少10.26%，比第110届同期减少10.05%。

광저우 무역박람회 대변인·중국대외무역센터 부주임 류잰쥔이 4일 오후의 광저우 무역박람회 폐막 기자회견에서 설명하며 말하길, 11월 3일까지, 제112회 광저우 무역박람회 해외 바이어의 참가는 188,145명이고, 211개 국가와 지역에서 왔고, 참가 인원수는 제111회 동기보다 10.26% 감소하고, 제110회 동기보다 10.05% 감소했다.

a) 广交会新闻发言人·中国对外贸易中心副主任刘建军在4日下午的广交会闭幕新闻发布会上介绍说，

guǎngjiāohuì xīnwén fāyánrén·zhōngguó duìwài màoyì zhōngxīn fùzhǔrèn liú jiàn jūn zài sì rì xiàwǔ de guǎngjiāohuì bìmù xīnwén fābùhuì shang jièshào shuō

광저우 무역박람회 대변인·중국대외무역센터 부주임 류잰쥔이 4일 오후의 광저우 무역박람회 폐막 기자회견에서 설명하며 말하길

新闻发言人(xīnwén fāyánrén)：(뉴스) 대변인. 3-2.
对外贸易中心(duìwài màoyì zhōngxīn)：대외무역센터. 3-1.
  中心(zhōngxīn)：센터. 4-12.
副主任(fùzhǔrèn)：명 부주임.
刘建军(liú jiàn jūn)：Liu Jianjun, 류잰쥔〔사람 이름〕.
闭幕(bìmù)：폐막. 7-7.
新闻发布会(xīnwén fābùhuì)：명 기자 회견.
介绍说：설명하며 말하다. →설명하며 말하길.
  介绍(jièshào)：설명하다. 소개하다. 2-8.

b) 截至11月3日，

jiézhì shí yī yuè sān rì

11월 3일까지

截至(jiézhì)：…까지 (마감이다). 9-四.

c) 第112届广交会境外采购商与会188145人，

dì yī bǎi yī shí èr jiè guǎngjiāohuì jìngwài cǎigòushāng yǔhuì yī shí bā wàn bā qiān yī bǎi sì shí wǔ rén

제112회 광저우 무역박람회 해외 바이어의 참가는 188,145명이다

境外(jìngwài)：해외. 국외. 1-16.

d) 来自211个国家和地区，
láizì èr bǎi yī shí yí ge guójiā hé dìqū
211개 국가와 지역에서 오다

来自(láizì)：동 …(로)부터 오다. …에서 나오다. …에서 생겨나다.
地区(dìqū)：1.명 지역. 지구.〔한 국가에 속하면서 국제활동에는 단독으로 참가하는 지방 행정구역. 예로 홍콩 · 마카오 등〕
2.명 지역. 지구.

e) 与会人数比第111届同期减少10.26%，
yǔhuì rénshù bǐ dì yī bǎi yī shí yī jiè tóngqī jiǎnshǎo bǎifēnzhī shí diǎn èr liù
참가 인원수는 제111회 동기보다 10.26% 감소하다

同期(tóngqī)：동기. 4-3.

f) 比第110届同期减少10.05%。
bǐ dì yī bǎi yī shí jiè tóngqī jiǎnshǎo bǎifēnzhī shí diǎn líng wǔ
제110회 동기보다 10.05% 감소하다

8) 刘建军表示，截至11月3日，本届广交会出口成交326.8亿美元，比上届下降9.3%。
류잰쥔은, 11월 3일까지, 이번 광저우 무역박람회의 수출 거래성사가 326억 8천만 달러이고, 앞 회보다 9.3% 하락했다고 표명했다.

a) 刘建军表示，
liú jiàn jūn biǎoshì
류잰쥔은 …라고 표명하다

表示(biǎoshì)：…라고 표명하다. 3-2.

b) 截至11月3日，
jiézhì shí yī yuè sān rì
11월 3일까지

c) 本届广交会出口成交326.8亿美元，
běnjiè guǎngjiāohuì chūkǒu chéngjiāo sān bǎi èr shí liù yì bā qiān wàn měiyuán
이번 광저우 무역박람회의 수출 거래성사가 326억 8천만 달러이다

出口(chūkǒu)：수출. 1-14.
亿(yì)：억. 1-9.
美元(měiyuán)：미국 달러. 2-7.

d) 比上届下降9.3%。
bǐ shàngjiè xiàjiàng bǎifēnzhī jiǔ diǎn sān
앞 회보다 9.3% 하락하다

9) 受欧债危机・美国经济复苏乏力和中日关系影响，对欧盟・美国・日本成交分别下降10.5%・9.4%・36.6%。

유럽연합의 채무위기와 미국 경제 회복의 무기력과 중・일의 관계 등 영향을 받아, 유럽연합・미국・일본에 대한 거래성사가 각각 10.5%・9.4%・36.6% 하락했다.

a) 受欧债危机・美国经济复苏乏力和中日关系影响，
shòu ōuzhài wēijī・měiguó jīngjì fùsū fálì hé zhōng rì guānxi yǐngxiǎng
유럽연합의 채무위기와 미국 경제 회복의 무기력과 중・일의 관계 등 영향을 받다

受(shòu)…影响(yǐngxiǎng)：…(의) 영향을 받다. 2-13.
欧债危机(ōuzhài wēijī)：유럽연합(EU) 채무위기. 2-四.
复苏(fùsū)：회복. 회생. 소생. 재생. 2-2.
乏力(fálì)：1.통 (완전히 지쳐서) 기력〔힘〕이 없다.
2.통 능력이 모자라다〔없다・부족하다・떨어지다〕.
关系(guānxi)：관계. 1-8.

b) 对欧盟・美国・日本成交分别下降10.5%・9.4%・36.6%。
duì ōuméng・měiguó・rìběn chéngjiāo fēnbié xiàjiàng bǎifēnzhī shí diǎn wǔ・bǎifēnzhī jiǔ diǎn sì・bǎifēnzhī sān shí liù diǎn liù
유럽연합・미국・일본에 대한 거래성사가 각각 10.5%・9.4%・36.6% 하락하다

欧盟(ōuméng)：유럽연합. EU. 3-7.
分别(fēnbié)：각각. 따로따로. 4-4.

10) 对新兴市场成交降幅较小，对东盟・中东・金砖四国成交降幅分别为7.9%・5.7%・0.7%，均低于总成交降幅，对澳大利亚成交增长0.4%。

신흥 시장에 대한 거래성사의 하락폭이 비교적 적어, 아세안・중동・브릭스에 대한 거래성사 하락폭은 각각 7.9%・5.7%・0.7%이고, 총 거래성사 하락폭보다 모두 낮았으며, 호주에 대한 거래성사는 0.4% 성장했다.

a) 对新兴市场成交降幅较小，
duì xīnxīng shìchǎng chéngjiāo jiàngfú jiào xiǎo
신흥 시장에 대한 거래성사의 하락폭이 비교적 적다

新兴(xīnxīng)：신흥의. 3-四.
降幅(jiàngfú)：명 (생산량이나 가격 등의) 하락폭. 낙폭. 〔백분율로 나타냄〕
较(jiào)：비교적. 좀. 2-7.

b) 对东盟・中东・金砖四国成交降幅分别为7.9%・5.7%・0.7%，
duì dōngméng・zhōngdōng・jīnzhuān sì guó chéngjiāo jiàngfú fēnbié wéi bǎifēnzhī qī diǎn jiǔ・bǎifēnzhī wǔ diǎn qī・bǎifēnzhī líng diǎn qī
아세안・중동・브릭스에 대한 거래성사 하락폭은 각각 7.9%・5.7%・0.7%이다

东盟(dōngméng)：명 东南亚国家联盟(동남아시아국가연합, ASEAN).
中东(zhōngdōng)：명 중동(Middle East).
金砖四国(jīnzhuān sì guó)：BRICs(브라질, 러시아, 인도, 중국) 4개 국가. 3-四.

c) 均低于总成交降幅，
jūn dīyú zǒng chéngjiāo jiàngfú
총 거래성사 하락폭보다 모두 낮다

低于(dīyú)：…보다 밑돌다(낮다).

d) 对澳大利亚成交增长0.4%。
duì àodàlìyà chéngjiāo zēngzhǎng bǎifēnzhī líng diǎn sì
호주에 대한 거래성사는 0.4% 성장하다

澳大利亚(àodàlìyà)：명 오스트레일리아(Australia). 호주.
增长(zēngzhǎng)：성장하다. 3-1.

11) 此外，成交的中短订单较多，6个月以内的中短订单占比达86.6%，增加了0.3个百分点；包括食品・医药等在内的生活必需品成交增长，机电商品・纺织服装等成交则出现了下降。

이 밖에, 거래성사의 중기・단기 주문서가 비교적 많아, 6개월 이내의 중기・단기 주문서의 점유 비율이 86.6%에 달하고, 0.3% 증가했다. 식품・의약 등을 포함하는 생활 필수품의 거래성사가 성장했으나, 전기기계 상품・방직 복장 등의 거래성사에는 오히려 하락이 나타났다.

a) 此外，成交的中短订单较多，
cǐwài, chéngjiāo de zhōng duǎn dìngdān jiào duō
이 밖에, 거래성사의 중기・단기 주문서가 비교적 많다

此外(cǐwài) : 이 밖에. 이 외에. 2-13.
中短订单(zhōng duǎn dìngdān) : 중기 · 단기 주문서.
  订单(dìngdān) : 명 (상품 · 물품 예약) 주문서. 주문 명세서.

> b) 6个月以内的中短订单占比达86.6%,
> liù ge yuè yǐnèi de zhōng duǎn dìngdān zhàn bǐ dá bǎifēnzhī bā shí liù diǎn liù
> 6개월 이내의 중기 · 단기 주문서의 점유 비율이 86.6%에 달하다

占比(zhàn bǐ) : 점유 비율. 2-7.
达(dá) : (도)달하다. 이르다. 4-6.

> c) 增加了0.3个百分点;
> zēngjiā le líng diǎn sān ge bǎifēndiǎn
> 0.3% 증가했다

增加(zēngjiā) : 증가하다. 2-7.
百分点(bǎifēndiǎn) : 퍼센트. 백분율. 2-7.

> d) 包括食品 · 医药等在内的生活必需品成交增长,
> baōkuò shípǐn · yīyào děng zàinèi de shēnghuó bìxūpǐn chéngjiāo zēngzhǎng
> 식품 · 의약 등을 포함하는 생활 필수품의 거래성사가 성장하다

包括(baōkuò)…在内(zàinèi) : …을 (안에) 포함하다. 1-13.
食品(shípǐn) : 명 식품.
医药(yīyào) : 1.명 의료와 약품. 의약.
  2.명 약품.
必需品(bìxūpǐn) : 1.명 필수품.
  2.명 생활 필수품.

> e) 机电商品 · 纺织服装等成交则出现了下降。
> jīdiàn shāngpǐn · fǎngzhī fúzhuāng děng chéngjiāo zé chūxiàn le xiàjiàng
> 전기기계 상품 · 방직 복장 등의 거래성사에는 오히려 하락이 나타났다

机电商品(jīdiànshāngpǐn) : 명 전기기계 상품.
  机电(jīdiàn) : 전기기계. 6-12.
  商品(shāngpǐn) : 상품. 3-9.
纺织(fǎngzhī) : 1.명 방직.
  2.동 방직하다.
服装(fúzhuāng) : 명 복장. 의류. 의상. 의복.
则(zé) : 접 오히려. 그러나. 〔대비 · 역접을 나타냄〕. 5-19.
出现(chūxiàn) : 나타나다. 출현하다. 3-3.

12) "从目前的数据看，人数和成交额的'双下滑'反映出今年外贸'保十'任务艰巨，我国外贸仍面临严峻的形势，想企稳回升仍不容易。"刘建军说。

"현재의 데이터에서 보면, 인원수와 거래액의 '두 가지 하락'은 금년 대외무역 '10% 성장의 유지' 임무가 어렵고 힘들다는 것을 반영했고, 우리나라 대외무역은 심각한 상황에 여전히 직면하고 있어, 경제 상승의 희망은 여전히 쉽지 않다."고 류잰쥔이 말했다.

a) "从目前的数据看，
cóng mùqián de shùjù kàn
현재의 데이터에서 보면

从(cóng)…看(kàn) : …에서 보다.
从(cóng) : …에서. 2-四.
数据(shùjù) : 데이터. 통계 수치. 2-7.

b) 人数和成交额的'双下滑'反映出今年外贸'保十'任务艰巨，
rénshù hé chéngjiāoé de 'shuāng xiàhuá' fǎnyìng chū jīnnián wàimào 'bǎo shí' rènwu jiānjù
인원수와 거래액의 '두 가지 하락'은 올해 대외무역 '10% 성장의 유지' 임무가 어렵고 힘들다는 것을 반영하다

反映出 : 반영해내다. → 반영하다.
反映(fǎnyìng) : 반영하다. 9-10.
出(chū) : (동사 뒤에 쓰여) 〔드러나거나 완성됨을 나타냄〕. 5-13.
今年(jīnnián) : 올해. 금년.
任务(rènwu) : 명 임무. 책무.
艰巨(jiānjù) : 형 어렵고 힘들다. 어렵고도 무겁다. 막중하다.

c) 我国外贸仍面临严峻的形势，
wǒguó wàimào réng miànlín yánjùn de xíngshì
우리나라 대외무역은 심각한 상황에 여전히 직면하고 있다

仍(réng) : 여전히. 아직도. 1-四.
面临(miànlín) : 직면하다. 당면하다. 4-15.
严峻(yánjùn) : 심각하다. 준엄하다. 3-2.
形势(xíngshì) : 상황. 형세. 1-4.

d) 想企稳回升仍不容易。"
xiǎng qǐwěnhuíshēng réng bù róngyì
경제 상승의 희망은 여전히 쉽지 않다

想企稳回升 : 경제의 하락이 정지되고 다시 상승하기를 생각하다.
→경제의 상승을 생각하다. 경제 상승의 희망.
企稳回升(qǐwěnhuíshēng) : 경제의 하락이 정지되고 다시 상승하다. 4-四.
回升(huíshēng) : 상승. 반등. 호전. 2-四.
容易(róngyì) : 1.형 쉽다. 용이하다.
2.형 …하기 쉽다. …하기 일쑤다.

e) 刘建军说。
liú jiàn jūn shuō
류잰쥔이 말하다

13) 广交会期间，参加广交会的各交易团及各进出口商会均对«经济参考报»记者表示，由于国际需求仍在持续萎缩萎之中，我国外贸实现"保十"难度极大。

광저우 무역박람회 기간에, 광저우 무역박람회에 참가한 각 무역단체와 각 수출입 상인단체는 모두 〈경제참고보〉 기자에게, 국제수요가 여전히 지속적으로 위축되는 중이기 때문에, 우리나라 대외무역이 '10% 성장의 유지'를 실현하는 난이도는 매우 높다고 표명했다.

a) 广交会期间，
guǎngjiāohuì qījiān
광저우 무역박람회 기간에

期间(qījiān) : 기간. 시간. 7-四.

b) 参加广交会的各交易团及各进出口商会均对«经济参考报»纪者表示，
cānjiā guǎngjiāohuì de gè jiāoyìtuán jí gè jìnchūkǒu shānghuì jūn duì 〈jīngjì cānkǎo bào〉 jìzhě biǎoshì
광저우 무역박람회에 참가한 각 무역단체와 각 수출입 상인단체는 모두 〈경제참고보〉 기자에게 …라고 표명하다

参加(cānjiā) : 1.동 참가하다. 가입하다. 참여하다. 참석하다.
2.동 (의견을) 제출하다. 내놓다. 제시하다. 발표하다.
交易团(jiāoyìtuán) : 무역단체〔그룹 · 집단〕. 교역단체〔〔그룹 · 집단〕.
团(tuán) : 명 단체. 집단. 그룹. 조직.
商会(shānghuì) : 상인단체. 상인연합회. 6-12.
均(jūn) : 모두. 2-11.
经济参考报(jīngjì cānkǎo bào) : 경제참고보. 중국 新华通讯社가 발행하는 전국 단위의 경제 관련 신문잡지류이다.
记者(jìzhě) : 명 기자.

c) 由于国际需求仍在持续萎缩之中,
yóuyú guójì xūqiú réng zài chíxù wěisuō zhīzhōng
국제수요가 여전히 지속적으로 위축되는 중이기 때문에

由于(yóuyú) : …때문에. …(으)로 인하여. 4-四.
国际需求(guójì xūqiú) : 국제수요.
国际(guójì) : 국제의. 국제적인. 1-8.
需求(xūqiú) : 수요. 필요. 3-3.
国内需求(guónèi xūqiú) : 국내수요.
在(zài)…之中(zhīzhōng) : …하는 중에 있다. …하는 중이다. 2-15.
持续(chíxù) : 지속되다〔하다〕. → 지속적으로. 지속해서. 4-四.
萎缩(wěisuō) : 위축되다. 쇠퇴하다. 2-四.

d) 我国外贸实现"保十"难度极大。
wǒguó wàimào shíxiàn 'bǎo shí' nándù jí dà
우리나라 대외무역이 '10% 성장의 유지'를 실현하는 난이도는 매우 높다.

我国外贸实现"保十"难度 : 우리나라 대외무역이 '10% 성장의 유지'를 실현하는 난이도.
实现(shíxiàn) : 달성하다. 실현하다. 1-8.
难度(nándù) : 명 난이도. 난도.
极大(jídà) : 1.형 매우 크다. 최대한도이다. → 매우 높다.
2.부 더할 수 없이 크게. 한껏. 최대 한도로.
3.명 최대값. 최대치.

14) 从地域看, 占据全国进出口规模八成左右的广东·江苏·浙江等传统贸易大省完成全年目标也基本成为"不可能的任务"。

지역적으로 보면, 전국 수출입 규모 80% 가량을 점유하는 광둥·장수·저장(성) 등 전통적으로 무역이 많은 성의 연간 목표 완성 또한 거의 '불가능한 임무'로 되었다.

a) 从地域看,
cóng dìyù kàn
지역에서 보면 → 지역적으로 보면

地域(dìyù) : 1.명 지역.
2.명 본고장. 본토. 본향. 향토.

b) 占据全国进出口规模八成左右的广东・江苏・浙江等传统贸易大省完成全年目标也基本成为“不可能的任务”。

zhānjù quánguó jìnchūkǒu guīmó bāchéng zuǒyòu de guǎngdōng・jiāngsū・zhèjiāng děng chuántǒng màoyì dà shěng wánchéng quánnián mùbiāo yě jīběn chéngwéi 'bùkěnéng de rènwu'

전국 수출입 규모 80% 가량을 점유하는 광둥・장쑤・저장(성) 등 전통적으로 무역이 많은 성의 연간 목표 완성 또한 거의 '불가능한 임무'로 되었다.

占据全国进出口规模八成左右的广东・江苏・浙江等传统贸易大省完成全年目标：

전국 수출입 규모 80% 가량을 점유하는 광둥・장쑤・저장(성) 등 전통적으로 무역이 많은 성이 연간 목표를 완성하다.

→ 전국 수출입 규모 80% 가량을 점유하는 광둥・장쑤・저장(성) 등 전통적으로 무역이 많은 성의 연간 목표 완성.

占据全国进出口规模八成左右的广东・江苏・浙江等传统贸易大省：

전국 수출입 규모 80% 가량을 점유하는 광둥・장쑤・저장(성) 등 전통적으로 무역이 많은 성.

占据(zhānjù)：점유하다. 점거하다. 2-8.

规模(guīmó)：규모. 범위. 영역. 3-四.

八成(bāchéng)：1.수 8할. 10분의 8.

2.부 (～儿) 대체로. 대략. 대개. 십중팔구.

左右(zuǒyòu)：가량. 쯤. 9-12.

广东(guǎngdōng)：명 광둥(성). 광동(성).

〔중국 중남지구 소재. 성정부 소재지: 광주(광저우)시〕

江苏(jiāngsū)：명 장쑤(성). 강소(성). 6-11.

浙江(zhèjiāng)：명 저장(성). 절강(성).

〔중국 중남지구 소재. 성정부 소재지: 항주(항저우)시〕

传统贸易大省：전통적으로 무역이 많은 성.

传统(chuántǒng)：1.명 전통.

2.형 전통적이다. 역사가 유구한. → 전통적으로.

3.형 보수적이다. 수구적이다. 시대에 뒤처지는.

贸易大省(màoyì dà shěng)：무역이 많은 성.

大(dà)：형 (수량이) 많다. 1-8.

完成全年目标：연간 목표를 완성하다.

基本成为“不可能的任务”：거의 '불가능한 임무'로 되다.

基本(jīběn)：거의. 대체로. 기본적으로. 1-14.

成为(chéngwéi)：…으로 되다. 1-5.

不可能(bùkěnéng)：불가능하다. …할 리가 없다. 가능하지 않다. 4-10.

15) 以广东为例，如外贸要“保十”，则第4季度进出口值需达到2892亿美元，比上年同期增长20.9%；

광둥(성)을 예로 들어, 만약 대외무역이 '10% 성장을 유지'해야 한다면, 4/4분기 수출입 수치가 2,892억 달러에 도달하여, 작년 동기보다 20.9% 성장하는 것이 필요하다.

a) 以广东为例，
yǐ guǎngdōng wéi lì
광둥(성)을 예로 들어

以(yǐ)…为(wéi)…：…을 …으로 삼다. …을 …으로 여기다. 5-四.
例(lì)：1.명 예. 보기. 본보기.
2.명 사례. 경우.
3.명 종류. 부류.

b) 如外贸要“保十”，
rú wàimào yào 'bǎo shí'
만약 대외무역이 '10% 성장을 유지'해야 한다면

如(rú)：1.접 만일. 만약.
2.동 …와 같다. …와 비슷하다.
3.동 미치다. 필적하다. 대등하다.
4.동 부합하다. 따르다.
5.동 예를 들면. 예컨대.
6.개 (…보다) 나아지다. 초과하다.
7.개 …에 따라. …대로.
要(yào)：마땅히 …해야만 한다. …해야 한다. 3-7.

c) 则第4季度进出口值需达到2892亿美元，
zé dìsì jìdù jìnchūkǒu zhí xū dádào èr qiān bā bǎi jiǔ shí èr yì měiyuán
4/4분기 수출입 수치가 2,892억 달러에 도달하는 것이 필요하다

则(zé)：…하면 …하다.〔인과 관계나 조건을 나타냄〕. 5-19.
季度(jìdù)：분기. 4분기. 2-16.
值(zhí)：수치. 5-22.
需(xū)：필요(로) 하다. 요구되다. 5-14.
达到(dádào)：달성하다. 도달하다. 2-11.

d) 比上年同期增长20.9%；
bǐ shàngnián tóngqī zēngzhǎng bǎifēnzhī èr shí diǎn jiǔ
작년 동기보다 20.9% 성장하다

上年(shàngnián)：명 작년.

16) 如要完成7.5%的增幅，则第4季度进出口值也要达到2664亿美元，月均要实现进出口888亿美元，超过历史最高纪录，难度可想而知。

만약 7.5%의 증가폭을 완성해야 한다면, 4/4분기 수출입 수치도 2,664억 달러에 도달해야 하고, 매월 평균으로 수출입 888억 달러를 달성해야 하니, 역사적인 최고 기록을 초과하는 어려움을 미루어 알 수 있다.

a) 如要完成7.5%的增幅，
rú yào wánchéng bǎifēnzhī qī diǎn wǔ de zēngfú
만약 7.5%의 증가폭을 완성해야 한다면

增幅(zēngfú)：증가폭. 3-13.

b) 则第4季度进出口值也要达到2664亿美元，
zé dìsì jìdù jìnchūkǒu zhí yě yào dádào èr qiān liù bǎi liù shí sì yì měiyuán
4/4분기 수출입 수치도 2,664억 달러에 도달해야 하다

c) 月均要实现进出口888亿美元，
yuèjūn yào shíxiàn jìnchūkǒu bā bǎi bā shí bā yì měiyuán
매월 평균으로 수출입 888억 달러를 달성해야 하다

月均(yuèjūn)：월평균. 매월 평균. 4-四.

d) 超过历史最高纪录，难度可想而知。
chāoguò lìshǐ zuìgāo jìlù, nándù kěxiǎngérzhī
역사적인 최고 기록을 초과함의〔초과하는〕, 어려움을 미루어 알 수 있다

超过历史最高纪录：역사적인 최고 기록을 초과하다.
→역사적인 최고 기록을 초과함.

超过(chāoguò)：앞지르다. 초과하다. 9-12.

历史(lìshǐ)：역사. 역사적 기록. 1-6.

最高(zuìgāo)：형 가장〔제일〕 높다. 최고이다.

纪录(jìlù)：1.명 (인물 · 사건 등의) 기록. 다큐멘터리.
2.명 (일정 · 시기 범위 내에서 이루어진) 최고 기록〔성적〕.

记录(jìlù)：1.동 기록하다.
2.명 기록.
3.명 서기. 기록 담당자.

难度可想而知：어려움을〔난이도를〕 미루어 알 수 있다.

可想而知(kěxiǎngérzhī)：미루어 알 수 있다. 가히 짐작할 수 있다.

17) 山东交易团负责人也分析认为，该省1至9月2.6%的外贸实际增长难以兑现全年10%的既定增长目标。

산동(성) 무역단체 책임자도 분석하여, 본 성의 1월부터 9월까지의 2.6% 대외무역 실질성장이 연간 10%의 기정 성장 목표를 실행하기는 어렵다고 생각했다.

a) 山东交易团负责人也分析认为，
shāndōng jiāoyìtuán fùzérén yě fēnxī rènwéi
산동(성) 무역단체 책임자도 분석하여 …라고 생각하다

山东(shāndōng)：명 산둥(성). 산동(성).
〔중국 화동지구 소재. 성정부 소재지: 제남(지난)시〕
负责人(fùzérén)：명 책임자.
分析认为…：분석하여 …라고 생각하다.
认为(rènwéi)： (…라고) 생각하다. 여기다. 2-10.

b) 该省1至9月2.6%的外贸实际增长难以兑现全年10%的既定增长目标。
gaī shěng yī zhì jiǔ yuè bǎifēnzhī èr diǎn liù de wàimào shíjì zēngzhǎng nányǐ duìxiàn quánnián bǎifēnzhī shí de jìdìng zēngzhǎng mùbiāo
본 성의 1월부터 9월까지의 2.6% 대외무역 실질성장이 연간 10%의 기정 성장 목표를 실행하기는 어렵다

该省：본 성.
该(gaī)：이. 그. 저. 본(本). 2-3.
1至9月：1월부터 9월까지.
至(zhì)：…까지. 3-四.
实际增长(shíjì zēngzhǎng)：실질성장.
实际(shíjì)：실제(적). 실질적. 6-6.
难以(nányǐ)：…하기(는) 어렵다〔곤란하다〕. 4-15.
兑现(duìxiàn)：1.동 (약속을) 실행하다〔이행하다〕.
2.동 (수표·어음 등을) 현금으로 바꾸다.
3.동 결산 때 현금을 지급하다.
既定(jìdìng)：기정의. 이미 정한. 7-四.

10-3 번 역 대외무역 연간 10% 성장의 유지가 물거품 되고, 광저우 무역박람회의 인기와 거래성사 두 가지가 하락하다

11월 4일, 112회 광저우 무역박람회가 공식적으로 막을 내렸다. 통계에 의하면, 이번 광저우 무역박람회는 바이어 참가 인원수 또는 최후 거래액을 막론하고 모두 비교적 명확한 하락을 나타내었다. 그 중에, 바이어 참가 총 인원수가 앞 회보다 10.26% 감소하고, 거래성사가 앞 회보다 9.3% 하락했다. 광저우 무역박람회는 평소 '대외무역 척도'라는 칭호가 있고, 참가 인원수와 거래액의 두 가지 하락은 현재 대외무역 상황이 여전히 심각함을 분명히 나타내었다. 업계 인사는, 현재 보면 연간 대외무역이 '10% 성장 유지'의 목표를 완성하는 것은 이미 기본적으로 희망이 없다고 분석한다.

광저우 무역박람회 대변인・중국대외무역센터 부주임 류잰쥔이 4일 오후의 광저우 무역박람회 폐막 기자회견에서 설명하며 말하길, 11월 3일까지, 제112회 광저우 무역박람회 해외 바이어의 참가는 188,145명이고, 211개 국가와 지역에서 왔고, 참가 인원수는 제111회 동기보다 10.26% 감소하고, 제110회 동기보다 10.05% 감소했다.

류잰쥔은, 11월 3일까지, 이번 광저우 무역박람회의 수출 거래성사가 326억 8천만 달러이고, 앞 회보다 9.3% 하락했다고 표명했다. 유럽연합의 채무위기와 미국 경제 회복의 무기력과 중・일의 관계 등 영향을 받아, 유럽연합・미국・일본에 대한 거래성사가 각각 10.5%・9.4%・36.6% 하락했다. 신흥 시장에 대한 거래성사의 하락폭이 비교적 적어, 아세안・중동・브릭스에 대한 거래성사 하락폭은 각각 7.9%・5.7%・0.7%이고, 총 거래성사 하락폭보다 모두 낮았으며, 호주에 대한 거래성사는 0.4% 성장했다.

이 밖에, 거래성사의 중기・단기 주문서가 비교적 많아, 6개월 이내의 중기・단기 주문서의 점유 비율이 86.6%에 달하고, 0.3% 증가했다. 식품・의약 등을 포함하는 생활 필수품의 거래성사가 성장했으나, 전기기계 상품・방직 복장 등의 거래성사에는 오히려 하락이 나타났다.

"현재의 데이터에서 보면, 인원수와 거래액의 '두 가지 하락'은 금년 대외무역 '10% 성장의 유지' 임무가 어렵고 힘들다는 것을 반영했고, 우리나라 대외무역은 심각한 상황에 여전히 직면하고 있어, 경제 상승의 희망은 여전히 쉽지 않다."고 류잰쥔이 말했다.

광저우 무역박람회 기간에, 광저우 무역박람회에 참가한 각 무역단체와 각 수출입 상인단체는 모두 〈경제참고보〉 기자에게, 국제수요가 여전히 지속적으로 위축되는 중이기 때문에, 우리나라 대외무역이 '10% 성장의 유지'를 실현하는 난이도는 매우 높다고 표명했다. 지역적으로 보면, 전국 수출입 규모 80% 가량을 점유하는 광둥 · 장쑤 · 저장(성) 등 전통적으로 무역이 많은 성의 연간 목표 완성 또한 거의 '불가능한 임무'로 되었다. 광둥(성)을 예로 들어, 만약 대외무역이 '10% 성장을 유지'해야 한다면, 4/4분기 수출입 수치가 2,892억 달러에 도달하여, 작년 동기보다 20.9% 성장하는 것이 필요하다. 만약 7.5%의 증가폭을 완성해야 한다면, 4/4분기 수출입 수치도 2,664억 달러에 도달해야 하고, 매월 평균으로 수출입 888억 달러를 달성해야 하니, 역사적인 최고 기록을 초과하는 어려움을 미루어 알 수 있다. 산동(성) 무역단체 책임자도 분석하여, 본성의 1월부터 9월까지의 2.6% 대외무역 실질성장이 연간 10%의 기정 성장 목표를 실행하기는 어렵다고 생각했다.

10-4 练习

记者4日在第112届广交会闭幕新闻发布会上获悉，与上一届广交会相比，本届广交会采购商和与会人数以及成交额双双下滑，下滑幅度均超过10%，外贸形势不容乐观，不少企业在接受采访时表示经营压力大。一些企业通过大力转型升级提高了竞争力，成交情况明显好于其他企业。

从行业看，生活必需品等刚性需求行业成交增长。食品・医药等生活必需品成交分别增长14.5%・26.9%。机电商品・纺织服装成交下降11.6%・15.5%。需求弹性明显的行业大幅下滑，如皮质箱包・木质玩具成交额分别下降了37.7%・48.7%。

刘建军说，本届广交会是在国际金融危机深层次影响继续显现，欧洲主权责务危机持续发酵，世界经济复苏明显减速，国际市场需求下滑，贸易保护主义加剧的严峻形势的背景下举行的。"从目前的数据看，人数和成交额的'双下滑'反映出今年外贸'保十'任务艰巨。"

可喜的是，不少企业奋力应对困难，转型升级成效开始显现。刘建军说，在严峻的外贸形势下，企业纷纷加快转型升级步伐，培育以技术・品牌・质量・服务等为核心的外贸竞争新优势。本届品牌展区成交125.8亿美元，虽然同比上届下降了5.4%，但比总成交降幅低3.9个百分点。从行业对比看，每家品牌企业平均获得的订单数是非品牌企业的3倍，平均成交额是非品牌企业的6.2倍。创新产品多·设计研发能力强的企业成交情况明显好于其他企业。

* 출처: 新华网
http://news.xinhuanet.com/fortune/2012-11/04/c_113601010.htm

단어 정리

- 获悉(huòxī) : 통 (어떤 소식 · 상황을) 알게 되다. 정보를 얻다.
- 上一届(shàngyíjiè) : 앞 회. 전회. 지난번. 上届(shàngjiè). 10-4.
- 双双(shuāngshuāng) : 부 쌍쌍으로. 둘씩. 쌍쌍이. 나란히.
- 幅度(fúdù) : 폭. 2-13.
- 不容乐观 : 낙관적이지 않다.
  不容(bùróng) : 동 허락하지 않다. 용납하지 않다. …할 여지가 없다.
  乐观(lèguān) : 형 낙관적이다. 희망차다. 긍정적이다.
- 接受(jiēshòu) : 받(아들이)다. 5-2.
- 采访(cǎifǎng) : 동 취재하다. 탐방하다. 인터뷰하다.
- 压力(yālì) : 스트레스. 압력. 2-四.
- 通过(tōngguò) : …를 통해. 2-4.
- 大力转型升级 : 대대적으로 구조전환하여 향상하다. → 대대적인 구조전환 향상.
  大力(dàlì) : 대대적으로. 힘껏. 1-8.
  转型升级(zhuǎnxíng shēngjí) : (구조)전환 향상.
  转型(zhuǎnxíng) : 동 전환하다. 구조를 바꾸다.
  升级(shēngjí) : 향상. 격상. 2-10.
- 竞争力(jìngzhēnglì) : 경쟁력. 4-10.
- 好于(hǎo yú) : …보다 좋다.
- 行业(hángyè) : 업종. 6-4.
- 刚性需求 : 비탄력적 수요. Rigid Demand(고정된 요구).
  刚性(gāngxìng) : 명 (물체의) 강성. 강한 성질. 강직성.
  需求(xūqiú) : 수요. 필요. 3-3.
- 弹性(dànxìng) : 명 탄력성. 탄성. 유연성. 신축성.
- 大幅(dàfú) : 대폭적으로. 1-12.
- 皮质箱包 : 가죽제 가방.
  皮质(pízhì) : 명 가죽 성질. 가죽제.
  箱包(xiāngbaō) : 명 트렁크. 가방. 상자.
- 木质(mùzhì) : 명 나무 성질. 목제.
- 玩具(wánjù) : 명 장난감. 완구.
- 国际金融危机(guójì jīnróng wēijī) : (2008년) 국제금융위기. 2-四.
- 深层次(shēncéngcì) : 심층적이다. 심층적으로.
- 显现(xiǎnxiàn) : 분명하게 나타나다. 드러나다. 6-3.

- 欧洲主权债务危机(ōuzhōu zhǔquán zhàiwù wēijī) : 유럽 국가부채 위기.
  主权债务(zhǔquán zhàiwù) : 국가부채. sovereign debt.
  欧债危机(ōuzhài wēijī) : 유럽연합(EU) 채무위기. 2-四.
- 发酵(fājiào) : 동 발효하다. 발효시키다. 띄우다.
- 加剧(jiājù) : 동 격화되다. 악화되다. 심해지다.
- 可喜(kěxǐ) : 형 즐겁다. 기쁘다. 반갑다. 만족스럽다.
- 奋力(fènlì) : 동 있는 힘을 다하다. 필사적으로〔죽어라〕 힘을 내다.
- 应对(yìngduì) : 동 대처하다. 대응하다. 응답하다. 대답하다.
- 困难(kùnnan) : 어려움. 곤난. 4-15.
- 成效(chéngxiào) : 명 효과. 효능.
- 纷纷(fēnfēn) : 형 분분하다. 어지럽게 날리다. 흩날리다. 부 잇달아. 연달아.
- 加快步伐(jiākuài bùfá) : 발걸음을 재촉하다〔빨리하다〕.
  加快(jiākuài) : 빠르게 하다. 1-7.　步伐(bùfá) : 발걸음. 2-3.
- 培育(péiyù) : 동 기르다. 재배하다. 키우다. (인재를) 양성하다. 육성하다. 기르다.
- 技术(jìshù) : 기술. 1-13.
- 品牌(pǐnpái) : 명 상표. 브랜드. 저명 상표. 유명 브랜드.
- 质量(zhìliàng) : 품질. 1-4.
- 服务(fúwù) : 서비스. 1-13.
- 核心(héxīn) : 명 핵심.
- 竞争(jìngzhēng) : 경쟁. 1-8.
- 优势(yōushì) : 우세. → 장점. 1-15.
- 品牌展区(pǐnpái zhǎnqū) : 상표 전시구역. 브랜드 부스.
  展区(zhǎnqū) : 명 전시구역. (전시) 부스.
- 同比上届 : 전년도(앞 회) 동기 대비.
  同比(tóngbǐ) : 전년도 동기 대비. 2-7.
- 对比(duìbǐ) : 동 대비하다. 대조하다. → 대비. 대조. 명 비율.
- 每家(měijiā) : 각(각). 모든. 가구별.
- 品牌企业(pǐnpái qǐyè) : 브랜드 기업.
- 非品牌企业(fēi pǐnpái qǐyè) : 비브랜드 기업.
- 创新(chuàngxīn) : 혁신적인. 1-4.
- 设计(shèjì) : 디자인. 설계. 9-14.
- 研发(yánfā) : 연구개발. 9-14.

부록1

단어 색인

(로마자와 성조의 순서이고, 숫자는 해당된 과–문장의 번호를 표시함.)

A

B

C

D

G

H

I

J

K

L

M

N

R

人数(rénshù)：10–3
任何(rènhé)：8–14
任命(rènmìng)：8–四
任务(rènwu)：10–12
认为(rènwéi)：2–10
仍(réng)：1–四
仍将(réngjiāng)：4–四
仍然(réngrán)：1–12
日报(rìbào)：6–7
日前(rìqián)：4–13
容忍(róngrěn)：4–17
容易(róngyì)：10–12
融入(róngrù)：9–1
融资(róngzī)：2–13
如(rú)：10–15
如果(rúguǒ)：3–3
如何(rúhé)：8–18
如今(rújīn)：7–四
瑞丽(ruìlì)：9–四
若干(ruògān)：2–四

S

三星电子(sānxīng diànzǐ)：9–2
山东(shāndōng)：10–17
煽动(shāndòng)：1–四
陕(shǎn)：9–2
陕西(shǎnxī)：9–7
闪(shǎn)：9–4
闪存(shǎncún)：9–4
商工部(shānggōngbù)：6–10
商会(shānghuì)：6–12
商品(shāngpǐn)：3–9
商品交易会(shāngpǐn jiāoyìhuì)：10–1
商贸(shāngmào)：7–2
商务部(shāngwùbù)：2–7
商业(shāngyè)：2–8
尚(shàng)：2–2
上半年(shàngbànnián)：6–9
上策(shàngcè)：5–9
上届(shàngjiè)：10–4
上马(shàngmǎ)：4–12
上年(shàngnián)：10–15
上升(shàngshēng)：3–6
上市(shàngshì)：2–四
上述(shàngshù)：5–13
上下(shàngxià)：3–四
上涨(shàngzhǎng)：4–四
上周(shàngzhōu)：4–3
上周六(shàngzhōu liù)：4–3
少(shǎo)：5–四
社会(shèhuì)：1–12
社会科学(shèhuì kēxué)：4–10
社会主义(shèhuìzhǔyì)：1–7
社科院(shèkēyuàn)：9–8
设备(shèbèi)：3–13
设计(shèjì)：9–14
设立(shèlì)：8–四
设施(shèshī)：8–12
深化(shēnhuà)：7–四
深入(shēnrù)：1–11
深圳(shēnzhèn)：9–2
申请(shēnqǐng)：6–4

T

W

X

信号(xìnhào)：7-6
信息(xìnxī)：7-9
信心(xìnxīn)：3-四
型(xíng)：1-4
行(xíng)：7-四
形成(xíngchéng)：1-4
形势(xíngshì)：1-4
形式(xíngshì)：8-18
性(xìng)：4-11
兴趣(xìngqù)：8-四
胸怀(xiōnghuái)：8-18
雄辩(xióngbiàn)：1-四
修改(xiūgǎi)：6-四
需(xū)：4-四, 5-14
需求(xūqiú)：3-3
需要(xūyào)：7-9
序幕(xùmù)：7-四
宣布(xuānbù)：6-4
宣告(xuāngào)：8-8
选择(xuǎnzé)：6-四
学会(xuéhuì)：7-6
学院(xuéyuàn)：7-9
迅速(xùnsù)：1-四

Y

压力(yālì)：2-四
鸭绿江(yālǜjiāng)：8-2
言(yán)：2-12
沿边(yánbiān)：1-15
沿海(yánhaǐ)：1-15
沿江(yánjiāng)：8-四
研发(yánfā)：9-14
研究(yánjiū)：4-12
研究所(yánjiūsuǒ)：7-四
严峻(yánjùn)：3-2
严肃(yánsù)：1-四
严重(yánzhòng)：3-7
延续(yánxù)：7-四
央行(yāngháng)：4-18
杨依航(yáng yī háng)：2-8
样本(yàngběn)：8-14
要(yāo)：3-7
要(yào)：3-7
要求(yāoqiú)：1-4
要素(yàosù)：3-6
要素成本(yàosù chéngběn)：3-6
要道(yàodào)：8-12
也(yě)：5-9
业界(yèjiè)：6-6
业内(yènèi)：2-4
业务(yèwù)：2-16
依存(yīcún)：1-11
依然(yīrán)：3-2
一旦(yídàn)：6-5
一道(yídào)：1-18
一定(yídìng)：3-四
一段(yíduàn)：4-14
一段时间(yíduàn shíjiān)：4-14
一方面(yìfāngmiàn)：7-3
一期(yì qī)：9-4
一些(yìxiē)：3-四
一系列(yíxìliè)：2-四

Z

职能(zhínéng)：8–19
指出(zhǐchū)：1–5
只要(zhǐyào)：3–四
至(zhì)：3–四
智慧(zhìhuì)：8–15
质量(zhìliàng)：1–4
制品(zhìpǐn)：3–13
制造(zhìzào)：1–四
制造基地(zhìzào jīdì)：9–四
制造商(zhìzàoshāng)：6–9
制造业(zhìzàoyè)：9–5
制造者(zhìzàozhě)：1–四
中(zhōng)：1–6
中朝特区(zhōng cháo tèqū)：8–4
中东(zhōngdōng)：10–10
中方(zhōngfāng)：8–11
中共(zhōnggòng)：7–2
中共十八大(zhōnggòng shí bā dà)：7–7
中共中央政治局(zhōnggòng zhōngyāng zhèngzhìjú)：7–2
中华(zhōnghuá)：4–13
中国能源研究中心(zhōngguó néngyuán yánjiū zhōngxīn)：6–7
中国人民银行(zhōngguó rénmín yínháng)：2–10
中国社会科学院(zhōngguó shèhuìkēxuéyuàn)：4–10
中美商贸联委会(zhōng měi shāngmào liánwěihuì)：7–2
中心(zhōngxīn)：4–12
中旬(zhōngxún)：9–4
中央银行(zhōngyāng yínháng)：4–18
中央政治局(zhōngyāng zhèngzhìjú)：7–2
终于(zhōngyú)：5–21
种(zhǒng)：8–18
重(zhòng)：1–14
重磅(zhòngbàng)：9–四
重大(zhòngdà)：1–7
重点(zhòngdiǎn)：9–四
重视(zhòngshì)：1–16
重要(zhòngyào)：1–3
周(zhōu)：9–2
周年(zhōunián)：1–1
周期(zhōuqī)：2–四
朱峰(zhū fēng)：7–四
诸如(zhūrú)：5–13
逐步(zhúbù)：4–12
逐渐(zhújiàn)：2–15
瞩目(zhǔmù)：1–8
主板市场(zhǔbǎn shìchǎng)：5–13
主(zhǔ)：9–8
主持(zhǔchí)：7–5
主动(zhǔdòng)：1–4
主力军(zhǔlìjūn)：5–8
主任(zhǔrèn)：6–7
主体(zhǔtǐ)：4–四
主席(zhǔxí)：1–3
主要(zhǔyào)：2–8
主战场(zhǔzhànchǎng)：9–8
驻(zhù)：5–14
驻华(zhùhuá)：9–5
助力(zhùlì)：2–9
注重(zhùzhòng)：1–13
专家(zhuānjiā)：2–四

부록2

연습 번역

1과 练习

중국의 세계무역기구 가입은 꼭 10년이 되었다. 이 10년은 도대체 무엇을 의미하고 있는가? 이 문제에 있어, 국제사회에는 하나의 기본적 공통 인식이 있다는 것을 반드시 말해야 한다. 즉 중국의 세계무역기구 가입은, 대외개방을 확대하고, 13억 중국 국민에게 혜택을 베풀고, 또한 각국 국민에게 혜택을 베풀었다.

일부 사람은 여러 종류의 원인에서 출발하여 이 점을 공개적으로 인정하려 하지 않고, 일부 사람은 여전히 인민폐의 환율·세계 무역 균형 등 문제를 가지고서 허황된 말을 하고 있다. 그러나 아마도 어느 엄숙한 정치가나 분석가도 용기를 가지고 나서서, 중국 경제 발전이 세계적인 범위에서 발생하는 긍정적 영향을 전면적으로 부정하고, 중국 경제 발전을 저지하는 정책적 주장을 큰 소리로 표현하지는 않을 것이다.

이러한 기본적 공통 인식은 아주 어렵게 이루어졌으며, 중국의 국제적 지위가 대폭적으로 오르고 경제 총량과 화물 무역액의 순위가 세계 2위로 도약하는 배경 하에서는 특히 그러하다.

아마 어떤 사람이, 중국 경제 발전의 세계 경제에 대한 촉진 역할은 분명한 것이고, 사실이 웅변을 능가한다고 말할 수 있을지 모른다. 그럼, 중국이 부단히 증강하는 국력을 이용하여 어느 주변국가를 능욕한 적이 있는가? 중국이 또한 세계 평화 안정을 위협하는 어떤 일을 한 적이 있는가? 평화 발전의 추구는 중국의 기본 국책이고, 마찬가지로 또한 중국의 오랫동안 확실한 현실적 행위이었다. 왜 중국 군사 위협론은 제거되지 않을 뿐만 아니라, 일부 따로 의도를 가지고 있는 자의 선동 하에서 심지어 다소 대두하기도 하는가? 당연히 우리는 중국의 신속히 커지는 경제 실력이 일부 사람에게 주는 심리적 충격을 순진하게 경시할 수 없다. 각종 "위협론" 제조자의 관점에서 보면, 바로 강대한 경제 실력이 중국의 "세계에서 군림하는 야심"을 위해 가장 유력한 지탱을 제공했다는 것이다.

2과 练习

궈잰웨이의 설명에 의하면, 우리나라 민영 기업은 해외 인민폐 대출을 사용할 수 있어, 관련 기관의 허가를 받아 해외 금융기구의 현지 분점 · 지점으로부터 인민폐 융자를 얻거나, 혹은 국내 금융기구의 현지 대리점으로부터 인민폐 융자를 간접적으로 얻으며, 기업은 또한 인민폐의 역외시장을 이용할 수 있고, 예로 해외상장의 주주권 융자와 대출 · 채권발행의 채무 융자이다.

기회는 아직 남아 있어 인민폐의 국제화는 반드시 공동으로 추진해야 한다.

비록 국제 광산품 가격의 빠른 반등이 우리나라 일부 해외 광업의 인수합병으로 하여금 최저점에 떨어지게 하지만, 그러나 전문가는 우리나라 해외 광업 투자 특히 민영 기업의 해외 광업 투자의 기회는 아직 남아 있다고 생각한다.

먼저, 자원 영역에는 새로운 투자 기회가 나타났다. 국제금융위기와 유럽연합 채무 위기의 영향을 받아, 주기가 길고 자금투입이 큰 자원 산업에서는 자금의 긴장 국면이 나타났고, 국제 투자의 위축에 직면했고, 해외 투자 유치의 압력이 증대했다. 중국 민영 기업의 해외자원 영역에서의 투자는 여전히 환영을 받는다.

이 밖에, 국내에서는 민영 기업의 '진출'에 대한 정책적 지지를 이미 확대했다. 2010년에 국가가 선포한 〈민간 투자의 건전한 발전을 장려 · 유도하는 것에 관한 국무원의 몇 가지 의견〉 중에서, 민간 투자를 지지하는 동시에 광업 자원 투자에 대한 지지 역량을 증대했다. 이 외에, 국무원과 여러 큰 부와 위원회는 또한 일련의 관련 정책을 잇따라 제기하며 구체화를 추진하고, 민영 기업의 해외투자 발전을 위해 정책적 지지를 제공했다.

3과 练习

시장의 구조에서 보면, BRICS와 다른 몇몇 신흥국가에 대한 수출이 양호한 발전 의 형세를 계속 유지했다. 1월부터 4월까지, 우리나라의 러시아에 대한 수출은 14.3% 성장했고, 브라질에 대해서는 13.3% 성장했고, 태국에 대해서는 20% 성장했고, 인도네시아에 대해서는 11.3% 성장했다.

세관의 데이터에 의하면, 4월 당월 우리나라 무역의 흑자는 184억 2천만 달러에 도달했다.

션단양에 의하면, 1/4분기 우리나라 무역의 흑자 누계는 단지 6억 7천만 달러로, 10여 년 동안 동일 시기 무역의 흑자 규모가 가장 작은 것이고, 이것은 대외무역의 수출입이 이미 더욱 균형 잡히게 되는 것을 나타낸다. 4월 흑자의 갑작스런 대폭적 성장에는 어느 정도의 우연성을 갖고 있고, 수입 가격 하락 등 요인의 영향을 주로 받았고, 한 해 전체의 추세를 대표하지는 않는다.

그의 의견에 의하면, 금년 연간 대외무역은 아마도 기본적으로 균형이 맞을 것이고, 흑자가 조금 있고, 흑자 폭은 작년보다 더욱 곤경에 처할 것이다. 이후 몇 개월 동안 수출입이 아마도 평행선에서 위아래로 오르내리는 상황을 장차 나타낼 것이고, 몇 달은 흑자이고, 몇 달은 적자이며, 모두가 정상적이다.

연간 대외무역의 추세와 관련된 질문에 대답할 때, 션단양은 대외무역의 성장을 안정시키는 정책을 잘 실현시키고, 노력해서 업무를 잘 완성하기만 하면, 우리는 여전히 예정된 연간 대외무역의 발전 목표를 실현할 확신이 있고 또한 희망이 있다고 말했다.

4과 练习

대외무역은 여전히 반등 형세를 유지할 것이다

교통은행 금융연구센터의 보고서는 2012년 11월 수출이 전년도 동기와 대비하여 반등 형세를 여전히 지속할 것이라고 예측했다. 왜냐하면 역사적인 데이터에서 보면, 11월・12월의 수출 규모는 모두 전기보다 계절적으로 좀 회복될 수 있기 때문이다. 그러나 전세계 경제 회복의 장래는 여전히 밝지 않고, 실질적인 외수의 회복은 여전히 시일이 필요하며, 단기 수출이 그다지 대폭적으로 성장할 리가 없는 까닭에, (수출의) 가속은 여전히 점진적으로 안정화될 것이다.

2012년 11월 수입이 전년도 동기와 대비하여 아마도 약간 반등할 것으로 예상된다. 첫째는 4/4분기 중국 내수는 장차 하락이 정지되고 상승 추세가 되며, 더 나아가 수입이 가속하여 반등하도록 선도할 것이다. 둘째는 4/4분기 미시적 기업 주체가 장차 계속 자발적 보충 재고순환에 진입할 것이고, 수입 상품의 수요가 장차 더욱 증가할 것이다. 셋째는 최근 무역 흑자가 좀 증대하기 때문에, 무역 수지의 균형을 맞추기 위해서, 미래 정부는 여전히 수입 장려 정책을 아마도 계속 추진할 것으로 예측된다.

교통은행은 연내 수출입 무역이 여전히 반등 형세를 유지할 것이라고 생각하지만, 그러나 미래 2개월 수입의 반등 속도가 아마도 수출보다 빠를 것을 고려한다면, 월간 무역 흑자는 아마도 약간 곤경에 처할 것으로 예상된다. 4/4분기 무역 흑자는 월평균 250억 가량으로, 3/4분기와 거의 같고, 그래서 연간 무역 흑자는 곧 2천억 달러를 초과하고, 작년과 비교하여 뚜렷하게 증대할 것으로 예상된다.

5과 练习

이것은 누구를 원망하는가? 모두 줄곧 계속된 '저수익 · 고비용'의 모델을 책망한다. 알고 보니, 중국 대외투자는 공적 외화보유고 자산을 위주로 하는데, 그러나 이 부분의 투자수익은 제한되고, 주로 미국 채권에 투자했다.

전문가는 3%~5% 가량으로 어림잡지만, 그러나 대외 금융 부채 중에서, 해외직접투자를 위주로 하고, 그것은 중국의 실물자산에 주로 투자하고, 관련 기구는 해외직접투자 수익률이 대략 18%~20% 가량에 있을 것이라고 예측하며, 바꾸어 말해, 중국의 거액 해외 자산수익은 매우 낮지만, 그러나 대외 부채의 비용은 오히려 극히 높았다.

최대의 비밀은, 마이너스 268억 달러의 순투자이익 중에, 권위자의 실증에 의하면, 중국 2011년 외화보유고의 투자수익도 그 중에 숨어있다는 것이다. 그러나 마이너스 268억 달러는 해외직접투자의 중국내 투자 소득과 중국 자본의 대외수출(외화보유고의 대외투자와 대외직접투자를 포함한) 소득 이윤의 상계이기 때문에, 그래서 외화보유고의 작년 실제 투자수익의 데이터를 추산하기 어렵다.

그러나, 외관국 국제투자 보고서의 관련 서술 중에서, 역시 작년 외화보유고 투자의 대략적 성과를 엿볼 수 있었다.

외관국 국제수지 보고서는, 2011년, 중국 교역이 야기한 외화보유고는 이전 3/4분기에 전년도 동기와 대비하여 훨씬 증가한 888억 달러에서 한 해 전체로 약간 증가한 847억 달러로 바뀌었음을 나타냈다. 그리고 외관국과 중앙은행의 데이터를 비교하면, 2011년에 환율 평가 등 비교역요소로 인하여, 중국 외화보유고가 540억 달러 감축했음을 발견할 수 있다.

6과 练习

이전에, 인도 재생가능에너지부 장관 카푸얼은, 일부 인도 기업이 인도 정부에 대한 유세를 한창 강화하며, 중국으로부터 수입하는 박막 태양전지판에 대해 15%의 반덤핑 관세를 징수하도록 요구한다고 대중매체에게 공개적으로 표명했다.

조사에 의하면, 인도 태양전지 제조업체가 이미 여러 번 인도 상인연합회에게 반덤핑 청구서를 제출했지만, 그러나 제품 범위의 규정 방면에 문제가 존재하여, 인도 정부는 이미 청구자가 여러 번 범위를 수정하도록 시켰다.

인도에서 금년 7월에 11년 이래로 최대 규모의 정전 사고가 발생하여, 전력 계통에 문제가 출현했고 그리고 에너지 구조는 태양에너지 등 재생가능에너지를 반영하는 발전 기회를 시급히 조정해야 한다. 이 국가도 각종 재생가능에너지 발전 목표와 보조금 계획을 제기하고, 이 국가의 2020년 재생가능에너지 목표를 6%에서 15%로 향상시키며, 또한 외자에 대해 대외 개방함으로써 대체에너지 경제를 유도하기를 희망한다. 그래서 큰 비율의 전력 설비와 저가 태양에너지 제품을 점유하는 공급국가로서의 중국이, 장차 이로 인해 시장 잠재력을 획득할 것이다.

전통적 유럽・미국 시장은 다방면으로 봉쇄되고, 중국 태양광산업은 검은 구름으로 휩싸였다. 비록 인도가 현재 중국 태양광 해외시장 중에서 점하는 점유율이 아직 크지 않지만, 그러나 신흥시장인 인도는 아마 중국 기업이 아시아지역에서 갖는 가장 좋은 선택 중 하나일 것이다.

이에 대해, CSI 정부관계・업무발전 총감독인 장챈은, 만약 인도가 중국 기업에 대해 반덤핑 조사를 진행한다면, 기업은 마치 유럽・미국의 '2개 관세' 조사에 대응하는 것과 같이 장차 항변 조치를 취할 수 있을 것이라고 표명했다.

7과 练习

중국・미국의 경제・무역 관계에서 보면, 오늘날 중미 양국은 두 번째로 큰 무역 동반자가 서로 되고, 중국측 통계에 의하면, 2011년 중미 쌍방의 무역액이 4,466억 달러에 달했다. 그러나 경제・무역 관계의 심화에 따라서, 중미 사이 경제・무역 마찰의 빈도수도 증가하고 있다.

베이징대학교 국제관계대학 교수 주펑의 의견에 의하면, 경제・무역 영역에서 중미의 협력과 경쟁이 병존하고, 이런 상황 하에서 실무적인 대화 소통이 바로 중요성을 더욱 나타낸다.

주펑에 의하면, 왕치샨의 이번 미국 방문은, 한편 이번 중미 JCCT의 기정 목표를 얻기 위한 것이고, 다른 한편 중미 사이 기존 협상 메커니즘의 지속이 중미 쌍방 경제・무역 관계에 대해 갖는 긍정적 의미를 유지하는 것을 또한 표명하고 있다.

연말에 이르러, 왕치샨의 이번 미국 방문은, 금년 이래 중미 고위층이 빈번히 상호 작용하는 추세를 또한 지속했다. 금년 2월 시진핑의 성공적인 미국 방문은, 금년 중미 고위층 상호 작용의 서막을 열었고, 그 후 중미 양국 국가원수가 각각 핵안보 정상회의와 G20 정상회의의 출석 기간에 두 차례의 회합을 실현했고, 이 밖에, 미국 국무장관 힐러리가 금년에 두 번 중국을 방문하고, 중미 양국 국방장관도 금년에 상호 방문을 실현했다.

향후 시기의 중미 관계 추세에 대해, 중국 국제문제연구소 소장 취싱의 의견에 의하면, 현존하는 각 방면 소통 메커니즘의 원활성을 확보하는 이외에, 또한 메커니즘화된 대화채널의 강화를 확대하고, 불일치를 관리통제하고, 협력을 확대하며, 전략적인 오해와 오판을 방지해야 한다.

8과 练习

황금평 경제특구는 북한 평안북도 압록강 하류에 위치하고, 면적은 약 14.4제곱킬로미터이고, 서북쪽은 중국 랴오닝성 단둥시 신시내와 연결되고, 건설 중인 새 중북 압록강 도로 대교로부터 약 4킬로미터 떨어져 있으며, 국경・강・바다와 인접한 독특한 지역적 장점을 구비하고 있다. 경제특구에서 북한 신의주에 이르는 수상 항로는 바로 한반도와 유라시아 대륙을 연결하는 중요 통로이다.

북한 경제특구의 설치는, 대중매체에 의해 북한 대외개방의 중요 조치와 역사적 상징으로 해석되고 있다. 북한이 공포한 경제특구 법 중에서, 경제특구에 대한 정의는 '경제특구는 경제 영역 중에서 특혜 정책을 실시하는 북한의 특수 경제특구'이다.

경제특구의 '특수성'이 여러 방면에서 구현되고 있지만, 서방 대중매체가 말하는 '조계'는 결코 아니다. 이런 잘못된 해석의 원인 중 하나는, 아마도 왜냐하면 경제특구의 토지 개발 방식과 토지 양도 연한 때문인데, 즉 경제특구 안의 토지는 '개발 기업이 전체 토지 면적을 넘겨받아 대단위 개발과 경영의 진행 방식을 채용'하고, 양도 기한 혹은 토지 조차 기한은 50년이다.

외부 세계가 더욱 관심 있는 화제로는, 특구는 누가 관리하고 어떻게 관리하는가? 북한측이 독자 관리하는가, 아니면 중국측의 전권 관리에 위탁하는가? 등이 또 있다.

8월 14일 특구관리위원회가 베이징에서 정식 설립을 선포함에 따라, 진상은 마침내 드러났다. 즉 관리위원회는 양국 정부가 공동 설치하고 임명하는 관리 기구로서, 경제특구의 권력기구이며, 경제특구에 대해 통일적으로 지도하고 통일적으로 관리한다.

9과 练习

금년 이래로, 국제기업계 거두의 중국서부에서의 중요한 투자가 끝없이 이어졌다. 4월, HP가 프린트와 이미지처리 제품에 관한 자신의 국제 프로젝트를 충칭직할시에 자리잡고, 3천만 대의 잉크젯프린터 제조기지를 건설하도록 결정했다. 5월, 제1기 투자 20억 인민폐의 폭스바겐 자동차 생산제조 프로젝트가 신장자치구 우루무치 시에 기초를 잡았다. 9월, 유니레버가 쓰촨성 메이산 시와 계약하고, 국제적 생산기지를 건설했다.

현재까지, 중국서부는 외상의 직접투자 557억 달러를 이미 이용하고, 외상 투자 기업 약 2억 개를 허가했다. 충칭 · 청두 · 시안 · 쿤밍 등 내륙형 경제개방고지가 한창 흥기하고 있고, 신장 카스 시 · 훠얼궈스 시 등 경제개발구 및 광시 둥싱 시 · 윈난 루이리 시 · 네이멍구 만저우리 시 등 중점 개발개방실험구역도 규모를 대강 갖추었다.

"중국 대외개방의 '외자의 중국서부 진출'의 새 구성으로 인해, 한창 중국서부가 세계 경제 무대로 빠르게 유입되고 있다." 시안 첨단과학기술산업개발구 관리위원회 주임 쟈오홍촨에 의하면, "최근에 시안은 이미 81개 세계 500대 기업을 유치하여 128개 기업과 사무소를 설립했다. 삼성 프로젝트와 부설 기업의 입주가, 연간 생산액 1천억 인민폐의 산업클러스터를 형성할 가능성이 있어, 시안을 중국의 또 하나의 반도체산업기지 도시로 만들뿐만 아니라, 또한 세계 정보전자산업 발전에 장차 직접 영향을 줄 수 있다."

"외자의 중국서부 진출"은 중국서부의 국제 산업분업 참여를 마찬가지로 재촉했다. 쓰촨에서, 세계 500대 기업 중 243개가 자리를 잡고, 세계적으로 70%를 초과하는 애플사 iPad 컴퓨터가 청두에서 제조되고 또한 세계로 널리 팔리며, 세계적으로 두 대의 컴퓨터 중 바로 한 대의 마이크로칩은 여기에서 생산한 것이다. 충칭에서, 자리를 잡은 세계 500대 기업은 이미 200개를 초과하고, 작년 충칭에서 노트북 컴퓨터 2,547만 대를 생산하여, 전세계 생산량의 7%를 점하고, 금년 생산량은 다시 2배가 될 가능성이 있어, 세계적으로 가장 큰 노트북 컴퓨터 생산기지로 되었다.

10과 练习

기자가 4일 제112회 광저우 무역박람회 폐막 기자회견에서 알게 된 정보에 의하면, 앞 회의 광저우 무역박람회와 비교하여, 이번 광저우 무역박람회의 바이어・참가 인원 수 및 거래액은 나란히 하락하고, 하락폭은 모두 10%를 초과하고, 대외무역의 형세는 낙관적이지 않아, 적지 않은 기업이 취재에 응할 때 경영의 스트레스가 많다고 표명했다. 일부 기업은 대대적인 구조전환 향상을 통해 경쟁력을 제고시켰고, 거래성사의 상황은 다른 기업보다 명백하게 좋았다.

업종에서 보면, 생활 필수품 등 비탄력적 수요 업종의 거래성사는 성장했다. 식품・의약 등 생활 필수품의 거래성사는 각각 14.5%・26.9% 성장했다. 전기기계 상품・방직 복장의 거래성사는 11.6%・48.7% 하락했다. 수요의 탄력성이 명확한 업종은 대폭적으로 하락하여, 예로 가죽제 가방・목제 장난감의 거래액은 각각 37.7%・48.7% 하락했다.

류잰췬의 의견에 의하면, 이번 광저우 무역박람회는 국제금융위기의 심층적 영향이 계속적으로 드러나고, 유럽 국가부채 위기가 지속적으로 발효하고, 세계경제의 회복이 뚜렷하게 감소하고, 국제시장의 수요가 하락하며, 무역보호주의가 격화되는 심각한 형세 등의 배경 하에서 거행된 것이다. "현재의 데이터에서 보면, 인원수와 거래액의 '두 가지 하락'은 올해 대외무역 10% 성장 유지의 임무가 어렵고 힘들다는 것을 반영했다."

기쁜 일은, 많은 기업이 필사적으로 어려움에 대처하고, 구조전환 향상의 효과가 나타나기 시작했다. 류잰췬은, 심각한 대외무역의 형세 하에서, 기업이 잇달아 구조전환 향상의 발걸음을 재촉하고, 기술・상표・품질・서비스 등을 핵심으로 하는 대외무역 경쟁의 새 장점을 육성한다고 말했다. 이번 브랜드 부스의 거래성사는 125억 8천만 달러이고, 비록 전년도 동기 대비 5.4% 하락했지만, 그러나 총 거래성사 하락폭보다 3.9% 낮았다. 업종의 대비에서 보면, 각 브랜드 기업이 평균적으로 획득한 주문서 수량은 비브랜드 기업의 3배이고, 평균 거래액은 비브랜드 기업의 6.2배이었다. 혁신적인 상품이 많고, 디자인 연구개발 능력이 강한 기업의 거래성사 상황이 다른 기업보다 명백하게 좋았다.

저자 소개

차성만(車城滿)

• 약력
 – 국민대학교 졸업
 – 國立政治大學(臺灣, National Chengchi University, Taiwan) 석사
 – 中國文化大學(臺灣, Chinese Culture University, Taiwan) 박사

• 현재
 – 서경대학교 국제비즈니스어학부 중어전공 교수

• 저서
 – 꽃보다시사중국어(백산출판사)
 – 경제시사중국어(백산출판사)
 – 정치시사중국어(백산출판사)

무역시사중국어 – 초급

2013년 9월 10일 초 판 1쇄 발행
2015년 9월 10일 개정판 1쇄 발행

지은이 차성만
펴낸이 진욱상 · 진성원
펴낸곳 백산출판사
교 정 편집부
본문디자인 박채린
표지디자인 오정은

저자와의 합의하에 인지첩부 생략

등 록 1974년 1월 9일 제1-72호
주 소 경기도 파주시 회동길 370(백산빌딩 3층)
전 화 02-914-1621(代)
팩 스 031-955-9911
이메일 editbsp@naver.com
홈페이지 www.ibaeksan.kr

ISBN 978-89-6183-784-2
값 17,000원